自治体の出訴権と住基ネット

自治体の出訴権と住基ネット

――杉並区訴訟をふまえて――

兼子 仁・阿部泰隆 編

総合叢書4

信山社

刊行にあたって

　本書の書名「自治体の出訴権と住基ネット―杉並区訴訟をふまえて―」は、杉並区訴訟に含まれる2つの問題、住基ネットをめぐる人権憲法問題と、自治権を主張する自治体の出訴権という公法問題、を併せ意味している。

　"住基ネット杉並区訴訟"は、2004(平成16)年8月に杉並区が、東京都および国を相手方として、住基ネット接続を希望する区民のために出訴した、"住基ネット選択的接続"を訴える自治体出訴裁判であった。そして、同区と受任弁護団、ならびに研究協力的な公法学者による尽力があったのだが、東京地裁・高裁での敗訴判決のあと、2008(平成20)年7月8日付で最高裁第三小法廷から上告等棄却の決定を受けてしまっている（2009年1月から区民全員の接続を開始）。

　しかしながら、住基ネット杉並区訴訟で争点となった公法・情報法上の問題は、今なお本来的に、法学界および実務界において、研究・検討され続ける必要が大であると考えられる。

　住基ネット法制が憲法13条に基づく「自己情報コントロール権」を侵害していないか、という人権憲法問題については、別途2002(平成14)年にはじまる"住基ネット差止訴訟"が全国各地で提訴され、一部に適用違憲判決を生じていたが（大阪高判平18・11・30等）、2008年3月6日の最高裁第一小法廷判決で合憲判示がなされた。この点、杉並区訴訟では、住基ネット選択的接続に関する地方自治権（杉並区長の自治行政裁量権）の憲法的保障（住基ネット法制の憲法適合解釈）を訴えたところに特色を擁していたのである。

　さらに杉並区訴訟にあっては、特に都に対し、住基ネットへの選択的送信を受信する義務確認を求めた請求において、自治体が、自治権侵害の排除・防止を求める出訴適格という、地方自治権の憲法保障の司法救済適格にかかわる一般公法問題を提起していたのであって、この点では、公法学界で批判の多かった最高裁大法廷の宝塚市パチンコ店規制事件判決（平14・7・9）の見直しを求めるニュアンスを濃くしている。この争点は、まさに一般公法上、「司法権」「法律上の争訟」「機関訴訟」の解釈といった大問題に関わるとともに、今日の地方

v

刊行にあたって

分権時代における分権自治体の"行政主体間訴訟"の成否として、地方自治公法上の基本問題を示しているのである。

この杉並区訴訟の上告審に際して、有志の公法・情報法学者たちは、2つの「研究座談会」を行ってその記録作成に尽力していたのであった（その1「自治権侵害に対する自治体の出訴適格」、その2「住基ネット法制における人権憲法問題に関する検討」）。ところが前述の最高裁決定により、それら研究座談会記録は訴訟実務上生きるチャンスを失ったわけであるが、本来そこでの最先端の研究内容は、今日の法学界および実務界全体に公けにされることが適しいと考えられるので、急遽本書の出版企画に至った次第である。

かくして本書は、上記2つの「研究座談会」記録(未公刊)をメジャーとし、"住基ネット杉並区訴訟"に関する論説および同訴訟の経緯・争点説明を配した出版企画となっている。題して『自治体の出訴権と住基ネット──杉並区訴訟をふまえて』であるが、本訴を含む杉並区の地域自治活動を機に、住基ネット問題、または分権自治体出訴権の憲法・行政法問題、に関心を持たれる皆様方が、それぞれにご利用頂けることを、編者として心より念願している。

この出版にご理解をいただいた杉並区および塩野宏東京大学名誉教授をはじめとする協力研究者と弁護団の方がた、ならびに袖山貴社長をはじめ信山社のスタッフに、ここで深謝の意を表したい。

2009（平成21）年5月吉日

兼子　仁
阿部泰隆

目　次

刊行にあたって　　　　　　　　　　　　　　　　兼子　仁・阿部泰隆

1　政策法務からみた住基ネット杉並区訴訟の意義
　　　　　　　　　　　　　　　　　　　　　　〔兼子　仁〕… 3

　はじめに——杉並区訴訟の位置づけ ………………………………… 3
　1．住基ネット訴訟としての杉並区訴訟の役割 ……………………… 6
　　1-1　住基ネット差止訴訟の憲法裁判としての意義 ……………… 6
　　1-1-1　住基ネット差止訴訟の憲法裁判性 ………………………… 6
　　　(1)　差止請求の直接根拠としての憲法 13 条・
　　　　　自己情報コントロール権 ……………………………………… 6
　　　(2)　制度違憲ではない"適用違憲"の主張 …………………… 6
　　1-1-2　本人確認情報のデータマッチングによる人権侵害の制度的
　　　　　危険性の段階的主張 …………………………………………… 7
　　　(1)　自己情報コントロール権の制度的保障とIT・"監視国家"との
　　　　　対立問題 ………………………………………………………… 7
　　　(2)　利用事務法定主義で個人情報保護になりうるのか ……… 8
　　1-1-3　最高裁第一小法廷平 20・3・6 判決の特徴と位置づけ …… 9
　　　(1)　憲法 13 条のプライバシー人権に「自己情報コントロール権」を
　　　　　含めず、憲法学の通説から乖離している ………………… 9
　　　(2)　「本人確認情報」自体の非秘匿性と利用事務法定主義を
　　　　　制度形式的に優先視して、訴訟上の諸主張に対応していない … 10
　　1-2　住基ネット杉並区訴訟の特色と役割 ……………………… 10
　　1-2-1　"希望区民情報の受信請求"と"選択的接続"合憲適法の
　　　　　主張 ……………………………………………………………… 10
　　　(1)　杉並区による住基ネット法制矛盾の追及 ……………… 10
　　　(2)　いわゆる横浜方式の適用請求と国側の違法見解について …… 11
　　1-2-2　住基ネット法制の憲法適合解釈と自治行政裁量権の問題 …… 11
　　　(1)　住基法の体系的解釈としての憲法 13 条原理への適合解釈 …… 11

VII

目 次

　　（2）住基ネットの法定「自治事務」性と地方自治権の憲法保障に
　　　　基づく自治行政裁量権 …………………………………………… 12
　1-2-3　最高裁第三小法廷の上告等棄却決定の特徴と位置づけ ……… 13
　　（1）上告等棄却決定の実質的解釈が必要 …………………………… 13
　　（2）住基ネット憲法裁判の凝縮と自治体出訴権問題を区別する必要
　　　　　……………………………………………………………………… 13

2．自治体出訴裁判である杉並区訴訟の意義 ………………………… 14
　2-1　宝塚市事件最高裁判例をのりこえる必要性 ………………… 14
　2-1-1　財産権と行政権との峻別論の問題性 ………………………… 14
　　（1）宝塚市事件最高判の判旨を杉並区訴訟に直接適用する問題 …… 14
　　（2）宝塚市最高判を杉並区訴訟に適用することの内在的問題 ……… 15
　2-1-2　「法律上の争訟」および自治体の行政関係出訴適格の
　　　　限定解釈の問題性 ………………………………………………… 16
　　（1）司法権にかかる「法律上の争訟」の個人権利保障紛争への
　　　　限定問題 …………………………………………………………… 16
　　（2）自治体の国などに対する出訴を「機関訴訟」に限定するという
　　　　問題 ………………………………………………………………… 16
　2-2　自治体の自治出訴権に関する公法学説の今後的役割 ……… 17
　2-2-1　憲法上の「司法権」および「法律上の争訟」の本質論 …… 17
　　（1）憲法上の「司法権」と行政権の裁判的統制・司法的保障 ……… 17
　　（2）「法律上の争訟」と「機関訴訟」論の見直し ………………… 18
　2-2-2　地方自治権の憲法保障と司法の保障 ………………………… 20
　　（1）地方自治権の"憲法伝来説"に基づく司法的保障 ……………… 20
　　（2）自治体の自治権益の種別に応じた司法救済の必要 ……………… 20

むすびにかえて──"研究座談会記録"というものについて ………… 21

2　杉並区訴訟の経過および主要争点
　　　〔住基ネット杉並区訴訟弁護団：吉川基道・藤田康幸・市川和明〕… 23

1．提訴に至るまでの経緯 ……………………………………………… 23
2．第一審での主張・立証と審理経過 ………………………………… 24
3．控訴審での主張・立証と判決 ……………………………………… 28
4．上告審での主張と審理経過 ………………………………………… 35

3　自治権侵害に対する自治体の出訴適格 …………… 43

3-1　〈研究座談会（その1）〉逐語記録
〔阿部泰隆・内野正幸・渋谷秀樹・曽和俊文
高木　光・常岡孝好・棟居快行〕………… 43

1．司法権の概念と法律上の争訟性解釈について ………… 46
2．東京高裁判決の議論について　………… 66
3．機関訴訟について　………… 69
4．地方自治権と自治体の出訴資格について　………… 73
5．宝塚市条例事件判決の評価について　………… 82
6．宝塚市条例事件判決の射程範囲について　………… 86
7．藤田宙靖説について　………… 93

3-2　〈研究座談会（その1）〉出席者の見解要約 ………… 99

見解要約(1)………………………………〔内野正幸〕… 99
見解要約(2)………………………………〔渋谷秀樹〕… 100

1　司法の定義…………………………………………………… 100
（1）清宮四郎の定義（100）　（2）宮沢俊義の定義（100）
（3）芦部信喜の定義（100）　（4）佐藤幸治の定義（101）
（5）高橋和之の定義（101）

2　司法の定義に伴う問題点 ………………………………… 102
（1）司法の定義を要する理由（何のための定義か）（103）
（2）定義の明確性（103）

3　司法の定義への展望 ……………………………………… 104
（1）歴史性への回帰（104）
（2）司法が果たすべき役割からの定義（104）

4　判決の採る司法の定義 …………………………………… 105
（1）問題意識（105）　（2）最高裁の定義（105）
（3）警察予備隊違憲訴訟（105）
（4）裁判を受ける権利との関係（105）

5　法律上の争訟の分析 ……………………………………… 106

目　次

　　　　（1）宝塚パチンコ条例事件・最判平成 14・7・9 民集 56 巻 6 号
　　　　　　 1134 頁における定義（106）
　　　　（2）この判決の問題点（107）
　　　　　　（a）対立性の問題（107）
　　　　　　（b）「財産権の主体」と「公権力の主体」との区別（107）
　　6　結びにかえて …………………………………………………… 108
見解要約(3) ……………………………………………〔曽和俊文〕… 109
　　1　事件性要件について …………………………………………… 109
　　2　本件訴訟が「法律上の争訟」性を満たすという法的論理 … 109
　　3　結　論 …………………………………………………………… 110
見解要約(4) ……………………………………………〔高木　光〕… 111
　　1　司法権の概念と法律上の争訟性解釈について ……………… 111
　　2　地方自治権と自治体の出訴資格について …………………… 111
　　3　機関訴訟と行政主体間訴訟との関係について ……………… 111
　　4　宝塚市条例事件判決の評価とその射程範囲について ……… 111
　　5　杉並区住基ネット訴訟と法律上の争訟性について ………… 111
　　6　その他関連する論点について ………………………………… 111
見解要約(5) ……………………………………………〔常岡孝好〕… 112
　　1　司法権の概念と法律上の争訟性解釈について ……………… 112
　　2　地方自治権と自治体の出訴資格について …………………… 112
　　3　機関訴訟と行政主体間訴訟の関係について ………………… 113
　　4　宝塚市条例事件判決の評価とその射程範囲について ……… 113
　　5　杉並区住基ネット訴訟と法律上の争訟性について ………… 113
見解要約(6) ……………………………………………〔棟居快行〕… 114
　　1　司法権の概念と法律上の争訟 ………………………………… 114
　　2　地方自治権と自治体の出訴資格について …………………… 114
　　3　機関訴訟と行政主体間訴訟の関係について ………………… 114
　　4　宝塚市条例事件判決の射程 …………………………………… 114
　　5　杉並区住基ネット訴訟と法律上の争訟性について ………… 115

3-3 地方公共団体の出訴資格
　　　——〈研究座談会〉記録へのコメント——……〔塩野　宏〕… 117
はしがき …………………………………………………………… 117
1. 比較法的・歴史的研究の重要性 ……………………………… 117
2. 司法権の概念と法律上の争訟性解釈について ……………… 119
3. 地方自治権と自治体の出訴資格について …………………… 120
4. 機関訴訟と行政主体間訴訟の関係について ………………… 131
5. 宝塚条例事件判決の評価とその射程範囲について ………… 132

3-4 司法権・法律上の争訟概念再考
　　　——国と地方公共団体間、地方公共団体間の訴訟は、財産権をめぐる訴訟に限られるのか—— ……〔阿部泰隆〕… 137
1. 司法権、法律上の争訟に関する従前の定義 ………………… 137
　　1-1　通説・判例、具体的な事件＝個人の具体的な権利義務だけ？ ……………………………………………………… 137
　　1-2　国と地方公共団体の間の訴訟は具体的な権利義務に関わらない？ ……………………………………… 138
　　1-3　では、いわゆる客観訴訟は司法権の範囲外なのになぜ認められるのか ………………………………… 139
2. 民事法的な意味での主観訴訟性は不要 ……………………… 141
　　2-1　民事法的発想による論理的間違い ……………………… 141
　　2-2　行政事件を審理する裁判所における法律上の争訟の観念 …… 141
3. 国と地方公共団体の間の訴訟は法律上の争訟 ……………… 142
　　3-1　行政主体間の争いは法律上の争訟 ……………………… 142
　　3-2　機関訴訟の理解 …………………………………………… 142
　　3-3　住基ネット訴訟は機関訴訟ではない …………………… 143
　　3-4　国家関与に関する訴訟の性格 …………………………… 143
　　3-5　住基ネット訴訟における国家賠償訴訟との齟齬 ……… 144
4. では、客観訴訟をどう理解する？ …………………………… 144
　　4-1　客観訴訟も事件性、争訟性があること ………………… 144
　　4-2　法律で客観訴訟を限定するのは下克上的解釈 ………… 144
5. 司法権の範囲と裁判を受ける権利、法治国家 ……………… 145

目次

  5-1 個人では裁判を受ける権利……………………………… 145
  5-2 地方公共団体間の訴訟も法治国家における主観訴訟………… 146

4 住基ネット法制における人権憲法問題に関する検討 …… 149

 4-1 〈研究座談会（その2）〉要点記録
  〔兼子 仁（司会・作成責任者）・内野正幸・中島 徹
  棟居快行・野村武司・平松 毅〕……………………………… 149
  Ⅰ．本〈研究座談会〉の主旨 ……………………………………… 149
  Ⅱ．本〈研究座談会〉における人権憲法問題の検討結果（要旨）…… 151
   1 憲法13条は自己情報コントロール権を保障していないのか
    ……………………………………………………………… 151
    1-1 はじめに
     ——"新しい人権"としての自己情報コントロール権…… 151
    1-2 最高裁判所による憲法13条・プライバシー人権解釈の
     判例状況と問題点………………………………………… 151
    1-3 憲法学説における「自己情報コントロール権」の保障解釈
     の通説的状況について…………………………………… 153
   2 「自己情報コントロール権」という人権の特質について … 153
    2-1 「自己情報コントロール権」という情報プライバシー権は、
     私生活プライバシー（本来の「私生活上の自由」）と人権
     としていかに異なるか…………………………………… 153
    2-2 個人情報の中核（固有）情報と外延（周縁）情報との区別
     は、人権保障上いかなる意味合いであると解すべきか
     ——「本人確認情報」の要保護性にかかわらせて………… 155
    2-3 憲法13条が自己情報コントロール権を保障する効力の如何
     ——法律の憲法適合解釈の指針としての効力について…… 156
   3 住基ネット利用事務の法定主義・議会制民主主義は、
    憲法上、本人同意に代わる自己情報コントロール権の保障
    たりうるか……………………………………………………… 157
    3-1 個人情報保護法制における本人同意原則に照らすとき、
     利用事務法定主義の議会政治的多数決・間接民主制はい
     かに判断されるべきか…………………………………… 157

3-2　住基ネット利用事務を政策的に増加させる法令の立案ない
　　　　　し運用をコントロールする第三者機関の必要性について
　　　　　……………………………………………………………… 158
　　4　住基ネットの現行法制におけるデータマッチング（名寄せ
　　　など多面情報結合）の制度的危険性は、憲法13条による
　　　自己情報コントロール権・情報プライバシー保護にかか
　　　わっていかに判断されるべきか……………………………… 159
　　5　住基ネットへの住民接続を決することにつき、憲法92条
　　　「地方自治の本旨」に基づく地方自治体の自治権はいかに
　　　かかわると解されるか………………………………………… 161
4-2　〈研究座談会（その2）〉逐語記録 …………………………… 163
　　1　憲法13条は自己情報コントロール権を保障していない
　　　のか……………………………………………………………… 163
　　　1-1　はじめに
　　　　　──"新しい人権"としての自己情報コントロール権…… 163
　　　1-2　最高裁判所による憲法13条・プライバシー人権解釈の
　　　　　判例状況と問題点………………………………………… 163
　　　1-3　憲法学説における「自己情報コントロール権」の保障解
　　　　　釈の通説的状況について………………………………… 168
　　2　「自己情報コントロール権」という人権の特質について … 170
　　　2-1　「自己情報コントロール権」という情報プライバシー権は、
　　　　　私生活プライバシー（本来の「私生活上の自由」）と人権
　　　　　としていかに異なるか…………………………………… 170
　　　2-2　個人情報の中核（固有）情報と外延（周縁）情報との
　　　　　区別は、人権保障上いかなる意味合いであると解すべきか
　　　　　──「本人確認情報」の要保護性にかかわらせて………… 173
　　　2-3　憲法13条が自己情報コントロール権を保障する効力の如何
　　　　　──法律の憲法適合解釈の指針としての効力について…… 178
　　3　住基ネット利用事務の法定主義・議会制民主主義は、
　　　憲法上、本人同意に代わる自己情報コントロール権の保障
　　　たりうるか……………………………………………………… 181

目　次

　　　3-1　個人情報保護法制における本人同意原則に照らすとき、利用事務法定主義の議会政治的多数決・間接民主制はいかに判断されるべきか……………………………………181

　　　3-2　住基ネット利用事務を政策的に増加させる法令の立案ないし運用をコントロールする第三者機関の必要性について……………………………………………………………182

　　4　住基ネットの現行法制におけるデータマッチング（名寄せなど多面情報結合）の制度的危険性は、憲法13条による自己情報コントロール権・情報プライバシー保護にかかわっていかに判断されるべきか…………………………184

　　5　住基ネットへの住民接続を決することにつき、憲法92条「地方自治の本旨」に基づく地方自治体の自治権はいかにかかわると解されるか………………………………189

5　資料編〔控訴審鑑定意見書〕……………………………………193

5-1　行政主体間の法的紛争は法律上の争訟にならないのか
〔阿部泰隆〕…193

　Ⅰ．要　　　旨……………………………………………………193
　Ⅱ．本　　　文……………………………………………………193
　　第1　杉並住基ネット訴訟東京地裁判決の判決文…………194
　　第2　先例となった最高裁判決の論理的誤謬………………196
　　　1　「法律上の争訟」の定義には賛成………………………196
　　　2　平成14年最判の不適切性：なぜ財産権の主体としての訴訟に限るのか……………………………………………197
　　　3　平成14年最判の射程範囲を不当に拡張すべきではない……………………………………………………………199
　　　4　「法律上の争訟」の体系的な把握………………………201
　　　5　その他の最高裁判決の批判的分析………………………204
　　　　（1）　最判平成13年7月13日──那覇防衛情報公開請求事件…204

目　次

　　　（2）　最判平成5年9月9日——池子弾薬庫訴訟、逗子準用河
　　　　　川工事中止命令事件 …………………………………………… 205
　　第3　主要文献の分析 ……………………………………………………… 206
　　　1　『裁判所法逐条解説上』……………………………………………… 206
　　　（1）　その要点 ………………………………………………………… 206
　　　（2）　この書物は本件東京地裁判決の根拠にならないこと …… 208
　　　2　兼子一＝竹下守夫『裁判法［第4版］』(有斐閣、平成11年)
　　　　　 …………………………………………………………………………… 209
　　第4　本件東京地裁判決の批判的分析 ………………………………… 212
　　　1　本件紛争は法律関係に該当 ……………………………………… 212
　　　2　都と区の紛争は独立の法主体間の紛争 ……………………… 212
　　　3　国家賠償との関係 ………………………………………………… 217
　　　4　裁判を受ける権利との関係 ……………………………………… 218
　　　5　住基法の裁量問題、文理解釈 …………………………………… 218

5-2　**住基ネットへの選択的送信に関し自治体に保障される法益の
　　　解釈について** ……………………………………〔兼子　仁〕… 221
　Ⅰ．鑑定意見の結論 …………………………………………………………… 221
　Ⅱ．鑑定意見の内容 …………………………………………………………… 221
　　第1　行政権限行使にかかる行政主体間訴訟の「法律上の争訟」
　　　　　該当性について ……………………………………………………… 221
　　　1　行政機関間訴訟と行政主体間訴訟を大別する必要
　　　　　——「法律上の争訟」および「機関訴訟」の範囲を正しく
　　　　　見定めるために ……………………………………………………… 222
　　　2　行政主体法人による行政権限にかかる公法上の権利義務
　　　　　の主張——公権力的権限の行使との区別 ………………… 224
　　　3　公法上の法律関係を確認する「当事者訴訟」(行訴法
　　　　　改正4条後段)の本件における活用 ……………………………… 225
　　第2　住民基本台帳法30条の5第1・2項の特質およびその体
　　　　　系的解釈の必要性 …………………………………………………… 226
　　　1　住基法30条の5第1・2項の法的特質について ………… 226

目　　次

　　　2　住基法30条の5第1・2項に関する体系的解釈の必要性
　　　　　………………………………………………………………… 226
　　　3　住基法30条の5第1・2項と36条の2第1項との体系
　　　　　的解釈について ………………………………………………… 228
　　　4　住基法30条の5第1・2項を個人情報保護法制と体系
　　　　　的に解釈すべきこと …………………………………………… 229
　　第3　いわゆる横浜方式の適法性に関して……………………………… 233

5-3　憲法上のプライバシー権に係わる論点について
　　　　　……………………………………………〔中島　徹〕… 235
　はじめに …………………………………………………………………… 235
　1．住基ネットをめぐる争点の所在 …………………………………… 237
　　（1）コンピュータ・ネットワークの安全性と技術の評価 ………… 237
　　（2）住基ネットへの侵入の可否と安全性の証明 ………………… 238
　　（3）技術の専門的判断と「相応の安全」性論 …………………… 239
　　（4）情報の保護をめぐる法的責任の所在 ………………………… 240
　2．プライバシー権の多義性と権利性の関係 ………………………… 242
　　（1）法的権利の一義的明確性について ………………………… 242
　　（2）私法上の人格権論の沿革と含意 …………………………… 243
　　（3）一般的人格権と私法上の人格権──差止請求と一義的明確性
　　　　　……………………………………………………………………… 246
　　（4）小　　括 ……………………………………………………… 247
　　（5）公的活動領域におけるプライバシー権 …………………… 247
　3．個人情報の法的保護 ………………………………………………… 250
　　（1）保護されるべき権利・利益の性質と保護の態様 …………… 250
　　（2）情報の収集・利用におけるインフォームド・コンセント …… 251
　　（3）本人確認情報保護の相対性と同意要件 …………………… 253
　　（4）小　　括 ……………………………………………………… 254
　4．プライバシー権と個人情報の保護、自己情報コントロール権
　　　の関係 …………………………………………………………… 254
　　（1）プライバシー権を自己情報コントロール権と再定義すること
　　　　　の意味 …………………………………………………………… 254

（2）　自己情報コントロール権は制定法以前には存在しえないか … 256
　　（3）　具体的文脈における自己情報コントロール権の権利内容 …… 258
　　（4）　小　　括 ………………………………………………………… 262
5．OECD 8 原則ならびにEU指令と住基法 ……………………………… 263
　　（1）　OECD 8 原則と住基法の関係をめぐる原審および堀部意見
　　　　　書の見解 …………………………………………………………… 263
　　（2）　原審および堀部意見書の問題点 ……………………………… 265
　　（3）　OECD 8 原則と行政機関個人情報保護法 …………………… 267
6．憲法上のプライバシー権と住基ネット ………………………………… 269
　　（1）　私的領域に関する憲法上のプライバシー権 ………………… 269
　　（2）　公的領域に関する憲法上のプライバシー権 ………………… 271
　　（3）　憲法上のプライバシー権と公共の福祉 ……………………… 273

執筆者・参加者一覧 （掲載順、＊は編者）

(執筆・担当箇所)

＊兼子　仁	（かねこ　まさし）	東京都立大学名誉教授	〔1、4-1、4-2、5-2〕
＊阿部　泰隆	（あべ　たいりゅう）	神戸大学名誉教授、 中央大学教授	〔3-1、3-4、5-1〕
吉川　基道	（よしかわ　もとみち）	弁護士（麹町法律事務所）	〔2〕
藤田　康幸	（ふじた　やすゆき）	弁護士（プライム法律事務所）	〔2〕
市川　和明	（いちかわ　かずあき）	弁護士（麹町法律事務所）	〔2〕
内野　正幸	（うちの　まさゆき）	中央大学教授	〔3-1、3-2、4-1、4-2〕
渋谷　秀樹	（しぶたに　ひでき）	立教大学教授	〔3-1、3-2〕
曽和　俊文	（そわ　としふみ）	関西学院大学教授	〔3-1、3-2〕
高木　光	（たかぎ　ひかる）	京都大学教授	〔3-1、3-2〕
常岡　孝好	（つねおか　たかよし）	学習院大学教授	〔3-1、3-2〕
棟居　快行	（むねすえ　としゆき）	大阪大学教授	〔3-1、3-2、4-1、4-2〕
塩野　宏	（しおの　ひろし）	東京大学名誉教授	〔3-3〕
中島　徹	（なかじま　とおる）	早稲田大学教授	〔4-1、4-2、5-3〕
野村　武司	（のむら　たけし）	獨協大学教授	〔4-1、4-2〕
平松　毅	（ひらまつ　つよし）	姫路獨協大学教授	〔4-1、4-2〕

Ⓒ printed in japan, 2009

自治体の出訴権と住基ネット

―杉並区訴訟をふまえて―

1 政策法務からみた住基ネット杉並区訴訟の意義

東京都立大学名誉教授
兼 子 仁

はじめに——杉並区訴訟の位置づけ

1) "住基ネット"は、住民基本台帳法(略称、住基法)の1999(平成11)年改正によって法定された「住民基本台帳ネットワークシステム」の通称である。住民票上の個人情報6項目を「本人確認情報」と名づけ、その専用回線による国および自治体(地方公共団体の通称)等の行政にかかわる利用を目的とした電子データ・ネットワークシステムにほかならない。

住民票に記載された住民個々人の氏名・生年月日および住所は、従前の住基法上たしかに公示的な個人情報と位置づけられてはいたが、その本来的趣旨は、住民個々人の世帯別の「居住関係」を公証することであった(居住証明としての住民票写しの交付)。ところが、改正による住基ネット法制は、「住所」を居住地情報であることを超えて個人識別用の「本人確認情報」と捉え、「住民票コード」の新たな付番ともどもに、多面的・広域的な国家行政利用の効率化に資する"索引情報"たらしめた、という点が、情報プライバシー権の法的見地から、とりわけ注目されるはずである。住基ネット利用事務の法定主義が伴なってはいるが、高度情報通信ネットワーク社会形成基本法(2000年)の下における"IT革命"の今日、同ネットを通ずる住民個人情報の公的流通は大いに拡大されていくにちがいない。

そこでそのことは、2003(平成15)年の個人情報保護法・行政機関個人情報保護法により国の個人情報保護法制が成立した下では、改めて"情報法"上の利用「目的明確化の原則」という国際基準との適合性を強く問われるところにつながっている。そして、ドイツ連邦の憲法裁判所が「情報自己決定権」(Recht auf informationelle Selbstbestimmung)に基づく違憲審査をしていることとパラレルに、住基ネット法制は日本国憲法13条の「幸福追求権」に含まれる「自己情報コントロール権」の憲法保障に照らした合違憲審査ないし憲法適合解釈の対象になる必然性があると解されうるのである。

2) 住基ネットの稼働は2002(平成14)年8月に第1次、翌年同月に第2

1 政策法務からみた住基ネット杉並区訴訟の意義

次と進んだが、当初まずは、改正住基法に設けられた市区町村長の情報漏洩防止をはじめとする安全措置義務（36条の2）とのかかわりで、データセキュリティの見地から自治体が問題視する動きを生じた。

ついで、住基ネット法制が住民個々人の本人同意なしに本人確認情報の送受信を規定していること（30条の5等）に関して、「自己情報コントロール権」保障との関係が訴訟上強く問われるところとなったのである。

　3）　国および多くの都府県等の主張見解によると、住基ネットを通ずる本人確認情報の利用の是非を決める決定権者は、立法国家である国・国会にほかならないとされる（利用事務法定主義）。それに対して、住基ネットによる自己情報利用の差止めを求める差止憲法訴訟および適用違憲判決（大阪高判平18・11・30等）の立場では、上記の決定権は憲法上住民個々人に専属すると解される。

そしてその両見解の中間に、「地方自治の本旨」に基づく公選首長に代表される自治体の立場が存しよう。

住民個々人が個人情報保護条例に基づく中止請求を自治体に出したケースでは、不服「審査会」の答申を経て首長に最終決定権が存するものとされうる（2003年7月の目黒区・藤沢市の中止容認答申は首長に履行されなかった）。

住民個々人の住基ネット接続賛否の意思分化にかんがみた自治体首長が、賛同住民のみの接続送信をした横浜市とその方式に倣おうとした杉並区の見解では、上記の決定権は自治体首長に地域自治権として存するということになる（2006年12月の箕面市長による上記大阪高判の履行決定もその権限行使の一場面）。その場合に"杉並区訴訟"は、住基ネット接続を望む区民の情報だけを送信することを都と国に拒否された杉並区が、都に対する受信義務確認と都・国への国家賠償とを求めて出訴した自治体裁判である。

それに対して、法定「自治事務」である住基ネット接続の地域自治的決定としては、別に自治体首長の自治政策判断で、住民全員の不接続ともなりえている（国立市、福島県矢祭町）。

　4）　たしかに、現行憲法下に、情報人権と地方自治の本旨とに深く関わる住民個人情報の住基ネット接続の合憲・適法性をめぐっては、上述のように法解釈の幅はそうとうに大きく（憲法解釈をふくむ法規裁量権）、それだけにそれに対する社会的取り組みに人々は大いに熱心にならなければならない。

上述した住基ネット接続の自治体事務性からすれば、「地方分権」下の今日、

1 政策法務からみた住基ネット杉並区訴訟の意義（兼子 仁）

全国自治体とりわけ住民に身近な"基礎自治体"である市区町村による地域自治的な取り組み、そこにおける"地方自治的多数決"の動向がベーシックなはずであろう。しかも地域自治決定の主たるテーマが、住基ネット接続・運用の合憲・適法性をめぐる法解釈であるとなれば、各自治体にとっては、地域自治的法務とされる"政策法務"の最たる課題に違いない。

もとより、司法国家的法治主義の下で、自治体の政策法務も裁判所に通用してこそ"責任ある"ものであり、裁判と判例の動向が法的決定効を示すわけであるが、それを条件に自治体の法務的取り組みが今後とも期待される。もっともすでに、住基ネット法制の合憲性に関しては、最高裁小法廷の合憲判例が一応打ち出されている（第一小法廷判平20・3・6に、第三小法廷平20・7・8上告等棄却決定が加わる）。

しかしながらそれは同時に、法学界にとって、十分な法学研究に値いする判例素材が置かれていることに他ならない。のみならず、住基ネットにかかわる地方自治権の憲法保障と自治体の出訴適格という"杉並区訴訟"に固有な争点に関しては、最高裁の判例は、自治権侵害に対する自治体の出訴権という一般公法問題において多分に未決であると目され、今後のさらなる「公法」的取り組みが期待される。

かくして、住基ネット"杉並区訴訟"の最高裁裁判に向けて、有志公法学者の尽力で作成された二つの「研究座談会」記録は、今後の自治体および国ならびに裁判所における法務的取り組みにとって、きわめて有意義な実務的かつ研究的資料たりうるものと考えられる。"杉並区訴訟"の経緯および訴訟上の争点に関する整理ならびに原資料にあっても、同じ貴重さがあると思われる。

以下に、"杉並区訴訟"の意義ないし役割を、自治体の"政策法務"の見地を主にして、今日的に整理して論じていくことにしたい。なお本稿は、政策法務を含む法解釈学の判例研究的レベルで"杉並区訴訟"の法的意義を検討するもので、杉並区訴訟が有する歴史社会的意義、その住基ネット反対運動史および地方分権的な自治体裁判史おける特色ある意味合いについては、今後、法社会学や自治体学その他の現実科学によって研究対象にされていくに値いするであろう。

1 政策法務からみた住基ネット杉並区訴訟の意義

１．住基ネット訴訟としての杉並区訴訟の役割

1-1　住基ネット差止訴訟の憲法裁判としての意義
1-1-1　住基ネット差止訴訟の憲法裁判性
（１）　差止請求の直接根拠としての憲法 13 条・自己情報コントロール権

　いわゆる住基ネット差止訴訟における請求は、住民個々人が、自己の「本人確認情報」の住基ネットへの接続・利用の差止め（利用中止、または一部で住民票コードの削除）に、人権侵害防止の損害賠償を加えて、所属自治体および国・地方自治情報センターに対して直接訴求するものであった（全国で約 16 事件）。それらの請求を、個人情報保護条例に基づく利用・削除請求として実施機関である自治体首長に行政処分申請することもできたが、差止訴訟には、直接憲法 13 条に基づき「自己情報コントロール権」の人権行使として出訴した"憲法裁判"であるところに、その特色が表れていた（右崎正博「住基ネット関連判例の総合的研究」法律時報 2007 年 11 月号 85 頁以下、渡辺千古「住基ネット訴訟における原告住民の主張」同上 91 頁以下、佐伯彰洋「住基ネット訴訟の論点」同志社法学 328 号・60 巻 3 号、2008 年 8 月、265 頁以下、参照）。

　そのため第 1 に、被告自治体はその違憲解釈判断により法律の一部執行拒否できるのかという問題も意識されえたが、直接裁判所に訴える訴訟であったため、その問題はあまり浮かび上がらずにすんだと見える。

　むしろ第 2 に、憲法 13 条の情報プライバシー権・自己情報コントロール権が、直接裁判で自治体に対する請求をする根拠たりうるのか、という憲法解釈問題がクローズアップされて当然だった。そしてさらに、住基ネット法律規定の全体的違憲つまり"制度違憲"は自治体に執行拒否を求めるだけなのに対して、差止請求原告のみに対する"適用違憲"の訴求であると、自治体にそうした選択的不適用措置を義務づけるということで、憲法 13 条に一種の行政作為請求の根拠づけを期待することになっていた。

（２）　制度違憲ではない"適用違憲"の主張

　実際、差止訴訟における原告請求の理由として、住基ネット法律規定の憲法 13 条違反の"制度違憲"を主張する向きもあったが、主たる請求原因としては、請求原告に対する住基ネット法律規定の適用が不同意個人に対するそれなるが故に"適用違憲"となるむねが主張されていたのである。そして現に、一部生じた請求認容判決は、公知の通り適用違憲の判例なのであった（金沢地判

平17・5・30、大阪高判平18・11・30）。逆に原告個人側の敗訴判決は、適用違憲を認めない合憲判例となった。住基ネット差止訴訟は、こうした一種の典型的な憲法裁判に他ならない。

1-1-2 本人確認情報のデータマッチングによる人権侵害の制度的危険性の段階的主張

（1） 自己情報コントロール権の制度的保障とIT・"監視国家"との対立問題

　1）「本人確認情報」は公示的情報でプライバシー保護性が弱いという国側の主張に対抗して、差止訴訟の原告弁護団は、住基ネット法制は、「本人確認情報」を検索キー（住民票コードをマスターキー）にした"データマッチング"を容易にし、個々人の自己情報コントロール権の侵害に至る制度的危険性を擁している、という主張を強調することにした（渡辺・前掲論文93～94頁）。

　たしかに、住基ネットにともなう"データマッチング"は、住民票コードをはじめとする本人確認情報を媒介とする住民個人情報の多面的・広域的結合を可能にし、いわゆる"名寄せシステム"をそこに含みうる。

　問題は、本人同意を超えたデータマッチングによる個人情報流通の制度的危険性という主張・立証が、憲法裁判の決め手としては最たる難題に属することであろう。そして、プライバシー人権侵害の制度的危険性が立証されるならばそれは、制度違憲に至る性質の事柄であろうが、その状況認定の困難と流動性にかんがみて、そうしたプライバシー人権侵害の危険性を合理的に強く意識して反対意思を有した差止請求個人に、"適用違憲"の主張資格を肯認させようとするのが、今日的な差止憲法訴訟らしい段階的主張なのだと解される。この点は、後述する"杉並区訴訟"とも共通すると目され、杉並区自治体は、区民の中における住基ネットの制度的危険認識を代弁しようとしたということになる。

　2）差止請求個人の適用違憲主張に十分な社会的根拠が存することを強調しようとして、原告側の主張では、IT革命時代における"情報インフラ"としての住基ネットの利用拡大の政策的な必然性（すでに293行政事務の法定）、さらには、公共の場所における防犯カメラの普及にも連なっている"監視国家"化の危険性、が重視されている（渡辺・前掲論文93～94頁）。

　これらの事実状況主張は、やはり住基ネット法制におけるプライバシーの制度的危険性論に構成されなくてはならない。この点、近時における憲法学者の

1 政策法務からみた住基ネット杉並区訴訟の意義

研究によれば、住基ネットに予定された機能は、住民票コードの個人符号化により検索される行政関係個人情報のスピーディな多面的結合であり、その場合のプライバシー侵害は、一般抽象的レベルから瞬時に不可逆的に具体的な危険に転化するという形になる、ということである（棟居快行「公共空間とプラバシー」岩波講座『憲法2 人権論の新展開』2007年、208頁以下、中島徹・東京高裁第10民事部鑑定意見書〔2007年〕本書資料編5-3、参照）。

（2） 利用事務法定主義で個人情報保護になりうるのか

　1）　住基ネットは、本人確認個人情報の目的外利用・提供の法制化として、今や国際基準に立つべき"個人情報保護法制"と連動すべきところであるが、たしかに個人情報保護法制にあっても、本人同意に代わる「法令の定め」の余地が予定されている。そして住基法における住基ネット利用事務の法定主義（法律・条例の定めの必要。30条の30、30条の8、30条の10第1項）が、国・被告自治体側によって個人情報保護の歯止め保障であると唱えられ、それが合憲判例の重要根拠として採用されている。

　この問題も、差止憲法訴訟と杉並区訴訟とに共通する争点を成し、法学的にも取り組みがフォーカスされなければならない。

　個人情報の目的外利用・提供を特例的に認める法令・条例は、法治主義における行政根拠法規のすべてを無条件的に位置づけうるものではなく、収集の本来的目的に照らした「目的明確化の原則」の合理的特例としての実質を伴ってこそ、個人情報保護を全うしうることが国際基準とされているはずである。

　2）　がんらい法律・条例は、代表民主制に立つ議会立法ではあるが、議会政治的多数決による政策立法でもあるので、個人情報取扱いの特例根拠を本人同意に代わって定めうるためには、IT時代の情報インフラ構築にあっても、個人情報保護を全うできるような人権保障的および立法手続的な保証が求められよう。

　この点に関しては比較法的情報が貴重であって、ドイツの連邦憲法裁判所による関係法律違憲審査のほか、1995年EU指令（28条）が加盟国に求めている独立権限の「監視機関」の設置に倣って、日本国でも「第三者機関」が必要なはずなのにそれが欠けていることが、裁判で追及されている（ドイツの比較法情報につき、平松毅「住基ネットと個人情報保護」法律時報2007年11月号81頁、参照）。この点は、差止訴訟では住基ネット法制の適用違憲の一理由に挙げられ（上記適用違憲判決が採用）、杉並区訴訟では、区自治体による選択的接続の

合憲性の一理由とされている。

　もっとも、最高裁第一小法廷平20・3・6判決では「第三者機関」は、国センターの「本人確認情報保護委員会」と都道府県の保護審議会として存置されているとしているが、利用事務を根拠づける法令・条例の立案過程をコントロールして、上記の制度的危険性を解消するようにする第三者機関の存否が問題だと言わなければならない。現にEU指令にいう「監視機関」としては、フランスの情報・自由全国委員会（略称、CNIL．クニール）のごとく、国民識別番号づきネットワークを定める政令を事前規制する権限を行使しているのである。

1-1-3　最高裁第一小法廷平20・3・6判決の特徴と位置づけ

（1）　憲法13条のプライバシー人権に「自己情報コントロール権」を含めず、憲法学の通説から乖離している

　最高裁大法廷はかねて、いわゆる肖像権の警察活動に対する保障に関して憲法13条は「私生活上の自由」を保障する趣旨であるという判例を形成していた。住基ネット差止訴訟で適用違憲の高裁判決を破棄した第一小法廷判決（平20・3・6）は、この大法廷判例をそのまま引き、憲法13条による「私生活上の自由」としてのみ「個人情報をみだりに第三者に開示・公表されない自由」を語り、住基ネット法制合憲の結論に至っている。その際に、多くの地裁・高裁とともに原判決が肯認した「自己情報コントロール権」解釈を採用しないとしている。

　その結果、代表的な憲法学者が憲法学の通説を次の通り語るのと大きく乖離してしまっていることが、問題視されよう。「個人の私的領域に他者を無断で立ち入らせないという……プライバシーの権利は、情報化社会の進展に伴い、「自己に関する情報をコントロールする権利」（情報プライバシー権）と捉えられて、自由権的側面のみならず、プライバシーの保護を公権力に対して積極的に請求していくという側面が重視されるようになっている。これは、個人に関する情報（個人情報）が行政機関によって集中的に管理されているという現代社会においては、個人が自己に関する情報を自らコントロールし、自己の情報についての閲読・訂正ないし抹消請求を求めることが必要であると考えられるようになったことに基づく。」（芦部信喜『憲法　新版』〔岩波書店、1997年〕118頁。なお、同「広義のプライバシー権（3）」法学教室1991年9月号68頁以下、参照）

　後掲の「研究座談会（その2）」にも示される通り、憲法13条の情報プライバシー権・自己情報コントロール権に対する憲法学研究は大いに進捗したこと

が、最高裁裁判に全く反映されていない。その結果、住基ネット合憲判断は、憲法13条の限定解釈によって予断的に決められている感が否めない。

（2） 「本人確認情報」自体の非秘匿性と利用事務法定主義を制度形式的に優先視して、訴訟上の諸主張に対応していない

第一小法廷平20・3・6判決では、「本人確認情報」は「個人の内面に関わるような秘匿性の高い情報とはいえ」ないうえ、住基ネット事務は「法令等の根拠に基づ」く「行政目的の範囲内」に限られ、それ以外の目的外利用やデータマッチングは違法で罰則や服務規律により禁じられているから、「私生活上の自由」を侵害する「具体的な危険が生じているということもできない」と判示されている。

この判例は極めて制度形式的であって、とくにデータマッチングに関しては、法令で定めさえすれば、個人情報の本人を離れた"ひとり歩き"が大いに生じうるという情報プライバシー侵害の危険性を実質的に配慮する審理方法を採っていない。そしてそこにも、本人確認情報をプライバシーの中核・固有情報でなく外延・周縁情報にすぎないとする、個人情報保護の"情報項目主義"がやはり予断的に前提されてしまっている。

差止訴訟および杉並区訴訟における訴訟上の諸主張に対応して、最高裁が情報プライバシー関する十分な憲法裁判を行うためには、既存判例の枠内における小法廷限りの形式的な判示ではなく、大法廷に回付しての本格審理が大いに望まれるところであった。

1-2 住基ネット杉並区訴訟の特色と役割

1-2-1 "希望区民情報の受信請求"と"選択的接続"合憲適法の主張

（1） 杉並区による住基ネット法制矛盾の追及

住基ネット法制には、先述したように、最高裁の3・6判決では解消されなかった問題点として、全国民一律法定制と個人情報本人同意原理との根本的矛盾が存続していると見られる。この矛盾点を、住民個々人の直接的人権主張の憲法裁判として追及したのが、住基ネット"差止訴訟"であった。それに対して"杉並区訴訟"は、その矛盾点に内在的に立ち入り、現行住基ネットの合憲的編成としては住民"選択的接続"が認められるべきであるとの憲法適合解釈から、接続希望区民だけの情報送信の実施を訴求する自治体裁判を提起したものである。

その際、すでにそうした選択的接続を横浜市が全員参加を目指す過渡的措置

にしろ国と県に容認されていた"横浜方式"（2003年4月の合意書による。その後2006年5月に全員参加の決定）をモデルに、その先例の適用を望んだ杉並区が、都と国に拒否されたため、希望区民のみの情報送信を求めて、都に対し受信義務確認請求訴訟を起こしたのであった（2004年8月、第一請求。第二請求として、都および国に対する、無為の予算執行分4476万余円の国家賠償訴訟）。

したがって、杉並区訴訟にあっては、住基ネットの制度違憲は全く主張されず、適用違憲も補充的主張にとどまり、特徴的な基本主張は、住基ネット法制の"合憲的限定解釈"に基づく接続希望区民の住基ネットサービス享有権の保障請求なのである（接続を希望しない区民は約17％、約8.6万人であった）。

すなわち、杉並区訴訟の間に区民全員が住基ネット不接続となっていたことは、区自治の本意に沿わず、杉並区長の公的表明にも示されたように、あくまで当面は訴えどおり区民"選択的接続"制による住基ネットの実施が同区の地域自治方針なのであった。これが区民「自己情報コントロール権」の杉並区的保障方式と言えた。

ただし、接続反対区民の個人情報保護条例に基づく中止請求に対する対応とも異なり、区長による自治権行使としての選択的接続の方針決定に基づく自治体出訴なのである。

（2）　いわゆる横浜方式の適用請求と国側の違法見解について

上記の横浜市の先例適用を"段階的参加方式"として望んだ杉並区に対して、国の側は拒否の理由に、横浜市民の部分接続を容認したのは違法措置を解消する過渡的措置であると説明している。

しかしながら、行政措置をはっきり違法と公認しつつその経過的存続を国が公けに承認するということは、法治主義に反するであろう。

国が経過的にしろ住民"選択的接続"を黙認した以上、それは手続法的にはその適法余地を承認したものと解され、その先例は後発自治体への平等適用が問われえたであろう。ここで法的には、法律関係の内容的・実体法的な違法・合法解釈と、紛争解決プロセスに沿う適法性の"手続法"的解釈とは、区別されうるという法理が肝要であるように考えられる。

1-2-2　住基ネット法制の憲法適合解釈と自治行政裁量権の問題

（1）　住基法の体系的解釈としての憲法13条原理への適合解釈

差止訴訟が、憲法13条「自己情報コントロール権」保障の法律適用違憲の直律的効力を主に主張したのに対して、上述のような杉並区訴訟にあっては、

1　政策法務からみた住基ネット杉並区訴訟の意義

　住基法30条の5による住基ネット送信義務規定が区民の"選択的接続"を制度的に容認していると解すべきことを、憲法13条の「自己情報コントロール権」保障原理が関係法律の解釈運用を規律する"解釈基準"(法律解釈の指針)としての効力によって裏付けるという主張をしていた。これは事の性質上、最高裁の憲法裁判においても本来はより採用されやすいはずの憲法解釈論であったといえよう。

　もっとも、住民"選択的接続"は、住基法の上記条項に対する適用違憲解釈の半面としても成立するが、むしろ本来的には、全体として合憲有効と解される法律に内在すべき趣旨として、"体系的解釈"によって肯認されうるところであろう。

　ところが、杉並区訴訟の下級審判決にあっては、住基ネット接続送信義務規定を個別的に優先視し、他法条との"体系的解釈"を軽んずる様子が顕著であった。しかし現に、改正住基法上のセキュリティ条項(36条の2)に基づく市区町村長の住民票情報安全措置義務に基づき、すでに条例化された緊急事故時の住基ネット切断余地を超えて、制度的危険性を重視する市区町村長による不接続ないし選択的接続の可否が体系的解釈されてよいのではないか、も一争点を成していたのであった。

　それに対して、憲法の人権保障原理が関係法律に"解釈基準"効を発揮することは、憲法の「最高規範」性(98条1項)にも内在していようが、より広い弾力的な解釈が可能であろう。とくに、憲法13条のような一般的な人権保障原理に関しては、とりわけ「自己情報コントロール権」のように、その概念・保障内容が不明確にとどまっているといった見方(控訴審・東京高判など)を乗り越えて、住基法の解釈運用に原理的な規律効を示すのに不足のないことが指摘され得よう。

（2）　住基ネットの法定「自治事務」性と地方自治権の憲法保障に基づく自治行政裁量権

　1)　国の側は、住基ネット接続法条(30条の5)は無条件一律の強行規定であると唱え、それが原則的に裁判所に通用してきている。しかしながら上述の通り、同法条の憲法適合解釈をふくむ体系的解釈がなされるべきであるとすれば、同法条の効果内容は流動的と解されうるのであって、杉並区訴訟ではとくに、区自治体の"自治行政裁量権"として区民の選択的接続の決定権が主張されたわけであった。

控訴審の東京高判では否認されたが、第1に、区民の自己情報コントロール権に根ざす選択的接続の保障は、区民のプライバシー人権に代位する基礎自治体・特別区の地域自治権の問題と考える筋が存する。また第2に、分権自治体の法令解釈自治権の問題が存するが、これは後の論述項目に属する。

2）　特別区が住民に身近な"基礎自治体"として、区民の選択的接続の要求に代位的に対応すべき立場は、個人情報保護条例が憲法上の自己情報コントロール権に根ざして区民個々人に保障している「中止請求」が出された場合にも、まさに生じうる。

この場合、区長がもし中止請求拒否の決定をしたならば、不服「審査会」の第三者的審査がなされ、その答申を経た区長の最終決定権が本人選択的接続の合憲・適法性を含めて行使されることになりうる。これも現行住基法条の自治行政裁量権を働かせる形態にほかならない。ただし、これは、杉並区訴訟に示された杉並区の自治施策方針とはやや異なる裁量権の働きになる。

1-2-3　最高裁第三小法廷の上告等棄却決定の特徴と位置づけ
（1）　上告等棄却決定の実質的解釈が必要

最高裁第三小法廷は2008(平成20)年7月8日、杉並区の「上告を棄却する」および「本件を上告として受理しない」と、上告および上告受理申立てを何れも棄却する決定をした。

ところがその理由とするところは、①「本件上告理由は、違憲を言うが、その実質は単なる法令違反を主張するもの」、②本件上告受理申立ては「民訴法318条1項により受理すべきものとは認められない」、というものであって、ここには、その趣旨の実質的解釈の必要が大いに意識されよう。それらは、いわば定番的な"三くだり半"だからであるが、杉並区訴訟の憲法裁判的内容に鑑みるとき、その上告等棄却の実質的理由が大いに問われて良いからである。

（2）　住基ネット憲法裁判の凝縮と自治体出訴権問題を区別する必要

後者の問題に関する追究は、後の論述項目に属するが、上告・申立て理由および後掲の「研究座談会」記録に示される通り、「法律上の争訟」等に関する「憲法解釈の誤り」（民訴法312条1・2項）および判例違反（318条1項）の主張が明確になされた以上、それらにおよそ該当しないという理由が示されえない限り、上告審裁判を開くべきであったろう。

また、住基ネット憲法裁判にあっては、たしかに第一小法廷3・6判決による判例が生じた直後ではあるが、上述の杉並区訴訟では固有に住民"選択的接

1 政策法務からみた住基ネット杉並区訴訟の意義

続"の自治体決定権の憲法解釈にかかわる以上、「憲法解釈の誤り」および判例違反という上告・受理申立て理由における主張につき、改めての上告審裁判を行うべきであったと考えられるのである。

2．自治体出訴裁判である杉並区訴訟の意義

2-1 宝塚市事件最高裁判例をのりこえる必要性
2-1-1 財産権と行政権との峻別論の問題性
（1） 宝塚市事件最高判の判旨を杉並区訴訟に直接適用する問題

　1）　杉並区訴訟が自治体出訴裁判であるため、その適法性に関し、学界で批判の多い宝塚市事件・最高裁大法廷の判例（平14・7・9）が立ちはだかっていた。

　同判例は、宝塚市行政命令民事執行の訴え却下判決である。1983年同市のパチンコ店等建築規制条例に違反したパチンコ店建築工事に対して、同市長が中止命令を出したが、条例に罰則なく実効的でないため、同市が工事中止を求めて民事訴訟を提起した。そして、同条例の風営法違反を理由とした棄却の高裁判決を破棄した最高裁は、この自治体訴訟を不適法とする新判例を打ち出し、その判旨は以下の通りであった。

　①　裁判所法3条1項にいう「法律上の争訟」は、「当事者間の具体的な権利義務ないし法律関係の存否に関する紛争であって、かつ、それが法令の適用により終局的に解決することができるものに限られる」（最高判昭56・4・7参照）。

　②　「地方公共団体が提起した訴訟であって、財産権の主体として自己の財産上の権利利益の保護救済を求めるような場合には、法律上の争訟にあたると言うべきであるが、……専ら行政権の主体として国民に対して行政上の義務の履行を求める訴訟は、法規の適用の適正ないし一般公益の保護を目的とするものであって、自己の権利利益の保護救済を目的とするものということはできないから、法律上の争訟として当然に裁判所の審判の対象となるものではなく、法律に特別の規定がある場合に限り、提起することが許されるものと解される。」

　2）　この最高判に対しては、行政法学者を中心に学説の批判が続出したことが公知であったのだが、住基ネット杉並区訴訟の地裁・高裁判決とも、こ

の最高裁判例を直接的に適用し、同訴訟（第一請求）は、自治体の自己法益の救済を目的としない住基法の適正行政執行に係る行政組織内部訴訟なので、「法律上の争訟」に該当しない機関争訟の一種であって不適法であるとしたのであった。

この処理に関し、上記最高判に批判的な公法学者が判例評釈や後掲の「研究座談会（その1）」などに研究発表をしていたのだが、最高裁第三小法廷の決定（平20・7・8）は上述の通り上告等の棄却を早期に公けにするところとなり、またいちだんと公法学的判例研究の必要性を残している。

（2）　宝塚市最高判を杉並区訴訟に適用することの内在的問題

　1）　まず、宝塚市事件は住民に対する公権力行使の民事司法的執行を求めた自治体訴訟であって、杉並区訴訟が、住基ネット送信行政につき都と国あての"行政主体間訴訟"であるとともに、自治体の自治権擁護の出訴なので、両者には先例的共通性が欠けている（先例の射程範囲外）、という見方が有力にあり得た（阿部泰隆・東京高裁第10民事部鑑定意見書〔本書資料編5-1〕、など参照）。

　2）　つぎに、宝塚市最高判の判旨の内在的解釈として、「専ら行政権の主体」とは公権力行使主体としての自治体国家を指し、「財産権の主体」をもし所有権等の私的財産権の行使主体と解するときは、その中間にかなり広く非権力的事業・給付の行政領域が残されるので、「法律上の争訟」に該当しうる「財産権主体」的自治体訴訟は、行政権限行使と重なってもそれらの非権力行政を含む"広義の財産権主体性"を指すものと解すべきで、そうなると杉並区訴訟は、住基ネットデータ送受信の電子通信事業行政にかかる財産権主体訴訟として先例にも適合する、という所見も成り立ち得た（兼子仁・東京高裁第10民事部鑑定意見書〔本書資料編5-2〕、参照）。

そしてこの所見を否認した地裁・高裁判決にあっても、関連的に、杉並区の都・国に対する国家賠償請求（第二請求）については、その"財産権主体訴訟"性を肯定していたのであった（この点は、大牟田市電気税訴訟の福岡地判昭55・6・5も同類的である）。

　3）　もっとも、杉並区訴訟の第一請求である住基ネットへの選択的接続の請求については、それがいかなる意味合いで区自治体の"自己法益"主張となっているのかの解釈が求められ、その問題は、「法律上の争訟」および「機関訴訟」ならびに地方自治権侵害の司法救済適格に関する原理的理解に深く関

1　政策法務からみた住基ネット杉並区訴訟の意義

わり、宝塚市判例の見直し課題にも亘っていたのである。

2-1-2　「法律上の争訟」および自治体の行政関係出訴適格の限定解釈の問題性
（1）　司法権にかかる「法律上の争訟」の個人権利保障紛争への限定問題

宝塚市最高判が引用した先例（昭和56年の板まんだら事件最高判）において、特別法定外にも適法な「法律上の争訟」は、「権利義務ないし法律関係」に関する具体的紛争で法令適用により解決可能なもの、と定義されていた。かねて公法学説はその「法律関係」に自治体自治権の保障・救済を含めて理解する傾向にあった（阿部・前掲鑑定意見書、参照）。

ところが、宝塚市最高判では、「法律上の争訟」に当たる典型を、財産権といった国民の権利利益にかかる紛争と解し、その元には、憲法76条1項にいう「司法権」を32条「国民の裁判を受ける権利」の保障作用だとする限定解釈を置いている。

かねて「司法権」の憲法解釈に連なる「法律上の争訟」の範囲解釈は宗教紛争事件などが主たる素材であったが、杉並区訴訟においてそれらの原理的解釈が、行政主体間の行政事件にかかわって「機関訴訟」論に連なり、公法学的に強く問われるに至ったのである。

（2）　自治体の国などに対する出訴を「機関訴訟」に限定するという問題

　1）　杉並区訴訟の地裁・高裁判決は、上記の「司法権」「法律上の争訟」解釈を前提にするとともに、自治体の行政権限行使にかかる国・他自治体との紛争は、行政主体間であっても行政事件訴訟法（行訴法6条）にいう「機関訴訟」として、「国又は公共団体の機関相互間における権限の存否又はその行使に関する紛争」についての特別法定訴訟（42条）である、と判示している。

しかし、この問題をめぐって多くの批判的公法学説は、本質的「機関訴訟」は文字通り、同一行政主体内の機関間訴訟のはずで、"行政主体間訴訟" はその範囲外に在り、自治体の自治権・行政権益であっても司法救済が必須な場合が、「法律上の争訟」としてありうると論じてきている（後述）。ここにはたしかに、出訴自治体に固有な「自己法益」が存しているかどうかのテストもかかわっているが、上記の公法的な紛争「法律関係」の如何として、その法制的検討には案外多様性が認められるのである。

　2）　自治体の行政権益出訴が特別法定されている場合が、全て本質的に「法律上の争訟」外の「機関訴訟」に当たっているとは目されない、という実定法状況が次の通りある。

《関連書籍一覧》

【新刊】

書名	叢書	編著者	著者等	価格：本体(税別)
自治体の出訴権と住基ネット―杉並区訴訟をふまえて	総合叢書0004	兼子 仁・阿部泰隆 編		¥6,800

【著者】

書名	叢書	編者	著者	価格
情報社会の公法学	川上宏二郎先生古希記念論文集		阿部泰隆・伊藤治彦・稲葉 馨・今里佳奈子・碓井光明・大隈義和・大橋洋一・岡田雅夫・岡本博志・小原清信・笹田栄司・下井康史・須藤陽子・勢一智子・中川義朗・平井文三・平松 毅・藤田宙靖・保木本一郎・松井修視・三好 充・村上裕章・森田寛二・柳井圭子・柳井圭子・山下義昭・山田 洋・横田守弘 著	¥20,000
現代民事法学の理論 上巻	西原道雄先生古稀記念	佐藤 進・齋藤 修 編	東 孝行・能見善久・松岡久和・阿部泰隆・斎藤 彰・新田幸二・潮海一雄・田上富信・吉村良一・青野博之・潮見佳男・半田吉信・近藤光男・谷 啓輔・佐藤 進・菊池馨実・馬場健一・中野俊一郎 著	¥16,000
行政法の解釈　品切れ中			阿部泰隆 著	¥9,709
行政法の解釈(2)			阿部泰隆 著	¥10,000
先端科学技術と人権	日独共同シンポジウム	栗城壽夫・戸波江二・青柳幸一 編	栗城壽夫・青柳幸一・高橋 滋・岩間 昭道・阿部泰隆・神橋一彦・根森 健・鳴崎健太郎・岡田俊幸・戸波江二・斎藤誠・光田督良・石村 修 著 平松 毅・清野幾久子・門田 孝・神橋一彦・斎藤 誠・宮地 基・川又伸彦・工藤達朗・吉野豊秋・畑尻 剛・赤坂正浩・青柳幸一・訳 ライナー・プアール、ゲオルク・ヘルメス、ルドルフ・シュタインベルク、ディートリッヒ・ムルスヴィーク、アンドレアス・フォスクーレ、エッカート・レービンダー、フリードリヒ・ショッホ、ディター・Hショイイング、トーマス・ヴュルテンベルガー、ミヒャエル・アンダーハイデン、ミヒャエル・クレプフファー	¥7,400
警察オンブズマン		篠原 一・萩原金美・渥美東洋	阿部泰隆・広中俊雄・今川 晃・佐藤洋子・飯野奈津子・渥美東洋・金子仁洋 著	¥3,000
競売の法と経済学		鈴木禄弥・福井秀夫・山本和彦・久米良昭 編	阿部泰隆・上原由起夫・河内孝雄・久米良昭・鈴木禄弥・瀬下博之・馬場 禄・福井秀夫・福島隆司・山崎福寿・山本和彦・吉田修平 著	¥2,900
実務注釈　定期借家法	注釈現行法2		阿部泰隆・上原由起夫・鵜野和夫・久米 良昭・島田明夫・野中 幸・福井秀夫・吉田修平・那須 正・保関興治 著	¥2,500
京都大学井上教授事件			阿部泰隆 著	¥2,300
定期借家のかしこい貸し方・借り方			阿部泰隆 著	¥2,000
行政士の未来像			阿部泰隆 著	¥1,600
内部告発(ホイッスルブロウァー)の法的			阿部泰隆 著	¥1,100
やわらか頭の法政策		北村喜宣 編	阿部泰隆 著	¥700

【編集】

書名	叢書	編者	著者	価格
環境法学の生成と未来	学術叢書法律341	阿部泰隆・水野武夫 編	寺田友子・北村喜宣・黒川哲志・曽和俊文・平岡 久・交告尚史・西鳥羽和明・見上崇洋 著	¥13,000
湖の環境と法	学術叢書法律331	阿部泰隆・中村正久 編	安本典夫・土屋正春・秋山道雄・山下 淳・北村喜宣・木村康二 著	¥6,200
定期借家権	学術叢書法律225	阿部泰隆・野村豊弘・福井秀夫 編	八田達夫・久米良昭・福島隆司・上原由起夫・岩田規久男・加藤雅信・安念潤司 著	¥4,800

【監修】

(法政策シリーズ)

書名	叢書	監修	著者	価格
法政策学の試み(第一集) 品切れ中	法政策学研究1	阿部泰隆・根岸 哲 監修		¥4,700
法政策学の試み(第二集)	法政策学研究2	阿部泰隆・根岸 哲 監修		¥6,300
法政策学の試み(第三集)	法政策学研究3	阿部泰隆・根岸 哲 監修		¥4,700
法政策学の試み(第四集)	法政策学研究4	阿部泰隆・根岸 哲 監修	梶山省////・室谷良裕・松葉謙三・泉大文雄・吉岡正和・森尾成之・芝軒崇晃・原田保・三好規生・西澤真紀子 著	¥4,800
法政策学の試み(第五集)	法政策学研究5	阿部泰隆・根岸 哲 監修	中鈴公平・亀井尚也・馬場健一・原田保秀・森尾成之・川手洋三・高橋信雄・兼平裕子・三好規生 著	¥4,800
法政策学の試み(第六集)	法政策学研究6	阿部泰隆・根岸 哲 監修	北川俊光・森岡李二・小川幸士・平尾一成・重成 薫・三野寿美・渡邊みのぶ・吉岡正和・清水征男・位田央 著	¥6,000

お名前　　　　　　　　　　ご所属

〒
ご住所

お電話　　　　　　FAX　　　　　　E-mail

信山社　〒113-0033 東京都文京区本郷6-2-9-102

FAX 03-3811-3580 ／ TEL 03-3818-1019 ／ E-mail:order@shinzansha.co.jp

1 政策法務からみた住基ネット杉並区訴訟の意義（兼子 仁）

① 自治体に対する国の強い「関与」につき第三者機関「審査」ののち高裁に自治体がする訴えは、行訴法（43条1項）上の機関訴訟である旨法定されている（地方自治法251条の5第8項、252条4項）。しかしこれも全く限定的な「機関訴訟」とは限らず、これ以外の一般的な自治体自治権訴訟は必ずしも排されないと読まれている（塩野宏『行政法Ⅲ　行政組織法〔第3版〕』〔有斐閣、2006年〕224頁）。

② 国の機関（または都道府県知事）の裁定的処分に対し自治体（ないし首長）が短期間内に出訴できる旨法定されている例が少なくはない（自治法9条8項・9条の2第4項＝市町村境界に関する知事裁定、住基法33条4項＝住民の住所認定に関する知事等決定、地方税法8条10項＝自治体課税権の帰属などに関する総務大臣決定・裁決）。これらが行訴法上の限定的な「機関訴訟」か否かは解釈次第であり、杉並区訴訟下級審判決の「機関訴訟」論は、行政権限出訴はすべて行政内部争訟であるとの予断に基づいていると目することができる。

③ 国の機関の決定に対し自治体（ないし首長）が審査申立てのできるむねの法定例がある場合に（地方交付税法18条1項＝交付税額の決定、補助金適正化法25条1項＝補助金等交付決定）、自治体出訴の可否はまさに法解釈に残されている。

④ 自治体（ないし首長等）が行政権限行使につき応訴して敗訴判決を受けた場合には、民事訴訟法上で上訴権を保障されているのが普通であるが（その自治法上の表われとして、96条1項12号かっこ書き、245条の8第9項＝国等からの代執行訴訟における上告）、この一般的場合における上訴自治体の行政権益はいかに解釈されうるのであろうか。

2-2　自治体の自治出訴権に関する公法学説の今後的役割

2-2-1　憲法上の「司法権」および「法律上の争訟」の本質論

（1）　憲法上の「司法権」と行政権の裁判的統制・司法的保障

かねて「司法権の限界」は、宗教関係民事事件や統治関係憲法事件などにおいて大いに論議されていたが、杉並区訴訟により改めて、自治体行政事件に関わる公法・行政法の論議を呼ぶ次第となった。分権自治の時代に今後とも、自治体出訴裁判が増すと予想されるので、これまで以上に憲法・行政法の公法学は、司法権を行政権・地方自治権との関係において本質論的に研究・考究しておく必要があるであろう。

1　政策法務からみた住基ネット杉並区訴訟の意義

　憲法76条1項の「司法権」の定義的解釈は、司法裁判権の制度範囲を定める裁判所法3条1項の「法律上の争訟」の内容解釈に根本的方向性を示す意味合いで肝要であるが、それを決するのは、歴史的ファクターであるといわれてきた。

　そして歴史的に、民・刑事裁判が司法権の基本内容だが、「刑事訴訟」は国民の人権保障に深く関わるものの、出訴者は国家権力側であって、刑事司法権力行使の手続にほかならない。そこには、行政権力行使の方は全く司法的保障手続にかかりえないのかという、宝塚市事件で問われた問題が近接していると見られえよう。ここに英米型司法国家における司法的強制（judicial enforcement）の原則を結びつけるとき、「司法権」解釈には比較法的情報の重要性も大いに意識される。

　杉並区訴訟で問われた自治体の行政権益の出訴適格性をめぐっては、日本国憲法により、旧憲法下の司法外「行政裁判」を廃して行政権をも司法権が裁判的統制をするという「司法国家」に変革されたことが、当然深い関わりがあるはずである。

　たしかに、住基ネット杉並区訴訟にみられる住民の受益性は直接的権利保障ではなく、また出訴杉並区の"自己法益"被害の救済も必ずしも主目的とは言えないため、個人人権保障的「司法権」説では公正裁判の範囲に含められにくい。やはり、憲法で保障されたはずの「地方自治権」の司法裁判的保障が、「司法権」の行政権関係的解釈として重要課題になろう。そしてこの点では、地方自治権侵害の裁判的救済の実績が、欧米諸国において行政裁判制度または司法国家にかかわらず判例上存するという比較法的情報が、学界では既によく知られているところである（以上につき同旨として、塩野宏『行政法Ⅲ』前掲226頁、同「地方公共団体の出訴資格」本書3-3、常岡孝好「自治体による住基ネット接続事務確認訴訟と司法権」判例時報1962号、2007年6月1日号166頁以下、を参照）。いずれにせよ、個人人権保障的「司法権」という既存判旨は、今後における行政権関係の裁判事件にかんがみて、学界の研究を踏まえて見直される必要がある。

（2）「法律上の争訟」と「機関訴訟」論の見直し

　1）　杉並区訴訟をめぐる行政法学者の研究発表で、「法律上の争訟」に該当する具体的紛争事項として国民・住民の「権利義務」に加え、行政権益を含む公法上の「法律関係」が重要であることが、行政「法治主義」の司法的保障

の見地からも強く指摘されている（阿部泰隆・前掲鑑定意見書の公刊として、同「続・行政主体間の法的紛争は法律上の争訟にならないのか（上・下）」自治研究83巻2・3号〔2007年2月・3月号〕、参照）。

ほんらい行政事件訴訟にあっては、国民の側が、個人的権利利益を主張しているのに被告行政側では、法規執行上の公益的主張を対抗させることが通常であって、そうした公法上の法律関係には民事訴訟一般の発想を持ち込む前提が欠けているはずであるということが、近時行政法学上強調されているのである（亘理格「法律上の争訟と司法権の範囲」磯部・小早川・芝池編『行政法の新構想Ⅲ・行政救済法』〔2008年・有斐閣〕、18頁以下、など参照）。

もっとも、行政権益に係る公法的法律関係にあっては、行政罰則に連なる「公権力の行使」によって行政自力救済のなされうる場合が多いが、そうでなく司法裁判的救済のほかに代替手段のない場合も厳存する。杉並区訴訟のケースでは、国・都の側からは住基ネット不接続に「是正の要求」の関与をしないため、杉並区にとって法定の「関与に対する訴え」をするに由なかったのであった（2009年2月、国立市に対しては国の指示により都から「是正」の要求が出されたが、同市は履行しないでいる）。他方において、2004年の行訴法改正により「公法上の法律関係に関する確認の訴え」が明記され（第4条）、杉並区訴訟はそれを活用しようとしたものであった。

2）杉並区訴訟（第一請求）は地裁・高裁によって、法定外の「機関訴訟」に他ならないとして却下されたのだが、学説の追究によれば、上述した「司法権」「法律上の争訟」解釈の見直しをふまえて先述の実定法状況に鑑みるとき、「法律上の争訟」外の「機関訴訟」とは文字通り"機関間訴訟"を指すと解すべきことになる。

"行政主体間訴訟"は法人権益を司法裁判対象にするもので、法人機関間の権限争議とは本質を異にし、それがいかなる範囲で「法律上の争訟」に属するかは、出訴法人権益の司法的救済適格の具体的見定めにかかることになろう（阿部・前掲論文、曽和俊文「地方公共団体の訴訟」杉村敏正編『行政救済法(2)』〔1991年・有斐閣〕、293頁以下、常岡・前掲判例評釈177頁以下、参照）。

ただし、ここにおいて、いわゆる"主観訴訟・客観訴訟"の区別論は重要なかかわりを示すとしても、これまでの公法学説上で必ずしも決め手的な整序にはいたっていなかった。

1 政策法務からみた住基ネット杉並区訴訟の意義

2-2-2 地方自治権の憲法保障と司法的保障
（1） 地方自治権の"憲法伝来説"に基づく司法的保障

1） 旧憲法下における市町村自治はいわゆる"法令伝来"のしくみにとどまったのに対し、現憲法は「地方自治の本旨」に属する自治体行政権を直接保障しているので（92条・94条）、自治体行政権はいわば"憲法伝来"の地域統治権である（地方自治権の"憲法伝来説"は今日の公法学の通説を成す）。

杉並区が主張する住基ネットへの住民"選択的接続"が憲法13条により自治行政裁量権として保障されえているならば、住基法が法律でその地方自治権行使を禁ずることに対しては、自治権侵害の憲法的救済が求められる。国関与に対する特別法定の訴訟以外に裁判の途がないとするならば、住基ネットにかかる自治行政権の憲法保障が全うされないことが、地方自治公法学の所見である。

2） もっともここには、住基法という法律の解釈をめぐる国と区自治体との争いがかかわっているが、1999年の「地方分権」改革法制にあっては、法律解釈における国と自治体の対等原則が明確になっており、国（各省）に対抗した分権自治体による自治的法律解釈については、"行政主体間訴訟"として司法裁判による保障が必要なことが、今日の行政法学の説くところである（結論同旨、塩野・前掲書219・224頁、原田尚彦『地方自治の法としくみ〔新版〕』〔2003年・学陽書房〕、161〜162頁）。

（2） 自治体の自治権益の種別に応じた司法救済の必要

地方自治権の憲法保障に基づく司法救済を原理的に認められた場合にも、司法救済の制度的しくみは、自治体権益の種別に応じて考えなければならないであろう。行政法学の研究はすでにそこに進んできている（この際、自治体が私的財産権を主張する訴訟は論外とする）。

1） 分権自治体の統治主体権益・国家公権力の司法救済適格は最も難しそうに見えるが、課税自主権のような自治財政権力はその金銭債権性が救済ルートに乗るほか（前出の大牟田市電気税訴訟）、市町村境界争訟（前述）などは法人自治体の組織基盤の保障にかかわる（曽和・前掲論文313頁、参照）。それ以上に、国の過剰関与による分権自治権侵害の救済訴訟が、公法学上の一般課題となる。そしてそれは、「法律上の争訟」に関する前述の既存判例を根本的に変更することにかかわるが、この点欧米諸国において市町村自治権力の出訴適格と裁判的保障の判例実績の存することが、すでに比較行政法的な重要情報と

知られている（まとめ表示として、曽和・前掲論文 272 ～ 273 頁、参照）。

　2）　地域環境保全などの自治権益を防御する自治体出訴権は、国の行政処分に対する第三者原告適格の問題として現われやすい（日田市競輪車券売場設置許可反対訴訟の大分地判平 15・1・28、市の原告適格否認。村上順「日田訴訟と自治体の出訴資格」地方自治総合研究所・自治総研 2002 年 3 月号、人見剛「まちづくり権侵害を理由とする抗告訴訟における地方自治体の原告適格」東京都立大学法学会雑誌 43 巻 1 号〔2002 年 7 月〕、参照）。すでにこうした問題については、比較法的研究（曽和・前掲論文 313 頁以下）や、戦前日本の行政裁判所による市町村自治体の出訴権容認・救済判例の研究（垣見隆禎「明治憲法下の自治体・行政訴訟」福島大学行政社会編集 14 巻 2 号〔2001 年〕）が存している。

　3）　自治体の非権力的行政権益の防御的出訴権は、住基ネット杉並区訴訟（第一請求）で提起された問題と目されるのであるが、前述したとおりこれも、行政権限行使の「法律関係」を広義の機関訴訟事項と捉える既存判例を乗りこえる努力が、今後の公法学に求められており、杉並区訴訟はその格好な"政策法務"的契機をもたらしたのである。

むすびにかえて——"研究座談会記録"というものについて

　地裁・高裁の民事訴訟にあっては、当事者側の書証の一種として、法学者の「鑑定書、意見書、鑑定意見書」が随時提出され、それらが裁判所の審理において踏まえられ、判決文中でメンションされることもある。ところが上告審・最高裁裁判には原則として書証手続が存在しない。もっとも、上告理由書等の補充書に添付して資料文書を事実上提出することが行われている。

　杉並区訴訟の上告審に向けて準備されていた 2 つの「研究座談会」の記録は、裁判争点を成す法学的課題にフォーカスした有志法学者の座談会形式による合同の研究発表にほかならない。上記の鑑定意見書等とは異なり、必ずしも訴訟当事者の依頼に基づくわけではなく、当該課題に関心を抱く法学研究者が、その最先端の研究所見・情報を論文以前的にもタイムリーに発表できる形態であるところにメリットがあろう。

　本来は上告審裁判所向けの記録文書（「逐語録」と、読みやすい「要録」とがありうる）であるが、杉並区訴訟の実例のように裁判所提出の機会を得なかったものは、通常の雑誌掲載座談会より以上に、学界および実務界にとって有益な

1　政策法務からみた住基ネット杉並区訴訟の意義

特殊研究発表である"研究座談会記録"として、本書のような公刊に適するにちがいないと思われる。

2 杉並区訴訟の経過および主要争点

住基ネット杉並区訴訟弁護団
吉川基道・藤田康幸・市川和明

1．提訴に至るまでの経緯

　杉並区は、もともと、住民の自治意識は高く、情報公開条例、個人情報保護条例も、他の市区町村に先駆ける形で、昭和62年6月に施行されている。

　平成11年8月18日の住民基本台帳法の改正により創設された住民基本台帳ネットワークシステム（以下、「住基ネット」という）に対しては、杉並区民を対象とした平成13年、14年段階のアンケート調査ではいずれも、導入への疑問を表明する意見及び凍結・延期すべきであるとの意見が過半を占めていた。

　住基ネットは、住民の利便増進と行政事務の効率化を制度目的に掲げ、国、都道府県および市町村のコンピュータを電気通信回線で接続し、氏名、出生の年月日、男女の別、住所および住基コード（国民各人に付された11桁の番号）ならびにこれらの変更情報（以下、「本人確認情報」という）などの流通・利用を行うものであったが、導入に際しては、個人情報の流出等が危惧された。このため、住民基本台帳法附則で個人情報保護に万全を期するため所要の措置を講ずるものとすると規定された。ところが、個人情報保護法、行政機関個人情報保護法等が制定されたのは、平成15年5月であって、当時はまだ制定されていなかったことから、個人情報保護法制の不備の問題、コンピュータネットワークシステムにおけるセキュリティ上の問題、さらには行政機関によるデータマッチング・名寄せによるプライバシー侵害の危険性に対する不安などが表面化するようになった。

　このため、平成14年8月5日の第1次稼働にあたっては、杉並区は、上記区民アンケートの結果や、「杉並区住民基本台帳にかかる個人情報の保護に関する条例」に基づいて設置された杉並区住民ネットワークシステム調査会議（以下、「住基ネット調査会議」という）の中間報告などを踏まえて、「当面不参加」を表明した。同様に、横浜市、国立市、練馬区、矢祭町などが住基ネットへの参加を見送る事態となった。

　ただ、横浜市は、住基ネットに参加することを前提としつつも、住基ネット

2 杉並区訴訟の経過および主要争点

の安全性が総合的に確認できるまでの緊急避難的措置として、住基ネットへの不参加を希望する住民の本人確認情報を神奈川県へ通知しないこととする、いわゆる横浜方式による参加を表明し、平成15年4月9日、国、神奈川県、地方自治情報センターおよび横浜市の四者間の合意に基づき、横浜方式により住基ネットに接続した。

　杉並区は、平成15年5月に実施した3回目の区民アンケート結果と住基ネット調査会議の報告書を踏まえて、平成15年6月4日、横浜方式導入を表明した。これに対し、同日、東京都は、全員参加する前の段階までは違法である、全面参加しなければ是正の要求について総務省と調整を進めるなどとするコメントを発表した。その後、杉並区は、東京都への協議を申し入れたが、必要な協力を得ることができず、横浜方式による参加ができない状態が続いた。

　杉並区は、第2次稼働日である平成15年8月25日、横浜方式での参加を早急に認めるよう国・東京都に要望すること、同方式での参加を目ざした準備に着手することなどを表明し、区民に対し、同方式での参加に関する説明文書や不参加の申出に関する文書を送付するなどした結果、区民の16.86%が住基ネットへの不参加を申し出た。

　杉並区は、平成16年1月14日、総務大臣および東京都知事に対し、横浜方式での参加を求めるなどしたが、国および東京都は、同年1月30日、いずれも早急に住基ネットへの全面参加を求める旨回答し、杉並区の横浜方式での住基ネットへの参加を拒否した。

　その後も、東京都は、地方自治法上の是正の要求に踏み切ることもなかったため、杉並区は、同法に定められた手続によって争う途も封じられる結果となった。

　そこで、杉並区は、司法による判断を求めることとし、東京都と国を相手方とする異例の提訴に踏み切ったのであった（杉並区訴訟の全記録は、杉並区公式ホームページの「区政資料」＞「住基ネット」＞「住基ネット訴訟」に掲載されている）。

2．第一審での主張・立証と審理経過

　（1）　平成16年8月24日に提訴された住基ネット受信義務確認等請求事件（平成16年(行ウ)第372号）は、東京地方裁判所民事第38部（菅野博之裁判長）

2 杉並区訴訟の経過および主要争点

に係属した。

訴状では、原告杉並区が被告東京都に対し、通知を受諾した杉並区民（以下、「通知希望者」という）の本人確認情報の通知を受信する義務があることの確認を求める訴え（以下、「確認の訴え」という）と、被告東京都・国に対し、国家賠償法に基づく損害賠償を求める訴え（以下、「国賠請求」という）とを併合して提起している。

このうち、確認の訴えは、地方自治法上の分権保障原理や個人情報保護の法制度、そして住民基本台帳法の関係規定を総合的に考慮すれば、住基ネットの安全性が確認されておらず区民の多くが危惧を抱いている現段階で、杉並区には、通知希望者・非通知希望者を問わず全員の本人確認情報を被告東京都に通知すべき義務はなく、逆に、被告東京都には、杉並区側の裁量判断に基づき送信された本人確認情報については、それが通知希望者のそれのみであっても、これを受信する義務があるというものであった。

また、国賠請求は、被告東京都が上記のような受信義務を怠る違法行為に及び、国もそれに加担したため、杉並区は本来不要の支出（住基ネット設備関連費用、転入転出上の郵便費用、住民票無料交付による手数料相当額および削減可能ないし余分な人件費相当額の支払）を余儀なくされたことによる損害の賠償を求めたものである。

いずれの請求も、住基ネットの危険性を根拠として、東京都に非通知希望者を除いた通知の受信義務があることを前提にした主張であり、提訴の目的からいえば、確認の訴えが主であったが、国賠請求は、杉並区が被った損害の補塡もさることながら、あくまでも本案判断を裁判所に求めるための支えとしての意味合いをも有していた。というのも、後述するように、裁判所が、宝塚市条例事件の最高裁第三小法廷平成14年7月9日判決〈平成10年（行ツ）第239号〉（民集56巻6号1134頁）（以下、「平成14年最高裁判決」という）を根拠に確認の訴えについては本案に入らないまま却下し、その結果、受信義務の存否についての司法判断が得られない事態も想定されたからであった。

（2）　裁判では、その想定通り、本案前の1番目の争点として、確認の訴えは、裁判所法3条1項にいう「法律上の争訟」に当たり、適法な訴えであるということができるかという点が浮かび上がったが、それと同時に、国賠請求に係る訴えについても、「法律上の争訟」に当たり、適法な訴えであるかが、本案前の2番目の争点となった。

2　杉並区訴訟の経過および主要争点

　本案前の1番目の争点について、被告東京都・国側は、本件確認の訴えは、形式上の当事者は杉並区と東京都であるが、実質上は、杉並区長と東京都知事間の住基法上の権限の存否またはその行使に関する紛争にほかならず、機関訴訟の内実を備えているから、特別の法の定めがない以上、裁判手続で解決することは認められない、仮に、機関訴訟に該当しないとしても、平成14年最高裁判決からすれば、本件確認の訴えは、自己の主観的な権利利益に基づき保護救済を求めているのではなく、法規の適用の適正ないし一般公益の保護を目的として提起されたものゆえ、「法律上の争訟」には当たらないなどと主張した。

　これに対し、原告杉並区は、後述する兼子仁・阿部泰隆両鑑定意見書を踏まえつつ、本件確認の訴えは、行政事件訴訟法4条の当事者訴訟であって、名実ともに別個独立した法主体間の権利義務関係に関する争訟であるから機関訴訟ではあり得ず、平成14年最高裁判決との関係でも、本件住基ネット送信が事業行政的性格を有することからすれば、住基ネットの送受信に関わる自治体は、「専ら行政権の主体として」ではなく、広義の「財産権の主体」に該当し、両自治体間（原告杉並区と被告東京都）には非権力的な公法上の権利義務関係が発生していると見るべきである、そうでないとしても、平成14年最高裁判決の射程は、権力で規制することができる場合である「専ら行政権の主体として国民に対して行政上の義務の履行を求める訴訟」に限定すべきであって、自治体が他の自治体を被告として提起する訴訟については、平成14年最高裁判決の射程に入らず、「法律上の争訟」に該当するなどと主張した。

　本案前の2番目の争点では、原告杉並区が、本件国賠請求に係る訴えは、損害賠償請求権の存否が問題となるのであり、正に当事者間の具体的な権利義務に関する紛争にほかならず、平成14年最高裁判決にいう「地方公共団体が提起した訴訟であって、財産権の主体として自己の財産上の権利利益の保護救済を求めるような場合」に当たるから、法律上の争訟に該当するというべきであるなどと主張したのに対し、被告は、本件国賠請求は、金銭の支払請求という形をとってはいるが、紛争の実体は自治事務である住民基本台帳事務に関する機関相互の住基法上の権限の存否またはその行使とその費用負担に関する争いというべきものであるから、行政機関内部の問題として自主的処理にゆだねられるべきもので、財産上の給付を求めるという形式のみを理由に法律上の争訟性を認めることになれば、行政組織内部における多くの意思決定について司法の介入を許すことになるなどと主張した。

2 杉並区訴訟の経過および主要争点

（3）　本案に入っての争点の中心は、いうまでもなく、被告東京都の受信義務の存否であった。

この点について、原告杉並区は、自治体間の本人確認情報の送信を定めた住基法30条の5の解釈にあたっては、単なる同条の文理解釈にとどまらず、住基法の関連規定、さらには、地方自治法の規定にもさかのぼって、それらと整合する体系的解釈・総合的解釈が求められており、一方で、住基ネットが重大なプライバシー権侵害をもたらす危険性を内包したシステムであることからすると、そのことを踏まえて、被告東京都に対して、原告の裁量判断として、杉並区民のうちの通知希望者のみの本人確認情報を通知することは、住基法30条の5の解釈として許容されるのであり、被告東京都は、原告からのそのような本人確認情報の送信に対して、これを受信する義務を負うというべきであるなどと主張した。

これに対して、被告らは、市町村長が、都道府県知事に対して、その住民の一部に係る本人確認情報についてのみ通知を行うことは、住基法30条の5に反して違法であり、このような違法な本人確認情報の通知があったとしても、都道府県知事は、このような通知について受信の措置を執る住基法上の義務を負わないというべきであると主張し、原告の主張は、体系的解釈の名の下に文理解釈や法の趣旨・目的を軽視ないし無視するものである、原告主張のように住民の一部にでも不参加があると、住民サービスの向上と行政事務の効率化を図るという改正法の趣旨および目的を没却することになり、それを許すような解釈は法の趣旨および目的に照らしてあり得ないなどと主張した。

（4）　8回に及んだ口頭弁論期日の中では、原告側は、横浜方式に則って通知希望者のみの本人確認情報の送信を決断した背景事情を示す資料として、住基ネットに関する区民アンケート集計結果や区の住基ネット調査会議の報告書などを書証として提出し、被告側は、住基ネットの正当性・必要性を裏付けるためとして、住基法改正に関わる研究会報告書や解説書等を提出した。

本件では、本案前の争点も本案の争点も、上記のように、その内容が法律上の判断に関わることから、原告側は、「法律上の争訟」性解釈や平成14年最高裁判決の評価・位置づけと本件確認の訴えとの関係等の論点について、また、住基法の解釈としても通知希望者についてのみ本人確認情報を通知することも区長の裁量権行使として認められることなどの論点について、兼子仁都立大名誉教授、阿部泰隆中央大学教授のそれぞれ2回にわたる鑑定意見書を提出した。

2 杉並区訴訟の経過および主要争点

さらに、住基ネットが危険であることや被告側が主張する行政事務の効率性・住民の利便性なるものが机上の空論であることについて、自治体情報政策研究所・大阪経済大学非常勤講師の黒田充氏の意見書を提出した。

しかし、平成18年3月24日の第一審判決は、原告側の主張・立証に全く耳を傾けることのないまま、確認の訴えについては却下、国賠請求については棄却として、いずれも原告の請求を斥けた（判時1938号37頁、判タ1274号103頁）。

同判決は、次のように判示する。まず、確認の訴えは、行政主体としての原告が、行政権限の適正な行使の実現のため提起したものであって、自己の権利利益の保護救済を目的とするものとはいえないゆえ、「法律上の争訟」にあたらず、むしろ、その実質は地方公共団体の機関相互間の権限の存否または行使に関する訴訟＝機関訴訟であるところ、本件確認の訴えを認める法令の規定は存在しないから不適法となるという。次に、国賠請求については、被告らの本案前の抗弁は斥けたものの、受信義務の存否については、非通知希望者の本人確認情報を送信しないとの取り扱いは住基法に違反し許容されず、そうでなければ行政事務の効率化を図ろうとした改正法の趣旨・目的を没却することになるなどとして、被告側の主張通りの判示を展開した。

このように、第一審判決は、平成14年最高裁判決を金科玉条として、その判文の機械的な当てはめを行う一方で、住基法に関しては、関係条文の文理解釈に終始して、それと異なる解釈については、行政事務の効率化に反するなどとして全く理解を示そうとしなかった。

このように、杉並区とすれば到底承服できない判決であったことから、直ちに東京高等裁判所へ控訴した。

3．控訴審での主張・立証と判決

（1） 控訴審（東京高裁第10民事部。平成18年（行コ）第119号）は、平成18年5月に控訴理由書を提出した後、平成18年7月の第1回期日から、平成19年8月の第6回期日まで審理が行われた（第2回期日までは大内俊身裁判長、第3回期日からは吉戒修一裁判長）。

控訴審においても、本案前の問題として、本件確認の訴えおよび本件国賠請求に係る訴えの法律上の争訟性が争われ、本案の問題として、被控訴人東京都の受信義務および被控訴人国の行為の違法性が争われた。

控訴審での控訴人杉並区の主張・立証活動の特徴は、①上告審も視野に入れ、本案前の問題につき、憲法における司法権の範囲の問題を取り上げ、本案の問題についても、プライバシー権（自己情報コントロール権）を根拠とする憲法論を展開したこと、②住基ネット差止訴訟において、住基ネットの運用（改正法の適用）がプライバシー権（自己情報コントロール権）を侵害するものであり憲法13条に違反するとした大阪高裁平成18年11月30日判決＜平成16年（ネ）第1089号＞（判時1962号11頁）（なお、後述のように、最高裁第一小法廷平成20年3月6日判決により否定された）が出されたことを踏まえた主張を展開するなど、各地の住基ネット差止訴訟における成果を活用したこと（同訴訟弁護団から随時、資料をご提供いただいた）、などである。

（2）　まず、本案前の問題については、控訴人杉並区は以下のような主張を行い、それに対して、被控訴人からは、基本的に第一審判決の内容と同様の反論が行われた。

第1に、平成14年最高裁判決およびそれを踏まえた第一審判決は、「司法権（憲法76条1項）＝法律上の争訟（裁判所法3条1項）＝国民の裁判を受ける権利（憲法32条）」という等式を前提にしていると考えられ、そのような等式を前提にして「法律上の争訟」の内実を限定する手法は、憲法上の司法権についての解釈を誤ったものであることなどを主張した。

第2に、平成14年最高裁判決を前提にしても、①住基法に基づいて被控訴人東京都に区民の本人確認情報を通知することは、それ自体住民票管理の行政事務から相対的に独立したIT処理の事務事業にほかならず、その実態は、「電気通信事業活動」として民間私企業におけるデータ・ネットワーキングと同様であり、財産権主体としての行為に当たること、②控訴人杉並区は、通知希望者である区民が住基ネットサービスを受けられないために代替サービスの費用を予算執行せざるを得ない立場にあるから、その支出額は法人自治体にとって損害に当たり、受信義務の確認を求めること自体が、上記損害発生の継続を防止するという控訴人の自己法益実現の側面を有するから、本件確認の訴えは法律上の争訟に当たること、③通知希望者である区民には地方自治法10条2項および住基法により住基ネットサービス享有権が保障されており、控訴人杉並区が、本来住基ネットによる行政サービスを受け得べき立場にある区民の住基ネットサービス享有権の実現に配慮した措置をとることは、基礎自治体として区民からの付託を受けて行政サービスを提供すべき立場にある控訴人自身の責

2 杉並区訴訟の経過および主要争点

務であるから、地方自治法および憲法の規定により、住民のかかる権利を代位し得ること、などを主張した。

この関係では、第一審判決の誤りを明らかにすべく、あらためて、兼子仁教授の鑑定意見書および阿部泰隆教授の鑑定意見書（いずれも、平成18年6月に作成）を提出した。兼子鑑定意見書は、住基法30条の5第1・2項は、同法の関係規定や憲法13条以下の関係法律・個人情報保護条例に及ぶ「個人情報保護法制」を踏まえた体系的解釈によれば、区長の自治行政裁量権と住民個々人の選択的意思を容認する趣旨の条項と解されるべきことなどを内容とするものであった。そして、阿部鑑定意見書は、国民の裁判を受ける権利の対象外でも、独立の行政主体間の法的紛争を裁くのは、法治国家における司法権の任務であること、区と都の間の本件の法律関係では、具体的な法解釈紛争と利害対立が生じている以上、国の行政権の行使や一方当事者である都が上位団体として調整することによって解決されるべきものではなく、法治国家においては、また、地方自治を尊重する憲法の下では、司法権によって解決されるべきことなどを内容とするものであった。

（3）本案については、控訴審では憲法論に比重を置いて主張・立証活動を行った。

まず、プライバシー権（自己情報コントロール権）の発展過程を踏まえ、また、OECD 8原則やEU指令などの国際準則を踏まえた憲法論を展開するとともに、住基ネット差止訴訟における各種裁判例の到達点を踏まえた主張を展開した。

なお、平成18年までの段階で、上記大阪高裁判決以外に、明示的又は実質的に自己情報コントロール権の保障を認めている裁判例の蓄積が以下のとおりあった（以下のうち、「◎」印のものは明示的に認めているもの、「○」印のものは実質的に認めているものである。なお、住基ネットに関する裁判例は、他にも存在したが、以下のものが評価に値すると考えて援用した）。

◎ 金沢地裁平成17年5月30日判決〈平成14年（ワ）第836号〉（判時1934号3頁、判タ1199号87頁、裁判所サイト）
○ 名古屋地裁平成17年5月31日判決〈平成15年（ワ）第491号〉（判時1934号3頁、判タ1194号108頁、裁判所サイト）
○ 福岡地裁平成17年10月14日判決〈平成15年（ワ）第29号等〉（判時1916号91頁）

2 杉並区訴訟の経過および主要争点

◎ 大阪地裁平成 18 年 2 月 9 日判決〈平成 15 年（ワ）第 3127 号〉（判時 1952 号 127 頁、判タ 1207 号 91 頁、裁判所サイト）
○ 千葉地裁平成 18 年 3 月 20 日判決〈平成 14 年（ワ）第 2427 号〉（裁判所サイト）
○ 東京地裁平成 18 年 4 月 7 日判決〈平成 14 年（ワ）第 16306 号〉
○ 和歌山地裁平成 18 年 4 月 11 日判決〈平成 15 年（ワ）第 431 号〉（http://www.ws4chr-j.org/e-GovSec/DecisionSashitome/DecisionSashitome.html に掲載）
◎ 東京地裁平成 18 年 7 月 26 日判決〈平成 14 年（ワ）第 16303 号等〉（判タ 1258 号 114 頁）
◎ 横浜地裁平成 18 年 10 月 26 日判決〈平成 14 年（ワ）第 4129 号〉（http://www.ws4chr-j.org/e-GovSec/DecisionSashitome/DecisionSashitome.html に掲載）
◎ 名古屋高裁金沢支部平成 18 年 12 月 11 日判決〈平成 17 年（ネ）第 154 号〉（判時 1962 号 11 頁、裁判所サイト）

　また、本人確認情報の要保護性については、最高裁第二小法廷平成 15 年 9 月 12 日判決＜平成 14 年（受）第 1656 号＞（民集 57 巻 8 号 973 頁）（いわゆる早大名簿事件最高裁判決）が、「本件個人情報は、早稲田大学が重要な外国国賓講演会への出席希望者をあらかじめ把握するため、学生に提供を求めたものであるところ、学籍番号、氏名、住所及び電話番号は、早稲田大学が個人識別等を行うための単純な情報であって、その限りにおいては、秘匿されるべき必要性が必ずしも高いものではない。また、本件講演会に参加を申し込んだ学生であることも同断である。しかし、このような個人情報についても、本人が、自己が欲しない他者にはみだりにこれを開示されたくないと考えることは自然なことであり、そのことへの期待は保護されるべきものであるから、本件個人情報は、上告人らのプライバシーに係る情報として法的保護の対象となるというべきである。」としていることを踏まえた主張などをした。

　控訴人杉並区においては、本人確認情報の東京都への通知を希望する住民（通知希望者）と希望しない住民（非通知希望者）の両者が存在する。通知希望者群は、住基ネットからの個人情報の流出等の危険は心配する必要がないと考えるか、その危険があるとしても、行政との関係での利便性を重視しようと考え

2 杉並区訴訟の経過および主要争点

る住民であり、非通知希望者群は、行政との関係での利便性よりも、住基ネットからの個人情報の流出等の危険を重視しようと考える住民である。そこで、自己情報コントロール権の人権性を考慮しつつも、それが個人の権利である以上、その行使は各個人の自由であるから、通知希望者群の住民がその考え方を非通知希望者群の住民に強制することもできないし、その逆もできないはずである旨の主張も行った。その上で、住基法30条の5第1項を憲法13条に適合するように合憲的限定解釈をすれば、行政との関係での利便性よりも、住基ネットからの本人確認情報の流出等の危険を重視しようと考える住民の個人情報については、区長は都知事への通知義務を負わないと解すべきであるとの主張を展開した。

立証活動としては、控訴人の主張を裏付けるべく、2回にわたって中島徹早稲田大学教授の鑑定意見書（平成18年9月、平成19年5月に作成。前者につき本書4-3に収録）を提出した（なお、中島教授は、住基ネット差止訴訟において、意見書を提出するとともに証言も行っていたので、その意見書と証言調書も提出した。）。中島鑑定意見書は、プライバシー権・自己情報コントロール権と個人情報の保護の関係、国際的な個人情報保護の準則たるOECD8原則・EU指令と住基法の関係、大阪高裁判決等の評価などにつき詳述するとともに、通知希望者の本人確認情報だけを都に送信しようとした杉並区の措置は、本人確認情報の収集・利用についての住民の同意を尊重する点で、憲法上のプライバシー権（自己情報コントロール権）保障を意図したものといえるが、受信を拒否している都は、憲法上の権利の保障を実現しようとする自治体の活動を阻む点で、その住基法運用は違憲であるといわざるをえないとするものであった。

そのほか、情報流出事例につき、北海道斜里町の例、愛媛県愛南町の例に関する資料なども提出した。

なお、被控訴人側からは、第一審の最終段階で、堀部政男教授の意見書や長谷部恭男教授の意見書（いずれも平成17年9月作成。おそらく差止訴訟の関係で用意されたものと思われる）などが提出されていた。控訴人杉並区の控訴審での主張・立証活動は、実質的にこれらの意見書に対する反論となっていた。

（4）控訴審判決（東京高裁平成19年11月29日判決、裁判所サイトに掲載）は、控訴人杉並区の控訴を棄却した（なお、損害額の変動に伴う追加請求が行われていたが、それも棄却した）。

判決理由は、第一審判決の理由説示を基本的に引用しつつ、控訴人杉並区が

2 杉並区訴訟の経過および主要争点

控訴審で追加主張したことにつき判断を示すものであった。
　本案に関する判断の骨子は、以下のとおりであった。

　ア　本人確認情報の通知（住基法30条の5第1項）に係る地方公共団体の裁量権について
　「住基ネットは、地方公共団体の不参加はもとより、住民の一部に不参加があると、国の機関等を始めとする本人確認情報の利用者において、従来のシステムや事務処理を残さざるを得ないことになり、また、本人確認情報の提供・利用が必要な業務が行われる都度、不参加者については、ネットワーク以外の手段により、当該事務に必要な氏名、住所等の情報を収集するか提出させることになるから、そのような場合、本人確認情報を国の機関等、都道府県及び市町村で共有することにより行政コストの削減を図るという住基ネットの目的は達せられないことになる。さらに、住基ネットは、市町村間をネットワーク化し、住民基本台帳事務の広域化、効率化を図ることを重要な行政目的としているから、市町村においてネットワークによらない住民基本台帳事務の処理方法を残すことになると、住基法が目的とする市町村における住民基本台帳事務の効率化は著しく阻害されることにもなる。したがって、住基法30条の5第1項及び第2項が、都道府県知事に対して本人確認情報を送信するか否かについて、市町村長に裁量権を付与しているとは到底考えられない。」
　イ　住基法30条の5第1項について違憲又は違憲の疑いがあると判断した場合の地方公共団体の対応について
　「市町村のみならず、都道府県や国の行政機関は、当該法律が違憲又は違憲の疑いがあると考えたとしても、それが改廃されるか、又は裁判所が法令審査権（憲法81条）に基づいて違憲であるとした判決が確定した場合でない限り、唯一の立法機関である国会が制定した法律を誠実に執行しなければならないのであって、このような法執行者としての立場を逸脱した事務処理を行えば法秩序が混乱を来すことは明らかである。このことは、住基法に基づく住民基本台帳事務の実施についても全く同様である。」
　「本件において、控訴人が、非通知希望者に係る本人確認情報を送信することはそのプライバシー権を侵害し、又はそのおそれがあると判断して被控訴人東京都にこれを送信しなかったことは、一部の住民の権利を守ろ

2 杉並区訴訟の経過および主要争点

うという動機によるものと考えられ、その限りでは理解できないことではないが、これまで述べてきたとおり、通知希望者に係る本人確認情報のみを被控訴人東京都に送信するということは、住基法30条の5第1項に反し、法執行者としての立場を逸脱するものである。」

ウ　合憲的限定解釈又は適用違憲の主張について

「プライバシー権が憲法13条によって保障されていると認めることはできないから、住基法30条の5第1項の合憲的限定解釈又は適用違憲の上記主張は採用することができない。」

「本件において控訴人が保護されるべきものとして主張する本人確認情報は、個人の氏名、出生の年月日、男女の別、住所の4情報と住民票コード及びこれらの変更情報であるところ、これらが第三者に開示されるときは、個人が特定され、その結果個人の私生活上の平穏が害されるおそれが生ずるから、個人のプライバシーに関する情報に当たり、法的保護に値するものということができる。したがって、住基ネットの稼働によってこのような利益が侵害され、又は侵害される可能性がある場合、これによって生じた損害の賠償又は住基ネットの運用の差止めの可否等が問題となるが、これらは、侵害されたと主張する当該個人が地方公共団体等を相手に法的救済を求めた場合に判断されるべき事柄であり、被控訴人東京都が控訴人に対し、送信された通知希望者に係る本人確認情報の受信義務を負うか否かの判断に影響を及ぼすことではない。」

エ　その他の主張について

「住基ネットは、……、住民の利便を増進するとともに行政サービスの向上と行政事務の効率化のために全国的な本人確認システムとして構築されたものであるから、地方公共団体共同のネットワークであるとしても、一部の地方公共団体が自らの判断で住基ネット参加の是非を判断することを容認することはできず、本人確認情報の送信の可否を個々の住民の選択にゆだねることもできない。したがって、地方自治権の行使を理由に、個々の地方公共団体が住基ネットへの不参加あるいは送信について個々の住民の選択を許すことはできないというべきである。」

この判決内容については、憲法解釈・判例解釈などにつき多くの問題があったので、杉並区は、平成19年12月12日、最高裁に上告および上告受理申立てをした。

4．上告審での主張と審理経過

（1） 上告事件（平成20年（行ツ）第80号）・上告受理申立事件（平成20年（行ツ）第84号）は、第三小法廷に係属し、杉並区は、平成20年2月1日、上告理由書と上告受理の申立理由書を提出した。その際、重要ないし参考になると思われる文献については、各理由書の添付書類として添付した。

上告理由書では、第1に、憲法76条1項の「司法権」には、本件受信義務確認請求のような地方自治体間の訴訟も含まれ、裁判所は両者で争いとなっている本案（都の受信義務の有無）の判断をすべきところ、東京高裁は本件確認の訴えは裁判所の審理の対象にならないとしており、「司法権」の解釈を誤っていること、第2に、憲法13条はプライバシー権を保障しているところ、住基ネット上での個人情報の流通等を望まない住民の危惧には相応の根拠があることからすると、区長から都知事への本人確認情報の通知義務を定めた住基法30条の5については、憲法13条の趣旨に沿って、非通知希望者の情報までをも通知する義務を負わないものと限定して解釈すべきところ、東京高裁が一律に通知義務ありとしたのは憲法13条に違反していることなど、5点の憲法違反・憲法解釈の誤りを指摘した。

具体的な上告理由要旨は、つぎのとおりである。

「第1点　司法権解釈についての原判決の誤り（憲法76条1項解釈の誤り）

憲法の基本原理である三権分立・法治主義や地方自治権の保障からしても、また、母法であるアメリカ合衆国憲法における事件性概念に照らしても、憲法76条1項の司法権の範囲には、国民の権利利益の保護救済のための訴訟にとどまらず、市町村と都道府県間など行政主体相互間の訴訟もまた、その中核部分に含んでいるものと解すべきである。ところが、原判決は、司法権を裁判を受ける権利（国民の権利利益の保護救済）に対応する範囲に限定するという誤った憲法解釈をし、それによって、行政主体の「法規の適用の適正ないし一般公益の保護を目的とする」訴訟は「法律上の争訟」に含まれないとして、本件確認の訴えの適法性を否定するに至ったものである。」

「第2点　違憲主張適格の解釈についての原判決の誤り（憲法76条・81条解釈及び憲法92条・94条解釈の誤り）

最高裁平成8年8月28日大法廷判決は、地方自治体の首長が住民の憲

2 杉並区訴訟の経過および主要争点

法上の権利を根拠として主張することを認めており、上告人は住民のプライバシー権侵害について主張できないとした原判決は、司法権（76条）・法令審査権（81条）の解釈を誤り、その範囲を過度に限定するものである。また、杉並区個人情報保護条例は杉並区長が住民の基本的人権を尊重する責務を定めており、上告人は住民のプライバシー権侵害について主張できないとした原判決は、地方自治権（92条・94条）の解釈を誤って地方自治体の権能を不当に制限するものである。」

「第3点　憲法13条に基づき住基法30条の5第1項を合憲的に限定解釈しなかった原判決の誤り（憲法13条解釈の誤り）

　住基ネットにおける本人確認情報は、「一人で放っておいてもらう権利」であるプライバシー権として憲法13条の保障を受けるところ、住基ネットを通じての個人情報の流通・利用については、情報流出の危険や情報結合（データマッチング・名寄せ）の危険を完全には否定できないし、情報の流出が発生した場合の原状回復は不可能である。したがって、住基ネット上での個人情報の流通等を望まない住民の危惧には相応の根拠があり、そのような住民に対して住基ネット上の個人情報の流通等を強制することは違憲となりうる。それゆえ、住基法30条の5を憲法13条に適合するように合憲的に限定解釈して、杉並区長は住基ネット上で自己の個人情報の流通等を希望しない者の情報を東京都知事に対して通知する義務を負わないとすべきところ、原判決は憲法13条の解釈を誤り、上記合憲的限定解釈を行わなかった。」

「第4点　憲法の最高法規性並びに地方自治体が憲法を尊重擁護する義務及び自らの判断に基づいて法令を執行する権限の解釈についての原判決の誤り（憲法98条・99条及び憲法92条・94条解釈の誤り）

　地方自治体が法律を違憲と判断することを一切許さないという解釈によると、本来違憲であるはずの法律が裁判所が違憲判断をする前の時点では、違憲の法律が効力を有することとなってしまうが、それは憲法の最高法規性を規定する98条が予定する事態ではないし、公務員に憲法尊重擁護義務（99条）を課している趣旨に反する。憲法92条・94条に基づく地方自治権の人権保障機能を踏まえれば、地方自治体は自治事務に関し法律の合憲性についての自主判断権が認められるべきである。」

「第5点　地方自治権解釈についての原判決の誤り（憲法92条解釈の誤り）

憲法は、憲法制定権力である国民自らが、はじめから国とは別に「地方公共団体」という自治体を設けることとし、第8章を独立した章として設けて、統治権を国と自治体（Self-Government）の双方に信託し、二元的政府構造を取っている。住民が最も身近な地域社会を基礎に地方団体を形成し、共同事務を最大限自力で処理することを通じて自由と権利を守り伸長するのは幸福追求権の重要な一部であり、これを実現するために、地方政府たる自治体には地方統治権（地方自治権）が保障されている。住民の要求に容易かつ実情に即して処理しうる自治体による事務処理が国に優先する（市町村優先の原則）。その結果、国の事務は外交・防衛など国家の存立等にかかわるような重大な事務に限定される。さらに、国は、自治体の自主性・自立性を尊重し、特に自治事務については、地域の特性に配慮することが憲法上求められており、自治事務への不当な介入は自治権侵害となる。かかる憲法原理が分権改革の結果、地方自治法上確認された。改正住基法は、自治事務である住基事務に住基ネットを付加して市町村に一律参加を強制するものであって、都道府県を通じて本人確認情報を利用する国の行政事務の効率化が目的である。よって、国法による自治事務への介入である。ところが、住基ネットにはプライバシー権侵害の危険性があり、住民のプライバシー権を危険にさらしてまで実現すべき防衛・外交に匹敵するような重大な国家目的は存在しないから、国法による自治事務への不当な介入であって、改正住基法は地方自治権を侵害している。原判決は、憲法92条の解釈を誤り、地方自治権の行使を理由に自治体の判断で住基ネットへの不参加等について住民の選択を許すことはできないとして、住基法30条の5による国の地方自治権への不当な介入を許容したものであるから、破棄を免れない。」

（2）　一方、上告受理の申立理由書では、第1に、東京高裁は、裁判所法3条1項の「法律上の争訟」の解釈にあたって、本件受信義務確認請求はこれに含まれないと誤った判断をしていること、第2に、住基法には、市町村の裁量権行使を予定した規定があり、杉並区が、住基ネット接続に際し、プライバシー権侵害の現実の危険性や不安など地域の実情を踏まえての裁量権行使の結果として段階的参加方式の採用に踏み切ったことに対し、東京高裁は、杉並区が住基法上の裁量権を有すること自体を否定しており法律解釈を誤っていることなど、4点の重要な法律解釈の誤りを指摘した。

2 杉並区訴訟の経過および主要争点

具体的な上告受理の申立理由要旨は、以下のとおりである。
「第1点　裁判所法3条1項「法律上の争訟」についての原判決の解釈の誤り

　　裁判所法3条1項「法律上の争訟」の解釈については、行政主体間訴訟をもその中核部分に含む司法権概念に則してなされなければならず、昭和56年最高裁判決などが示した「法律上の争訟」性に関する定式以上に狭める解釈は許されない。にもかかわらず、原判決は、平成14年最高裁判決を金科玉条として、上記定式に行政主体の「法規の適用の適正ないし一般公益の保護を目的とする」訴訟は「法律上の争訟」に該当しないとの不合理な要件を持ち込んだがために、同条項の解釈を誤ったものである。」

「第2点　原判決は平成14年最高裁判決と相反する判断をしていること
1　平成14年最高裁判決の判文からすると、①「専ら行政権の主体として」ではない広義の「財産権の主体」の活動には、住基ネット事務のような非権力的な電気通信事業活動を含んでいること、②本件確認の訴えは、通知希望者区民が住基ネットサービスを受けられないためになす代替サービスの費用の予算執行つまりは損害発生の継続防止を目的として、「財産上の権利利益の保護救済」のためになされたものであること、③住基ネットへのデータ送信は、申立人がそのサービスを希望する区民の権利に代位して、その関係予算執行を有効ならしめるために行なう権利行使であり、区民のうちの通知希望者という限定された範囲での特定第三者の個別的・具体的権利利益を保護するための行為にほかならないことなどから、本件確認の訴えは、法律上の争訟に該当すると解されるところ、これを否定した原判決は、平成14年最高裁判決と相反する判断をしたものである。

2　平成14年最高裁判決は、条例に処罰規定をおくことで権力的規制が可能であり、司法的に執行する必要は必ずしもなかったという事案の特質から、同判決の射程範囲は「専ら行政権の主体として国民に対して行政上の義務の履行を求める訴訟」に限定されると解されるところ、これを否定した原判決は、平成14年最高裁判決と相反する判断をしたものである。」

「第3点　行政事件訴訟法6条「機関訴訟」についての原判決の解釈の誤り

　　行訴法6条の文言からすれば、機関訴訟は、国又は公共団体の「機関相互」間の訴訟を意味し、独立した行政主体間の訴訟はこれに当たらない。

本件確認の訴えを実質的に見ても、住基法上の「市町村長」「都道府県知事」を主体とする定めは、各自治体内の他の執行機関との関係で意味を有するに過ぎず、仕組みとしては市町村ないし都道府県が主体となることと何ら異なることはないから、本件確認の訴えにつき、機関訴訟該当性をいう原判決は誤りである。また、市町村の境界確定の訴え、課税権の帰属等に関する訴え及び住民の住所の認定に関する訴えは、いずれも機関訴訟ではないから、それらを根拠にして、機関訴訟は別法人相互間等の紛争を含むとの原判決の解釈は誤りである。さらに、本件確認の訴えは、独立した権利義務主体である自治体同士の訴訟であり、住基ネット事務について上級行政庁は存在しないし、鋭い法解釈の対立において「指導」程度では解決に至らず、本件では是正の要求もないから、機関訴訟が本来的に許されないとされた当事者能力の欠如や行政的解決の可能性といった事情は認められないので、機関訴訟該当をいう原判決は誤りである。」

「第4点　住基法30条の5等についての原判決の解釈の誤り

　住基法30条の5等の規定は他の解釈を許さないほど一義的に明確な文言ではなく、36条の2では明らかに市町村の裁量権行使が予定されているところ、行政法規については憲法を頂点とする法体系の下での体系的合理的解釈を要する。住基ネットでは、デジタルデータとして一体化した本人確認情報がコンピュータネットワークを通じて国の行政機関に提供され、現行法上、各機関の保有する個人情報との結合集積が繰り返される可能性が高く、その結果個人の自由に対する萎縮効果をもたらすもので、セキュリティ上も問題があるなどプライバシー権を侵害し憲法13条に違反するか、その疑いが濃厚な制度である。住民個人が各機関による利用状況を把握することは物理的に不可能であり、住民に迫っているプライバシー権侵害の現実の危険性や不安について、市町村には、自治事務である住基事務に関し第一次的判断権を有するなど、地方自治法が確認する憲法上の地方自治原理に基づき、裁量権を行使し、地域の実情を踏まえた適切な措置を取るべき責務がある。改正住基法は275事務への利用提供を認めているが、本人同意の例外を許容することについての合理性は認められず、個人情報保護法制上の解釈原理に照らして不合理である。以上の諸要素を考慮すれば、住基法30条の5は、市町村長に対し、住基ネット接続に際し、地域の特性に応じた適切な管理措置を果たすための裁量を認めており、申立人の

2　杉並区訴訟の経過および主要争点

段階的参加方式の採用は適切な裁量権行使としての合理性を有しているので、申立人の裁量権自体を否定する原判決は誤りである。」

（3）　本件が係属した第三小法廷には、行政法学者出身の藤田宙靖裁判官がいること、本件確認請求の裁判を斥けるにあたって、第一審・第二審判決がもっぱら依拠していた平成14年最高裁判決は、学界から総批判を受けていること、本件上告直後に下された平成20年3月6日最高裁判決が、十分な理由なく平成18年11月30日大阪高裁判決を破棄したことなどから、弁護団としては、最高裁に向けての法学研究者による研究座談会を企画し、その成果を上告理由補充書等に盛り込んで提出することとした。

そして、第一審以来、鑑定意見書の作成や訴訟活動面で協力をいただいている兼子仁・阿部泰隆両教授を中心に、憲法学界・行政法学界で活躍中の研究者による2回の研究座談会を開催した（本書3-1・2、4-1・2に収録）。その一方で、最高裁には、このような研究座談会の成果を近く提出する予定であり、それを踏まえた判断をしてほしい旨を平成20年6月5日付上申書で申し入れた。しかし、最高裁第三小法廷（田原睦夫裁判長）は、それを無視したまま、平成20年7月8日、以下のとおりの決定をした。

「主文

　本件上告を棄却する。

　本件を上告審として受理しない。」

「理由

　1　上告について

　　民事事件について最高裁判所に上告をすることが許されるのは、民訴法312条1項又は2項所定の場合に限られるところ、本件上告理由は、違憲をいうが、その実質は単なる法令違反を主張するものであって、明らかに上記各項に規定する事由に該当しない。

　2　上告受理申立について

　　本件申立ての理由によれば、本件は、民訴法318条1項により受理すべきものとは認められない。」

（4）　本件上告理由書・上告受理申立理由書では、上記のように、憲法解釈上・法令解釈上の重要な論点を挙げて裁判所の判断を求めているのであるから、第三小法廷は、それぞれの憲法・法令の解釈問題に正面から取り組んで実質的な判断をすべきであったにもかかわらず、決定内容は、上記の通り、中身のあ

る判断は全く示さないままであった。

このように、最高裁は、独立した法人格を持つ国・地方自治体の間の紛争につき司法的解決をする道を認めなかった点で法治国家における紛争解決機関としての役割を放棄しているものであり、また、住民のプライバシー権という重要な人権についての判断を示さなかった点で人権保障機関としての役割も放棄してしまったに等しく、きわめて不当な決定といわざるを得ない。

（5）　なお、東京都・国側は本件の国家賠償請求についても裁判の対象にならないと主張していたが、その点については、最高裁の明示的な判断は示されなかったものの、法律上の争訟性を肯定した第一審、控訴審判決の結論は維持されることとなった。第一審、控訴審判決は、平成14年最高裁判決にあくまで忠実に、行政主体が行政主体あるいは国を訴える場合であっても、提訴の形式が、財産権の主体として財産上の給付を求めるものでありさえすれば、紛争の実体がどのようなものであるかは問わないというものであった。こうした判決の論理は、「行訴法42条の規定にもかかわらず、法定外機関訴訟を広く認めるのと似た結果となる」もので、「これはある意味で画期的なことである。」と評されるゆえんでもある（常岡孝好「自治体による住基ネット接続義務確認訴訟と司法権」判例評論580号2頁）。

3 自治権侵害に対する自治体の出訴適格

3-1 〈研究座談会（その1）〉逐語記録

日時・平成 20 年 5 月 31 日（土）／
場所・学士会館分館 2 階 3 号室

阿 部 泰 隆（神戸大学名誉教授）
内 野 正 幸（中央大学教授）　　渋 谷 秀 樹（立教大学教授）
曽 和 俊 文（関西学院大学教授）　高 木 　 光（京都大学教授）
常 岡 孝 好（学習院大学教授）　　棟 居 快 行（大阪大学教授）

阿部　それではこれから住基ネット杉並区訴訟の「自治体の出訴適格」に関する部分の研究会を開催します。本日は〈研究座談会〉へのご参加、ありがとうございました。

●問題の提起

　本件のこの問題については、すでに一・二審判決があり、私も意見書を出しておりますが、裁判所にはなかなか採用されておりません。しかし学界の大部分の方は、行政主体相互、地方公共団体相互、あるいは地方公共団体と国との間の訴訟は財産権にかかわることでなくても、法律上の争訟になる場合が多いという趣旨の主張をしておられると思います。ここで判例と学説の間に大きな溝があります。それがどこにあるのか、なぜなのか、あるいは学説に足りないところがあるのか、それはどこなのかということも含めながら、我々はご一緒にここで考えていきたいと思います。それで裁判所でも、このような学界の議論をもしご参考にしていただければ、ありがたいと思って、お集まりいただいた次第です。

　最初に本件、いわゆる住基ネット杉並区訴訟については、第一・二審とも、区と都の間の受信義務確認の訴えは財産権上の争いではないとして、法律上の争訟でないということにされました。基本的には宝塚市条例事件判決（最三判平成 14 年 7 月 9 日）、いわゆる宝塚市パチンコ条例に関する行政上の義務の民事執行を認めないという最高裁判決に従っているわけです。あの判決は、宝塚市がパチンコ業者に対して中止命令を出したけれども従わないから、その執行を求める民事訴訟を提起したところ、その

3　自治権侵害に対する自治体の出訴適格

ような訴訟は法律上の争訟ではないとされたわけです。その判決理論はそれだけではなくて、一般的に行政主体相互の訴訟についても権利義務の争いではないということであれば、法律上の争訟ではないとしているので、一・二審では、それが本件にも及ぶということにされたわけです。

　まず、ここでは宝塚市条例事件判決の当否を検討するに当たり、裁判の対象をめぐる議論の歴史を遡り、比較法的にも種々考慮をした上で、今日における日本の解釈論を展開する必要があります。また、この判例の先例拘束性というか、この判決が一体、行政主体相互の争いにまで当然及ぶものなのか、これも改めて検討する必要があると思います。この問題について、学問的には司法権という非常に大きな憲法上の概念の争い、法律上の争訟に関するもの、機関訴訟をめぐる議論、あるいは地方自治権というものを訴訟制度の中でどう評価するかといった問題など、いろいろな問題があります。そういうことをいろいろ含めて勉強し直したいと思っています。上告理由や上告受理申立理由でも、もちろん主張されているはずですが、やはり我々研究者の目からもう1回見直して、きちんとした考え方をもう1回つくり直したいと思っています。

　まずは「宝塚市条例事件判決は妥当だったか」ということで、最初に私の見解を申し上げます。この判決の法律上の争訟の定義というのは、権利義務というものを中心にしていますが、これは一体どこからきたのかということです。私は一調査官の調査ミスではないかという疑問を持っています。そうではなくて、判例の底流を流れる思想が表面化しただけにすぎないのか。調査官解説では最初、行政上義務の民事執行の話に焦点を当てて、「学説は必ずしもこれを認めるようには言っていない」と言っていたのですが、これについて小早川さんなどは否定説のほうを引用されたり、賛成説のほうを出されたりということで、かなり誤解があるのではないかと思っています。そういう話から、今度は法律上の争訟一般の話に持ってきて、法規の適正な適用なり一般公益を守るものは、法律上の争訟ではないということを一般化しているわけです。

　私が判例についていつも不満に思うのは、このように考えるとは言うけれど、なぜそう考えるのかという理論は1つも言わないことです。いわゆる主婦連ジュース事件判決（最三判昭和53年3月14日）もそうです。なぜ原告がこのように考えるのか全然わからず、結論が出るだけです。これを原田尚彦先生の言葉で言うと、「神のご託宣と同じ」という言い方になります。どうもそれは裁判官が当たり前だからそういうように言うと、おそらく、それは民事の裁判官の発想です。民事の裁判官は権利義務に関する争いを裁いているので、裁判はすべてそういうものだと思って、行政主体の争いは異質だというのではないか。高木さんもそう書いておられるわけです。

　ただ、ここでよくある反論は、では刑事訴訟はどうなるのかというものです。1つ

3-1 〈研究座談会（その１）〉逐語記録

の議論としては、権利義務ではなくて法律関係というものを基準にすれば、刑事訴訟も法律関係です。行政上の争いや行政主体間の争いも権利義務の争いではないとしても、行政上の権限に関する争いなので、法律関係に関する争いではないかと。このように考えれば当然、法律上の争訟になると理解できるので、裁判所は権利義務とは言っているけれど、法律関係ということを忘れているのではないかという言い方をしています。

今回新しく発見した本として、美濃部先生の『行政裁判法』に適切な記述がありました。これは千倉書房から昭和４年に出版された本です。その１頁に「民事裁判は私権の問題について、裁判所が、双方の主張を聴き、争いとなった具体的事件について何が法であるかを公の権威を持って宣告する行為であるのに対し、刑事裁判では、原告と被告の対立があるのではなく、もとより権利の争いがあるわけではなく、両者に共通するのは、『具体的事件に関する法の宣告』である。そして、行政裁判は、『行政法規の適用を具体的事件につき判断し宣告する作用』である」としている。ここでは、『権利義務に関する争い』という言葉は入っていないのです。

裁判所が、行政事件を審理するようになった現憲法下で、法律上の争訟を権利義務の観念で判定しようとする判例は、戦前の民事裁判の発想ではないか。戦後の司法国家では、裁判所は、大審院とは異なって、行政裁判権、違憲立法審査権を獲得して、三権の１つに昇格した（大審院判事は局長級にすぎなかったが、今の最高裁判事は大臣級である）。この制度のもとでは、法律上の争訟も、行政裁判権、違憲立法審査権をふまえて解釈しなければならない。したがって、民事上の観念に囚われてはならない。要するに、判例は、民事上の紛争を念頭において、法律上の争訟、『当事者間の権利義務』という定義をおいて、行政上の権限行使は権利義務に当てはまらないから、法律上の争訟に当たらないとするもので、何ら説明にはなっていないのである。つまり、自ら土俵を勝手に設定して、土俵外のものは法律上の争訟にはならないと言っているだけではないか、というのが私の疑問です。民事法的な発想を脱却しなければ、行政法を適切に解釈できないと考えています。

私の疑問は、最高裁の理論は行政事件を担当する裁判所の法律上の争訟論といえるのかということです。そこで、まず憲法の司法権の議論に遡らなければいけないということで、司法権や法律上の争訟とは何かということについて、憲法学説から種々のことを教わりたいと思っております。とりあえず私が感じているのは、憲法学説では種々の議論がされていますが、事件性の要件が要るか要らないかなどと言われても、抽象的違憲審査が入らないということを言いたかったり、客観訴訟が入るというようにしたかったりというレベルの議論をしているように見えて、機関訴訟とか行政主体

3 自治権侵害に対する自治体の出訴適格

相互の訴訟というものはあまり取り上げていないのか、どこにあるのか分からないのです。

　私は、国と自治体あるいは自治体相互の争いというのは、機関訴訟ではないと思うのですが、行政主体間の訴訟については、憲法学説はたぶん論じていないのではないかという気がしています。いや、そんなことはない、しっかり論じているというのなら、それを教えていただきたいし、議論をしていなければ、なぜ抜けるかということも。もちろん抜けてもいいのですけれど、いままでの憲法学説をさらに進めると、この問題はどのように考えるべきなのか、または議論をしなくても、本当はこれからどう考えるべきことになるのかということも含めて、とりあえず憲法上の司法権の観念、あるいは法律上の争訟というところから、議論に入ってみてはいかがかと思います。皆さん方から意見をご開陳いただいて、意見の違いについても学問的な論争をしたいと思います。

1．司法権の概念と法律上の争訟性解釈について

●憲法学上の司法権論議

　内野　司法権の定義や範囲をめぐる議論が、ここのところ活発に行われていますが、私はその議論すべてに不満を持っています。主観訴訟も客観訴訟も司法作用に属するが、このうち本来的司法権として裁判所の任務に取り込むことが憲法上の要請になるのは主観訴訟だけである、と考えています。機関訴訟も含めて、客観訴訟をどこまで裁判所の任務として取り入れるかは、純粋に立法政策の問題であって、たくさん取り入れてもいいし、大幅に減らしてもいいでしょうと。そういう意味で機関訴訟というのは、本来的司法権には属さないけれど、司法作用には属すというような発想をまず持っています。具体的争訟というのは、本来的司法権の重要な要素であるというように、とりあえずは述べておきます。

　ただ、そこで前提にした、主観訴訟と客観訴訟を機械的に区別する発想については、今後再検討の余地があるかもしれません。というのも、阿部先生から、今回の座談会とは別の場面で、以下のような示唆を受けたことがあるからです。すなわち、情報公開請求して不開示とされた者がそれを争う行政訴訟は、事実上は客観訴訟とみうるにもかかわらず法律上は主観訴訟として扱われているが、それは、実体法が万人に情報公開請求を認めた結果として、そうなったものである。そうだとすると、住民訴訟についても、地方自治法の定め方を改めれば、中味を変えずに、器を客観訴訟から主観訴訟へと変えることができるはずである。その意味でも、主観訴訟と客観訴訟の区別

は相対的・流動的である、と。

阿部 司法から話が始まりましたので、憲法学に造詣の深い方からお願いします。

渋谷 私はレジュメ（見解要約(2)と同旨なので、それを参照されたい。編者註）を用意してきました。司法の定義から入るということですので、まずはそこからお話します。

どの憲法の教科書でも、清宮四郎先生の定義がでてきます。出典は記載されてないのですが、芦部先生の本にもあります。この定義は、「具体的な争訟について、法を適用し、宣言することによって、これを裁定する国家の作用」であるとします。この定義が憲法学では当然の出発点となっています。そして、「具体的な争訟」という言葉が、紛争の具体性という要素と理解され、これが法律上の争訟にもリンクしていくという流れになると思います。注意すべきは、ここで権利義務などが要素となっていないところが大事だと、私は思っております。

宮沢先生も同様の定義をされております。宮沢先生は戦前に、「司法概念の歴史性」という論文を書かれ、司法の概念は理論的には確定できないという立場をとられました。ただ、先生の日本国憲法の解釈を示された著書には『法律上の争訟を裁判する国家作用』というのがあって、「法律上の争訟」というのは、宮沢先生がここで、おそらく初めて使われたのではないかと思います。

芦部先生の定義は、この定義に若干の要素が加えられて、6つの要素から成っています。そのいちばん初めに、「具体的事件に関する紛争」というのがあります。ここでも権利義務などの言葉は落とされています。他に、「法の発見と適用」「紛争解決」というのがあります。「紛争解決」と言ったときに、本当に刑事まで視野に入れているかというのは若干疑問ですが。4番目に、「争訟の提起を前提」としていて、受動的作用であるということが入っています。これは私の推測ですが、田中二郎先生の行政の定義とは、ある意味で裏腹の関係にあるのではないかと思います。ほかには司法の要素として「手続の重要性」「活動準則」があげられ、最終的には「組織的な要因」があげられています。つまり第三者的機関性です。以上の要素で司法を定義していますが、手堅い定義であると思います。

佐藤先生の定義については、阿部先生もよくわからないと言われていますが、私もあまりよくわかりません。おそらく、司法部や裁判所というのは法原理的機関であり、それが独自性を示すとおっしゃっているのだと思います。さらに「自己決定権というものを中心に司法が構成される」という独特の言い回しをされるので、よくわからなくなっています。ただ、彼の言いたいところをあえて敷衍すると、法の支配というものを貫徹するのが、司法のいちばん要の仕事であるということだと思います。

高橋和之先生の定義は、事件性が要らないとすることで有名です。はっきり言って

3 自治権侵害に対する自治体の出訴適格

こういう定義はおかしいと思います。ただ大事な指摘として、これは内野先生とは反対の立場だと思いますが、裁判を受ける権利との関係で司法を定義するのはおかしいとおっしゃっていて、私はその点では同感です。つまり司法というのは、立法と行政とを区別する意味での司法とは何かを考えるべきで、司法の定義をするときだけ、私人との関係の観点が入ってくるのは、おかしいではないかという意味では同じ意見です。私は、裁判を受ける権利とは別個独立に、具体的な紛争を法に従って裁くということが、司法の定義の中核部分を占めるのではないかと思います。

レジュメでは以上のほかに、司法の定義は何のためにするのかという問題提起をしておきました。レジュメには、学問的というか、理論的な点だけを書いておきました。現状認識のための定義なのか、と考えると非訟事件は当然除かれるし、司法活動を一定の枠内にとどめるための定義なのか、と考えると、次に、何ゆえとどめる必要があるのかを考える必要があります。また、他の国家作用と区別するための定義なのか、と考えると、結局、司法の定義は何のためにするのかをやはり考える必要があります。そういうことまで考えて定義すべきではないかと思います。

それから、これは芦部先生の定義に対する批判なのですが、その定義の明確性に関しては、立法も憲法の執行であるし、紛争裁定は国会も行政機関もやっています。また、手続の厳格化も多かれ少なかれ、行政でも行われており、必ずしも司法と質的に違うのではなくて、単に量的な違いにすぎないのではないか。結局、司法の概念というのは理論的に決まるのではなくて、歴史的にと言いますか、経験的に決まってくるのではないか、とするのが私の考え方です。

展望としては、司法が果たすべき役割からの定義をすべきだということです。すなわち、司法は、これまでは紛争があったときに法を適用して解決するという役割をもって、本質的なものとしていたのではないか。そういう実践的な、あるいは経験的な定義をなすべきではないか。結局、何が言いたいかというと、まずは法律上の争訟という定義があって、そこからこれは出来る、これは出来ないということではなくて、なぜ法律上の争訟という要素を置いたかというところから、物事が始まるべきではないかと思っています。

司法の概念については最高裁の定義として、板まんだら事件判決（最三判昭和56年4月7日）がよく引用されています。もっとも、判例を調べて、由来をたどってみると、その定義の行き着く先は、教育勅語合憲確認等請求事件判決（最三判昭和28年11月17日）ではないかと思います。これは行集に載っています。この中に初めてこういう定義が出てきて、これがずっとそのまま使われていると思います。ただし、この判決自体は、警察予備隊違憲訴訟を引用しています。警察予備隊違憲訴訟の中に

具体的な争訟事件というのが出てきて、それを敷衍してこのような定義が出ているという構造になっています。

先ほども申しましたが、裁判を受ける権利との関係でいえば、司法の概念は歴史的に形成されてきたもので、権利の概念とは違うのではないかと思います。裁判を受ける権利と司法権の定義を結び付けることには、もともと疑問を持っておりました。結局、「法の支配の原理の具体的紛争における貫徹」というのが、司法のいちばんの中核を占めるものではないかと思います。これが私の考え方です。その他の問題については、具体的には宝塚市条例事件における定義と問題点として、私の考え方をお話ししたいと思います。

内野 いまの渋谷発言の中で重要なことですが、何のために司法を定義するのかということを曖昧にしたまま、司法の定義をめぐる論争が行われているというのは、ちょっと問題ではないですか。つまり司法というのは、認識の整理のための概念にとどまるのか、それとも解釈論上の道具概念としての意味をも持つのかという点を不明確にしたまま、司法の定義や範囲を議論するのは、不毛な議論になるのではないかという疑問を私は持っているのです。私の場合は解釈論上の道具概念として、司法権イコール本来的司法権を定義するわけで、機関訴訟は含まれないというように、バチッと割ってしまいます。

棟居 各論はまた後で出てくるようですから、一応総論風の議論をまずさせていただきたいと思います。

●棟居説の問題提起

法律上の争訟性というのは、私も裁判を受ける権利と一体とは思いません。しかし、それを横に置いておいても、まぎれもなく憲法上の概念であることには間違いない。つまり司法権という憲法76条の概念に当然に付随している概念として、「法律上の争訟性」があり、司法権なるものの本来的な守備範囲が、ネーミングとしては「法律上の争訟性」ということになるわけです。以上が憲法上の概念です。つまり、実定法以前の段階で決まるということです。たまたま今、具体的にどういう実定法上の制度が採られているかで、法律上の争訟性の範囲が決まってくるものではないのです。

ところが、どうもその逆の発想が実務では採られているのではないかと思います。いまお手元に絵をお届けしておりませんし、口で絵を言うのもはなはだ困難ですが、2つの輪を考えてください。オリンピックが近いですが、あのオリンピックの5つの輪の代わりに2つです。その2つの半分ぐらいがクロスしている。この輪の一方が法律上の争訟性であり、もう一方が客観訴訟であります。つまり両者はダブッてくるわ

3　自治権侵害に対する自治体の出訴適格

けです。

　どういうことかというと、法律上の争訟性の概念という憲法上のアングルから見た場合、法律上の争訟性を満たしながら、他方で実定法制度上は客観訴訟扱いをされているというものがあり得るわけです。したがって、その両者がクロスしていて、重複していて斜線で描くべきような部分があります。ところが、法律上の争訟性があるのに、客観訴訟化されているような制度が一部に存在するということを反対解釈すると、その重複ゾーンについては、制度がなければ駄目だ、法律上の争訟性はないという逆の推定を実務はしているのではないか。

　これも頭の中で、いまの絵をイメージしてほしいのです。2つの輪があって、真ん中が斜線で重なっているときに、その斜線部分が、法律上の争訟性という本来は円い憲法上の概念を目減りさせて、そちらに食い込む格好になってきます。あたかも客観訴訟の本来的ゾーンと言いますか、「客観訴訟先占論」とでも言うべき発想が、そこにはあるのではないかと思います。つまり、客観訴訟的な制度の上にある紛争が乗せられている場合に、それと巻添えを食う格好でほかの紛争までが客観訴訟とされてしまう。つまり国と地方公共団体との間の紛争について、なまじ機関訴訟というものがあると、一切合切が全部客観訴訟ということになります。

　法律上の争訟性が、憲法上の概念として、個別にある紛争がそれを満たしているかという1個ずつの検討をせずに、いわば包括的、カテゴリカルに法律上の争訟性なしという推定を、——憲法論からしてみると、逆の推定を——やっているのではないかと。そこに結局、本件の訴訟も落ち込んでいるというか、落とし込められているのではないかと思います。そこというのは、真ん中のグレーゾーンです。本来的にそこには法律上の争訟性があるはずなのに、むしろ本来的に客観訴訟のゾーンで、それが実定制度化されていなければ受け皿なしということで不適法になる。

　こういうように排除の論理として法律上の争訟性という概念が使われ、しかも、それが本来憲法上の真ん丸い概念として法律上の争訟性を使うのではなくて、あらかじめ実定法制度に先食いされた残り滓、お月様のかなり欠けたものだけが法律上の争訟であるという誤った思考パターンを、実務は無意識にたどっているように思います。各論の話はまた後でやります。

　渋谷　棟居さんの議論は本来的な司法作用の中にも、法律上の争訟が入っているということですね。しかし、その部分については法律があるから、その部分は本来の法律上の争訟だけれども、排除されてしまう、そういう発想ですか。

　棟居　いや、例えば自治体と国などの関係でも、本来的に司法権の対象となるもの、本来的に法律上の争訟性のあるものはある。要するに、それは憲法上の概念として個

別にイエス・ノーの話であるわけです。ところが、それをおよそ国と自治体、自治体相互というような紛争はカテゴリカルに客観訴訟でしょうと。地方自治法251条の5「国の関与に関する訴え」など、そういう制度もあるじゃないか、逆に言うと、ないのだったら、それはもうそもそも無理だよという客観訴訟先占論的な発想がある。そのお蔭で割を食っているということです。

　阿部　棟居さんの話は、法律の規定をもって憲法の概念を考えるという、いわば下剋上的解釈を批判する面もあるのですね。実定法の立法者が誤解をして、勝手に客観訴訟という制度を作った。これは法律で特別に定めた場合だけで、憲法上は保障されていないというつもりで作った。そこで、それが一体司法権の範囲に入るのか、憲法上保障された司法権の範囲外だったら、そもそも許されないのではないかという議論を誘発してきたわけですよね。しかし、棟居さんの説でいくと、法律上の争訟という定義の中に、客観訴訟が入るのか入らないのか、あるいは客観訴訟とは何かということも定義しないと、よく意味がわからなくなってきます。法律上の争訟の中に、個人の主観的な権利義務の争いという定義を入れるのでしょうか。

　棟居　私は、法律上の争訟性は板まんだら事件判決の定義そのままです。

　阿部　そうすると、板まんだら事件判決で「権利義務」と言っているから、やはり権利義務という要素は法律上の争訟の概念の中に入るという理解を前提にしているのですね。

　棟居　もちろんそうです。

　阿部　権利義務という概念は、民事法を念頭に置いて作った概念だろうから、行政法を念頭においたら権利義務ではなくて、法律関係や何かということになっても、法律上の争訟ではないかということです。板まんだら事件は民事の紛争だから、権利義務ということで問題を解決したけれど、そこから行政上の役所同士の争い、行政主体の争いが全部権利義務には入らないとして排除されるのではまずいですね。

　棟居　板まんだら事件判決の表現は、「具体的な権利義務ないし法律関係」です。「法律関係」という言葉はちゃんと入っています。行政主体間の争いも「法律関係」に該当するから、「法律上の争訟」、つまり、司法権の本来的な守備範囲に入ります。

　阿部　一般的に「権利義務」と言われるからといって、「法律関係」という言葉を忘れているという訳ではないのですね。法律関係を基軸にしてみれば、行政主体相互の争いも法律に基づく争いだから、法律関係と言えるわけですね。そういうように板まんだら事件判決を理解すると、これが客観訴訟になるのかどうかという問題が、もう1つありませんか。要するに杉並区と東京都の争いは、本当に客観訴訟なのかというのが最初に議論になるのではありませんか。

3 自治権侵害に対する自治体の出訴適格

棟居 そうではありません。私のアプローチでいうと、似たような制度が別途設けられているのに、これについてはないじゃないかという思考をするのではなくて、そもそも紛争の実体は何かと。それがこの法律上の争訟性を満たすような権利義務、あるいは法律関係なのかということです。そこは専ら憲法論で決まる話です。つまり憲法上の司法権の入口論を満たすかどうかです。

阿部 客観訴訟という実定法の制度を抜きにして、憲法上、法律上の争訟の概念をはっきりさせる必要があるわけですね。

棟居 そうです。

阿部 実定法では、自己の法律上の利益に関係のない訴訟は、客観訴訟ということになっているけれども、そこで念頭に置いているのは、個人間の紛争であると思うのです。個人が起こす訴訟なら、自己の法律上の利益には関係ないのだから争えないということになりますが、杉並区と東京都の法律上の権限の行使に関する争いなら、それはそれとして自己の法律上の利益ではないか。主観訴訟と構成すべきではないかというのが私の疑問なのです。もちろん今の実定法はそうなっていないけれども、憲法のほうから言えば、実定法で客観訴訟を限定しているのは下剋上で、だから実定法は見ないで憲法から見て議論したほうがいいと思ったのです。その点はいかがでしょうか。

棟居 そのとおりですね。客観訴訟というのは、それだけ簡易迅速というか、明解な1つの制度を設けて、そこで専らやれということで、それなりに乗っかれる側にとってはメリットがあるのだろうけれど、逆にその類似例というか、周辺的なものを否定する趣旨が、客観訴訟の実定法側にあるのかというと、そこまでの趣旨ではないと思うのです。ところが、実務的な扱いはそういう否定論をよく取ってくるという形です。

曽和 棟居さんがおっしゃったのは、実務の中で無意識のうちに陥っている誤った傾向があるのではないかということです。客観訴訟として住民訴訟や選挙訴訟などが法定されてしまうと、その1つずつの中には、例えばアメリカだと、法律上の争訟というか、権利侵害を回復する訴訟として発展してきたものが含まれているのに、客観訴訟という形で落ち着いてしまうと。そこが吟味されずに、「法律上の争訟」性の概念自体がその部分を除いた三日月型になっているという指摘だと思うのです。私はそのとおりだと思って聞いていました。

それから、ちょっと戻りますが、何のために司法を定義するかというのがまずは大事であって、そこが抜けているのではないかという指摘がありましたが、私もまさにそのように思っています。結局、社会にあるいろいろな紛争の中で裁判所が実際に取

り上げて判決に値する紛争とは何なのかというのが、司法の概念だと思うのです。私は、佐藤先生のスクーリングで7年か8年トレーニングを受けていますので、現在でも基本的には佐藤説で発想しています。

佐藤説や通説で司法権の行使の前提として事件性を要求するというのは、すなわち、①相対立する当事者間での具体的対立性、②紛争を解決するための法的な基準の存在、③判決の終局性などを司法権行使の前提として要求するのは、裁判所の基本的な任務を、他者の権利侵害行為から本人を守るということにおくからであって、このこと自体は支持したいと思っています。さらに佐藤説の背景には、裁判所の権限行使の前提に事件性要件を求めることで、逆に権利が侵害されたときのレメディーを完全なものにしたい、という想い、わが国でもっとレメディー論を展開したいという思いがあるように私は受け取っています。

したがって、司法権行使の前提に事件性あるいは「法律上の争訟」を要求することには異論はありませんが、「法律上の争訟」性を過度に狭くとらえる見方には賛成できません。日本国憲法には違憲立法審査権があるわけですから、基本的人権が侵害される国家の行為があるのに、訴訟手段がないために争えないということでいいのかという話になります。地方自治の保障も、憲法が保障する基本的な制度的枠組みですので、それが侵害されたときには、地方公共団体が原告になって自治権侵害を訴えて争うというのは、当然、日本国憲法の司法権の枠として構成していかなければなりません。

法律上の争訟という概念を最高裁が使う場合に、これまですごく形式的に使われていて、判決をすべき事例なのにしない理屈になっているのが問題です。今日の議論で「法律上の争訟性」とか司法権を何のために定義するのか、そもそも論を議論したいと思うのです。

棟居 佐藤説の「法原理部門」というのは特殊な用語です。つまり適切な当事者の間での討論というか、議論がなされるのかという当事者の適切性というのを、第一義に考えていると思います。機能的なアプローチです。しかし当事者の適切性というのは、本件のような自治体相互の紛争の場合には、単なる抽象論ではなくて、かなり個別の意味を持ってくると思うのです。裁判官からすれば、行政の内部的な公益をめぐる政策論争を法廷に持ち込んでいるだけではないか、それはおよそ適切な当事者間の争いとは言えないと。彼らの感覚は、そちらに行ってしまうと思うのです。ですから本件に引き寄せると、これは適切な当事者間の争いだということが、どういうように言えるかということです。つまり法原理部門的な本来の裁判のあり様が、どういうように維持できるのかという疑問を払拭する必要があります。

3　自治権侵害に対する自治体の出訴適格

曽和　本件における法律の争訟性を肯定する理屈については、今日持参したメモ（曽和見解要約と同旨なので、それを参照されたい。編者註）に書いてありますので、後で議論したいと思っています。

関連して、ひとことだけ申し上げます。佐藤説の前提にはアメリカの司法権論なり、その発展史があると思うのですが、アメリカの場合、別に権利義務の存否を争うものだけが司法権だという割切りはありません。そもそも行政訴訟の原告適格が injury in fact（原告適格の要件としての事実上の損害）でいいわけで、本当に具体的に救済に値する、法的保護に値するような損害があれば救済しなければいけないという話なのです。

今、マサチューセッツ州がEPA（環境保護庁）を相手に、地球温暖化防止のための規則を作れと言って訴訟をやっていますが、そのような訴訟も権利回復訴訟の枠内で成立しています（Commonwealth of Massachusetts, et al. v. EPA, et al. 127 S. Ct. 1438 (2007)）。ですから、権利義務の存否、法律関係の存否というのも、裁判所が本来行うべき任務をどう考えるかによって、相当柔軟に考えてゆけるのではないかと思います。もっとも、柔軟にといっても、法律構成を細かく考えないと、説得力をもちません。ありとあらゆる政治的紛争が結局、裁判所に持ち込まれるのではないかという棟居さんがおっしゃったような不安、裁判官が持っているような不安を払拭するために、説得的で緻密な限定の議論が要るのではないかと思います。とはいえ、私人の私的な権利義務の存否以外は法律上の争訟ではないと割り切るのは、やはりおかしいという印象を持っています。

棟居　それは自治体固有の利益をおっしゃっているのか、それとも「住民の権利・利益を代表する」というのが、このメモにありますけれども、こちらにウエイトのあるご主張なのか、今のはどちらですか。

曽和　私は、本件だと両方できるという主張です。個人的には代表訴訟的構成が私には馴染むのです。ただ日本では、メンバーの利益侵害を理由とする団体訴訟を認めず、団体固有の利益侵害でないと団体訴訟を認めないということなので、第2の筋も考えてみたという話です。それらの点については後で申し上げます。

阿部　外国の個別の話は、もうちょっと後にして、いま憲法の議論をすると、事件性という概念を外すという高橋和之説は、何を目的とした説なのですか。

渋谷　あれは基本的には客観訴訟的なものも、本来的な司法作用の中に入れたいということでしょう。

阿部　それなら、客観訴訟には事件性がないということが前提でしょう。しかし、客観訴訟になぜ事件性がないのか、私にはよくわからなかったのですが。

渋谷　具体的な紛争はあるわけです。その辺は私も理解不能です。

棟居　先ほどの渋谷さんに対する質問にもなりますが、要するに具体的な紛争があるかないかがすべてだというのは、私もそのとおりだと思います。問題は、その具体的紛争の存否をどういう物差しで切るかということです。

渋谷　それはやはり紛争を解決する尺度が法的な尺度かというところで切るのでしょうね。

阿部　法律上の解釈や運用をめぐる争いなら、全部「法律上の紛争」とは言わずに、自己の法律上の利益を害されていなければいけないとか、具体的でなければいけないといった議論をするでしょう。しかし、そういう議論は、事件性を外してしまわないと、客観訴訟的なものを司法権の範囲には取り込めないという前提で言っているのですか。

棟居　高橋説にしろ渋谷説にしろ、板まんだら事件判決の後半部分だけを拾っている。つまり、当事者間の権利法律関係に関するという前段を外してしまって、法の解釈適用で終局的に解決可能という、あちらだけを肥大化させているという印象が残ってしまうのではないかと思います。

渋谷　板まんだら事件は本案に行くべきだと思っています。主張は一応、お金を返せという主張ですね。その局面でいえば、それこそ権利義務の関係の訴訟ではあるけれども、本案でどういう基準を持ち出せるかというと、これは法的判断不能だから、本案で請求の棄却ということであれば、私は筋が通るという考え方です。

阿部　そこまでいくと話が広がるので、法律上の争訟という概念の中に権利義務というか、法律関係を入れるということを前提にして、棟居さんは議論をするということですよね。

棟居　私はそうです。

● 中川丈久説の問題提起

常岡　ここで、中川丈久さん(神戸大学教授)の議論を踏まえて問題提起をさせていただきたいと思います。

中川さんは、司法権や法律上の争訟をどのように捉えるべきかについて概念図を描いています（中川丈久「行政訴訟に関する外国法制—アメリカ（上）」ジュリスト1240号(2003年)95頁）。中川さんは、日本国憲法の「司法権」の範囲について、司法権の外延と言ったらいいか、外側のへりを想定しています。そして、この「司法権」の外延と裁判所法3条の「法律上の争訟」とが同じなのかという問題があるのではないかと問題提起をしています。

3　自治権侵害に対する自治体の出訴適格

司法権の範囲イコール法律上の争訟の範囲ということであれば、問題ないのかもしれませんが、もしかしたら司法権の範囲のほうが法律上の争訟の範囲よりも広い可能性もあるのではないかと指摘しています。これと同じことが、憲法76条の司法権の「具体的争訟性」の範囲に関しても問題になり得ます。司法権の範囲というのも変わり得るのではないかということです。

最も決定的に問題なのは、機関訴訟も含めた客観訴訟というものが、司法権の範囲内の問題なのか、それとも司法権の範囲には入るけれども、法律上の争訟の範囲には入らないという位置づけになるのか、ということです。この辺りがまだしっかりと決着が着いていないのではないかということで、ここをまず憲法の先生に教えていただきたいと思います。客観訴訟は法律上の争訟には入らないというようにされているわけですけれども、それは司法権の範囲内の話なのか、それともそこからずれる問題なのか。それによってその後の対応というのが変わってくるかもしれません。

阿部　ただし、それは本件が客観訴訟であるということを前提にしないと、議論の意味がないので、それを1つどこかでまとめて言っていただく必要があります。法律上の争訟、その他特別な法律によって裁判所に権限が属せしめられたというのは、裁判所が判断するので、それは裁判所が司法権の行使として行うのか、それとも行政権として行うのかというもう1つの問題も絡んできます。非訟事件など、行政権限の行使だというのがある程度あるはずですよね。ですから、そこをもう一度整理しなくてはいけないけれども、おそらくは法律上の争訟プラスアルファーのものが、司法権の範囲にはあるということです。そう言わないと、なぜ裁判所が憲法上与えられていない権限を立法によって行使できることになるのかという、よくあった議論に答えられないでしょう。

常岡　中川さんは2つの可能性を示しているわけです。客観訴訟の位置として、第一に、司法権の範囲内に入るけれども法律上の争訟の外にあるもの、あるいは第二に、司法権の範囲の外にあるものの2つです。私は、客観訴訟は第一のカテゴリーに属すると思っています。問題は、特別の法律の定めがない客観訴訟についてどう考えるかです。司法権の範囲内に属する客観訴訟が想定でき、しかし特別の法律がそれについて定めを置いていない場合でも、司法権の範囲内にあるとして、裁判所がそれについて裁判権を持つと考えてよいのかどうかという問題があり得ると思います。

渋谷　これは司法試験に出したものですよね。紛争があるときに内閣が法的な意見を聞くようなことは、やはり外なのでしょうね。客観訴訟というのは、おそらくこの中に入るのではないですか。中には入るけれど、憲法的に言うと本当はこれは当然に司法が扱うべきことなのに、棟居先生のおっしゃったように、ここに白いマルが入っ

ているから、ほかが否定されるという構造ですね。

●棟居説では？

棟居 そうです。ただ、私は、憲法上の司法権なる概念の本来的な守備範囲を「法律上の争訟」と考えているので、白いマルの位置としては、コアの部分にある場合を問題にしています。つまり、実務の発想は、客観訴訟という概念で、本来的に司法権の守備範囲にあるものを排斥しているということです。やはりそれはおかしいのではないかと。

常岡 機関訴訟や民衆訴訟のような客観訴訟は、行訴法では、通常は必ず法律に特別の規定がないと出訴はできないということになるわけですが、そうではなくて、憲法に司法権の範囲内として保障されているので、法律に特別の根拠規定がなかったとしても、憲法を根拠にして出訴できる可能性があるのではないでしょうか。

棟居 しかし、そんなに「大振り」をしなくても、手続法は合憲的に補充解釈なり拡張解釈をやっていけばいいだけの話です。別にそんなにひっくり返すような、大仰な話をする必要はないと思います。

渋谷 拡張するということですね。

棟居 というより、司法権はこれこれ、したがって無理矢理に客観訴訟もその中に入るようにしなければいけないとか、憲法の三権分立自体を非常にリジットに考えてしまって絶対にその壁を越えてはいけないとかいうのは、いまの憲法学でよくあるけれども、ある種の思考の混乱だと思いますね。憲法はとりあえず三権分立の線を引いているだけで、まさに最高機関であるところの立法府がその線引きを修正して、司法権に対してこれもやってくれと言う場合のプラスアルファーは、柔軟に考えてもいいというようにすれば、別に絶対的な司法権の壁をこしらえる必要はありません。つまり、司法権の範囲には入らないけれど、なおかつ客観訴訟的にプラスされた、あるいは「客観訴訟」とすら呼べないような、諮問的な何らかの権限を裁判所に付与していくというのは、立法府がそう決めればそれは可能だと考えていけばいいのです。

渋谷 削るのはまずいけれども、増やすほうはOKですね。

棟居 増やすほうは可能です。

阿部 ただし今回は立法府が新しい立法をしたら、憲法違反かということが論点ではないのです。行訴法改正で、こういう行政主体間の訴訟は機関訴訟ではなくて、当然に認められるという条文を作ったとして、それが憲法違反かという議論をするときは、おっしゃるような議論になるけれども、今そういう法律がないときに解釈論上認められるかというレベルでここをやるとして、そうすると、法律上の争訟の従来の定

3　自治権侵害に対する自治体の出訴適格

義を認めて、その定義の中に入るかどうかを議論するとすれば、先ほどの「権利義務」という言葉は、個人の主観的な権利義務と思ってきたが、それは誤解ではないかということではありませんか。

少なくとも法律関係を捉えれば、住基法では送信する権限があって、自分の自治体の中で嫌だと言う人を外して送信する権限があるところを、東京都は全部送信してくれなければ受け取らないという解釈をしている。具体的な事件について法律上の争いがあって、それは法律関係の争いだというように理解すれば、何も司法権の概念か法律上の争訟の概念を変えなくてもスムーズに認められるはずだというのが、たぶん棟居説なのかというように理解したのです。この理解は違っていましたか。

棟居　法が定めているとおりに万事が流れていれば、これは一般公益だというにすぎないとしても、そこに何か一定の邪魔が入ったらどうかということなんです。つまり今回のように東京都が受信しないようにして、法が決めている流れを遮ったときには、遮られたということで杉並区に発生している被害は、単なる一般公益が実現されないというマイナスの公益ではなくて、ここには何がしかの主観的な権利侵害がある。つまりプラスとマイナスとでは話が変わってくると思います。プラスというのは、ほかの自治体と同じように、普通に住基ネットで全部流しているときは、その状態はすべからく単なる一般公益であって、別に自治体固有の権利、あるいは権利義務関係を実行しているということではないのです。しかしながら妨げられたときに発生する不利益は、権利侵害あるいは法律上保護された利益の侵害になる。これはこのようにして局面を分けて考えるべきだと思います。

例として生活保護費でもいいです。おたくの自治体は生活保護費を払わなくてもいい市民にもやっているじゃないかということで、国が補塡を一方的にカットしてきたような場合です。これは自治体がスムーズに払うべきものに生活保護費を払って、その分の4分の3を国が後払いしているというように流れているときには、金の流れも全部一般公益の実現にすぎないわけです。しかし国が何かいちゃもんを付けて、お前の所は認定が甘いから今後は削る、と一方的に言ってきた場合、生活保護費の国による自治体への支給が一方的に打ち切られたとき、あるいは減額されたときに、そこには権利侵害的なものがないのかどうか。それは皆さん、どうお考えでしょうか。

阿部　それだと比較的、財産上の争いと言いやすくなってくるけれども、本件はもうちょっと財産性が乏しい感じなのです。

棟居　しかし、本件において杉並区は、具体的にどういう主観的な、本来権利として保護されるべきものを失っているのか、あるいは法律上保護された利益を失っているのかというところは詰めざるを得ないですよね。

●アメリカ、ドイツでは？

阿部 その議論のときに、法律上保護された利益でも、従来は個人の利益を前提にして議論をしてきたから、行政主体の権限の行使の利益というのは、本当に主観的な利益になるのかというと、おそらく従来は否定的になるわけです。それでもアメリカでは、法律上、Cases and Controversies という概念の下で、そういう訴訟が許されていて、しかも、そこで事件性が要求されたとすると、アメリカでいう Cases and Controversies と日本のかなりの学説が言ってきた事件性、あるいは客観争訟というのは、ずれてしまっているのではないかというのが私の疑問なのです。個人の場合は主観的権利ということでわかりますが、行政主体相互間の争いのときには権限行使の争いで、自分が適法と信ずる権限の行使が具体的に妨げられることは、その自治体にとって法的な利害関係というか、法律上の問題があるというように、素直に理解すべきだというのが私の意見なのです。

高木 いまのお話にも出ましたように、法律上の争訟というのは、日本の議論ではCases and Controversies というのをメインに議論されていますが、ドイツの学問をやっている人間からすると、rechtliche Streitigkeiten というのが、まさに元の言葉ではないかというようにイメージします。rechtliche Streitigkeiten の中には私法上のものと公法上のものと、各種のものがあるわけです。ドイツだと、憲法上の争訟については憲法裁判所が扱って、普通の公法上の争訟については行政裁判所が扱います。そして私法上の争いについては民事裁判所が扱い、刑事事件は理論上は公法上の争訟ですが、伝統的に、通常裁判所の刑事部が扱います。このように、いくつかの裁判所がそれぞれ法律上の争訟を分担しています。

そうした場合に日本は裁判所が一元化されているわけですから、すべての法領域の争訟を全部引き受けなければいけないのに、なぜか判例の定式というのは、刑事の性質はあまり論じないで、当然刑事裁判も扱って、残りは民事を扱うのが本来だと考えているというように見えてしまうわけです。個人の権利義務というものを基礎づけに、法律上の争訟を説明するというのは、民事関係についてはまさにそれでいいのでしょうけれども、憲法事件や行政事件の場合は、そうでないものも当然あるはずです。とりわけ問題になるのが、自治体と国との争いになった場合です。当然そこには法的なルールがあって、それぞれの権限や権利があれば、それについての紛争というのも公法上の争訟になる可能性があるはずです。多くの場合、憲法上の争訟になるのですかね。そこの部分が現在の日本の枠組みでは受けとめられないのです。そこに1つの問題があると思うのです。

あと、アメリカの Cases and Controversies というのは、どちらかというと連邦裁

3　自治権侵害に対する自治体の出訴適格

判所がどういう権限を持つかというときに、当然個人の権利の保護のほかに、州同士の争いとか、州と連邦との争いを裁くために引き受けている部分があったはずです。ですからアメリカの最高裁判所というのは、一部、憲法裁判所的な役割がもともと予定されていたはずだけれども、そこがあまり意識されていないのではないかという感じがします。

　これは以前、木南敦先生（京都大学教授）が書かれていた論文（木南敦「合衆国の司法権の意義について」佐藤幸司先生還暦記念『現代立憲主義と司法権』（青林書院・1998 年）593-623 頁）を読んだときに思ったことです。Cases というのはコモンローとエクイティー上の古典的な、歴史的に裁判所が扱うもので、Controversies のほうで連邦制をうまくやっていくためのものを拾い上げるというつくりになっていたのではないかと思うのです。

　曽和　ドイツの議論を聞くと、よりいっそう日本の特殊性が浮かび上がって面白いと思います。日本の「法律上の争訟」性が諸外国と比べても過度に小さくなっているという印象を受けました。日本の場合、アメリカの Cases and Controversies を受けていると言われますが、アメリカはもっと広いわけです。本件の住基ネット杉並区訴訟に似た例を考えていくと、私は那覇市の情報公開決定に対して国が原告となって提起した公開決定の取消訴訟を思い出します。そこでは国は、法律上の争訟性があると主張しています。その根拠は、まさに国家秘密が侵害されようとしているときに、事前に行政命令で止めると検閲になりますから、やはり裁判所に訴えて、表現の自由との調整をはかりながら止めるしかないわけです。それで、そういう主張をしているのです。

　そして国家秘密というのは、国しか主張できないような固有の利益なのです。あの事件のときに私がアメリカの事例で思い出したのは、ニューヨーク・タイムズ事件です。ペンタゴン・ペーパーズをニューヨーク・タイムズが公表しようとしたときに、合衆国を代表して国務長官が差止訴訟を提起しましたが、アメリカではその法律上の争訟性を十分認めているわけです。本件でも結局、杉並区が持っている情報の取扱いについて、東京都が一方的に全部接続しない限りは受け取らないという形で紛争が生じているわけです。杉並区が住基ネットにつないで利益を受けたいという住民の利益と、つなぎたくないという住民の利益を全部代表して、地方自治体として自主的に決定をして、抵抗しているわけです。これはアメリカ的に言うと、そういう訴訟は杉並区しかできないわけですから、「法律上の争訟」性を認めるべきだと思います。アメリカ流の事件・争訟性を受け継いでいると言いながら、わが国の裁判所は、意識的に無意識的にか、阿部先生の言葉を借りると民事訴訟的、民事法的発想で歪めてしまっ

3-1 〈研究座談会(その1)〉逐語記録

たというところがあると思います。

阿部 先ほど渋谷さんが佐藤幸治先生の説を敷衍して、法の支配の貫徹化と言われましたが、アメリカ的に言ったら、法の支配、ドイツ的に言えば法治国家だけれども、それは日本の憲法の大原則ですから、法律の解釈を巡る具体的な紛争があるのに裁判所が解決しない、政治的に解決するというのは、日本国憲法で本来予想していないのだと、考えるべきだと思っています。もちろん、杉並区が自衛隊は憲法違反なんて訴訟を起こせば、抽象的な紛争で、具体的事件性はないとして、はねてかまわないと思うのですが、具体的に争いになり、それよりもっと下のレベルで争う方法がないときは、事件性を肯定すべきだと思います。もし、事件性の中の権利義務・法律関係という言葉を使うのだったら、杉並区固有の利益といえばよいのです。先ほどの那覇市の情報公開の例ですと、防衛機密を害されない国の利益というのは、国が任務として守らなければならないもので、個人なら自分の主観的利益だけれども、行政主体としては法律によって与えられた任務、権限を守る利益というものを法律関係の中に入れて考えるべきではないかと思っているのです。何もいちいち言わなくても、ドイツ、アメリカ、フランスでは当然そう思ってやっているのに、日本の裁判官はなぜそう思わないのか。私の説をもう少し広げると、そんなことになるのですが、どうなのでしょうか。

外国では、行政主体間の財産権ではない権限の争いを、裁判でやることを認める考え方はどういう発想なのでしょうか。

● **住基ネット賛成住民からの訴えは?**

棟居 外国の話に行く前にというか、それは口を挟めないので、いまのに一言つなげると、要するに将来、杉並区が東京都からずっと接続を拒否されている場合に、逆に住民、杉並区民から、杉並区がとっている政策のせいで、結局自分たちが住基カードを使えない、住基ネットによる受益を受けられないという、こういう国賠請求をされて、負ける可能性があると。そうすると、憲法の判例でいうと第三者所有物没収事件判決(最大判昭和37年11月28日)のように、つまり将来、損害賠償請求を受け得るという、そういうリスクというものが出訴適格というか、当事者適格を根拠づけるという、こういうロジックはあるわけです。

あれは、第三者所有物没収事件では彼らが既に人の物も占有している以上、被告人自身の占有を奪われるとか、そういう理由も並んでおりますが、やはりメインに立つのは、将来自分自身が所有者からの民事訴訟に負ける可能性があるということです。そういう杉並区側が、将来区民から起こされた訴えで、まさに財産上の不利益を被る

3 自治権侵害に対する自治体の出訴適格

可能性があるということが、今回、接続をさせろと訴えている根拠になっていると思うのです。つまり、それを予防的に回避するために、そういう将来の損害を回避するための訴訟なのではないでしょうか。

常岡 その場合の議論の筋としては、司法権の範囲内だから認めるということなのか、あるいは法律上の争訟、または主観訴訟という枠内で議論できるという話なのですか。

棟居 ですから、グレーゾーンでの主観訴訟性、法律上の争訟性があれば認める。その中身については、何が権利として立つかという話になってくる。

阿部 民衆訴訟、機関訴訟というのは法律で定められているが、主観訴訟、客観訴訟というのは、先ほども言われたように実定法上の用語ではないから、憲法は、客観訴訟を司法権の範囲内だと言っているかどうかもわからない。本当はそこから議論を始めると、客観的な紛争であるけれども、具体的な法律の争いなら、裁判所が取り上げると決めたところで憲法違反にならないのではないか。そういう立法はたぶん憲法違反でないというのなら、客観訴訟も司法権の範囲内に入る。条文がないときにどう解釈するかという問題は残るが、条文がなければ、客観訴訟は許されないとすれば、解釈上司法権の範囲に入るのに、裁判が許されないことになるというおかしなことになる。そうすると、それは法律上の争訟に入る。そのために何でもかんでも訴えを起こされたら困るということになるとすれば、まだそれは抽象的ですねとか、その利益は非常に薄いですねとか、何か別個の理論で排除することも可能で、そのほうが座りはいいかという気もしているのですが、どういうものでしょうか。

● **裁判を受ける権利との関係**

高木 最初に渋谷さんが指摘されたように、裁判を受ける権利と結び付くか、セットになっているかどうかというのはかなり重要な論点だと思うのです。ですから、裁判を受ける権利とセットにしてしまうと、どうしても自治体は分が悪くなることになります。法律上の争訟でありさえすれば、そこでいわゆる概括主義がある。裁判所法によって概括主義が定められているとなれば、それを使って自治体は入っていける、個別のものがなくてもと考えるべきだと思うのです。

阿部 司法権と、裁判を受ける権利の関係はどうなっているかで、イコールとして、裁判を受ける権利を有しない者だけが、司法権の対象から除外されると考えるのか。あるいは、裁判を受ける権利はもともと私人間の紛争を念頭に置いたもの、あるいは刑事訴訟を念頭に置いたものだから、裁判を受ける権利という概念を行政事件にも広げるか、そして、司法権とイコールとして、地方公共団体が裁判を受ける権利を観念

するか。地方公共団体には裁判を受ける権利はないとしても、それを巡る紛争が司法権のほうに入れば、それはまたそれとして争う道があるという考えです。

常岡 司法権と裁判を受ける権利との関係についてですが、少なくとも2つの考え方があるように思います。1つの考え方としては、法律上の争訟と法律が特に定めた権限、これは裁判所法3条1項がいっていますが、それらを併せて「司法権」と理解するパターンです。しかし、司法権の範囲というのは実はもっと広いのではないか。つまり、法律上の争訟及び法律が特に定めた権限の両者に限らずさらに広いのが司法権ではないかというのが2つめの考え方です。司法権には、法律上の争訟でも法律が特に定めた権限でもない部分があり得るのではないかということです。そして、仮にそうした部分が司法権に属するということであれば、法律による根拠規定が特になかったとしても、場合によっては、この部分の紛争を裁判所は受け付けることができるはずです。それは、憲法自体を根拠にしてです。

ただ、裁判所はいろいろな事件性要件を課して、この部分の紛争を受け付ないということも可能ではあると考えます。そのことについてもう少し詳しく説明しましょう。中川さんの理論でいくと、裁判を受ける権利を保障するような部分が司法権というか事件性を満たす紛争の中に存在し、しかもそれが中核部分に存在するということです。しかし、この中核部分を法律や裁判所の裁量的事件性要件で、さらに絞り込んでそこをゼロにしてしまうとか、あるいは相当狭めてしまうとかいうことはできない。なぜかというと、この中核部分については、裁判を受ける権利とか司法権というものがあるので、そこをなくしてしまうということは司法権を否定することになる、あるいは裁判を受ける権利を否定することになり、それは許されないだろう、ということです。

他方、司法権の範囲を憲法上の事件性要件を満たす紛争のさらに外側に向かって広げるということもできない。なぜかというと、司法権は憲法上の事件性要件を満たす範囲までしか認められていないからであって、さらに拡大することは許されないからです。ともあれ、中川理論によると、司法権の中核部分に属する紛争について、裁判所はこれを必ず受け付けて審理判断しなければなりません。それは、法律上の争訟に該当しようがしまいが、関係ありません。また、法律上の争訟に該当しない場合でも、この中核部分に該当する紛争なら、特別の法律によって根拠づけられなくても、裁判所は当該紛争を受け付けて審理判断する必要があります。その際の根拠は、憲法76条の司法権規定又は32条の裁判を受ける権利でしょう。

さて、私の問題提起は、中核部分とされるものには中川理論がいうような、裁判を受ける権利に根差すようなものだけではなくて、自治権に基づくものもあるのではないかということです。それは日本国憲法に即して言うと、憲法92条がいっている地

3　自治権侵害に対する自治体の出訴適格

方自治の本旨の中に盛られた団体自治権を守るためということです。

　アメリカの例で恐縮ですが、司法権の行使は、裁判を受ける権利に根差して認められるだけではなくて、アメリカだったら、州が原告になる場合とか、あるいは合衆国が原告になって訴訟を提起できる場合も認められます。これらの場合は、憲法上認られています。そこでは必ずしも裁判を受ける権利に根差した司法権行使、司法権利用ということにはなっていないと思うのです。

　阿部　でも、そういう場合は憲法上定められているのでしたら、ここでの議論にはリンクしませんね。裁判を起こせるという規定がない場合に、憲法解釈上どうなるのでしょうか。

● アメリカでは？

　常岡　日本国憲法は、司法権ということで、漠然と定めているだけです。しかし、それを定める背景には、アメリカ合衆国憲法の第3条というのがあったと思うのですが、そこで言われているような事件性の要件、それから国や州が訴えることができるという前提、日本国憲法はこうした点のある部分を取り込んでいると思うのです。日本国憲法は事件性要件を明文で定めていません。しかし、一般に司法権の範囲は事件性要件によって画されると理解されています。つまり、判例・学説は、明文で定められていない要件を日本国憲法の解釈に持ち込んでいるのです。国や州が出訴できるという点についても同様のことが成り立つのではないでしょうか。アメリカにおいて、国や州が出訴できる場合も無制限ではなく、やはり事件性要件が掛かっているので、国や州の出訴を認めるとしても弊害はほとんどないのではないかと考えます。

　阿部　アメリカで憲法上あるいは法律上、州あるいは市町村に裁判を起こせるという規定がない場合、それでもなおかつ判例法上、裁判を起こせるというのがあるのか。そのときの理論的根拠は何でしょうね。

　常岡　難しいのですが、州や市町村が事件性の要件を満たした訴訟を提起するという場合でしょうか。

　阿部　これは例がないぐらいちゃんと法律は整備されているのですか。

　曽和　自治体が原告になって訴訟を起こす例はたくさんあります。いちばん基本的な構成は代表訴訟だと思います。住民の利益の代弁という構成ですね。あとは固有の権利・利益の侵害も言っています。先にあげた地球温暖化防止のための規則の制定をEPAがしていないという事例（Commonwealth of Massachusetts, et al. v. EPA, et al. 127 S. Ct. 1438 (2007)）では、もし地球温暖化が進めば海面が上がってマサチューセッチュ州の領土が減るとかいった主張をしていまして、それで連邦最高裁はマサチューセッ

チュ州の原告適格を認め、事件性を認めていますから、州や自治体の固有利益を非常に広く認めていると言えると思います。

阿部 これについては日本の裁判所が原告適格を狭くしていることと、訴訟権を狭く解釈しているということとは、理論的には違うけれども、底流としては同じ発想なのでしょうかね。

曽和 前から気になっている素朴な疑問なのですが、伝統的な学説でも、自治体が財産権侵害を主張する場合には「法律上の争訟」性が認められます。けれども自治体が持っている財産も、公益性を持っており、私人が持っている財産のように全く自由に処分できるような話ではない。だから公益性があること自身が自治体の主観的利益性と矛盾しないと言えると思います。逆に言うと、公益性があっても財産権以外で自治体の固有利益として何か主張できる実態的な内容があれば、それは十分主観訴訟の枠に乗るはずであると考えることができるのではないでしょうか。伝統的な学説が、財産権侵害の場合に「法律上の争訟」性を認めているのは、それが分かりやすいからであって、財産権以外にも自治体の固有利益といえるものがあれば、その侵害を訴える訴えの「法律上の争訟」性を認められるのではないでしょうか。

阿部 では、何が固有利益なのでしょうか。

曽和 私の理屈では、本件訴訟では、先ほど言った情報管理権ということになるのですけどね。地方公共団体は、メンバーである住民のプライバシーに配慮しながら、住民情報に関して住民の意思に沿った管理を行うことが求められます。

本件の背景には、住民一人ひとりのプライバシーの権利とか、あるいは住基ネットに賛成する住民からすれば住基ネットにつなぐことによって得られる権利利益があって、杉並区はその両方の住民の意向を受けて本件訴訟を提起しているわけです。したがって杉並区と東京都の間には対立性もあるし、紛争解決のための法的基準もあるので、「法律上の争訟」性を肯定して、裁判所としての結論を出してほしい。社会的には、裁判所が結論を出すべき紛争なのですね。個々人が訴訟すれば「法律上の争訟」性を満たすといわれているのですが、一人ひとりが頑張って訴訟を提起しないと結論が出ない問題なのか。杉並区が住民全体の総意を受けて本件のような訴訟を提起した場合にこそ、「法律上の争訟」性を認めて結論を出すべき事件ではないかと思います。

棟居 住民との関係で善管注意義務を負っていると。それは住民に対して不適正な取り扱いをすると損害賠償請求を受ける可能性がある。それは独自の法的な利益であるということで。

曽和 情報管理権と財産的利益とを結びつけるわけですね。解釈論としては裁判所が受け入れやすい主張といえるかと思います。

3 自治権侵害に対する自治体の出訴適格

2．東京高裁判決の議論について

阿部 杉並区が国や都の方針に従って、全部素直につなげば、つなぎたいという住民のほうから訴えられることはなくて、つなぎたくないという住民から訴えられるのだが、それは法律どおりやっているのだから、杉並区に責任はないと。だから、本件の東京高裁の判決では、そんなことは杉並区を訴える根拠にならないという趣旨のことを言われているのでしょう。それに対していかなる反論が可能でしょうか。

曽和 最終的に違法になるか適法になるかという話とは別に、結局、杉並区は住民全体の意思を代表して、行政を行うという責任と権限がある。そして住民の意思が、住基ネットにつないでほしいというのと、つないでほしくないというのに分かれているので、杉並区としてはそれらを両方尊重するような決定をしたというわけですね。これは地方自治体として非常にまっとうな判断であって、これを憲法的に尊重しないで何が地方自治の保障なのかとすら考えられます。財産的利益侵害の可能性というのは、財産権侵害をいう場合には「法律上の争訟」性を満たすという従来の先例を尊重したうえで、本件訴訟の「法律上の争訟」性を肯定するための理屈ですが、本件の根っこには、住民情報を管理する自治体として、住民の意思を尊重した決定がどこまで裁判所によって保護されるべきかという紛争があるわけです。

だから、本件訴訟の「法律上の争訟」性を肯定するために、いくつかの理論構成の可能性があるかと思いますが、そもそも、本件のような紛争は裁判所が判断しないとおかしいのではないかという発想を持つかどうかが分かれ目ではないかと思います。

阿部 それは先ほどの那覇市の防衛機密の情報公開の話だと、国が裁判を起こさなければ、自治体が防衛施設の情報をどんどん公開してしまい、国としては防禦手段がなくなります。そんなことでいいのでしょうか。裁判所は、それでいいつもりでいるわけですね。悔しかったら国会で対応すべきだと考えているのでしょうか。

棟居 先ほどの東京高裁判決では、私が言ったような、将来国賠で、つまり推進派の住民から起こされた国賠で、杉並区が負ける可能性があると。それをもって現在の不利益というように理解できないかということに対して、東京高裁でその主張を退けられるとおっしゃいましたが、東京高裁判決の22頁を見ると、「住基ネットサービス享有権という法律上の権利を有していると認めることはできない」と、こういう住基ネットサービス享有権というものを否定しているだけであって、将来の国賠で負ける可能性とかいうことへの言及はないのではないですか。これは全部、それも含めて否定されたのでしょう。

こんな権利があるかないかなんていったら、それはないと言われるに決まっている

わけです。しかし、将来国賠で負けるかもしれないという、それはそれで独立した法的な不利益ですから、それを現在の法律の利益、杉並区がこういうのをそれに置き換えるというのは、先ほども言及した第三者所有物没収事件の判例からも出てくると思いますよね。

曽和 先ほど中川さんの同心円の議論が紹介されましたが、私も基本的には中川理論と発想を同じくしています。司法制度のあり方と憲法論は2つの角度から問題となります。第一は、ある一定の紛争を裁判所が引き受けないことが違憲であるという範囲の紛争はどういうものかというレベルの憲法論で、「裁判をうける権利」の問題でもあります。もう1つは、一定の権限を裁判所に付与した場合に、当該権限の付与が憲法違反になるのはいかなる場合かというレベルの憲法論で、いわば司法権の外縁をどう考えるかという問題です。両方とも司法権の概念として、議論されているから混乱するのです。それを中川さんは同心円として示しているのではないかと思います。

ただ、私は、本件訴訟との関係では、同心円の真ん中、特別な法律の根拠がなくても、当然裁判所が引き受けなければならない司法権の範囲に入っているはずだという主張をしているわけです。先ほどから、本件訴訟は本来の司法権に入るのではないか。本来の司法権に入るものを私人間の権利義務に関わる紛争だけに限定するのはおかしいのではないか、ドイツでもそうではなかったし、アメリカでもそうではなかったではないかという、そんな議論をしているのです。

阿部 住民の利益を代表するという発想については、やはり権利義務、または法律関係入ると思うのですが、いかがでしょうか。

高木 それは阿部先生が整理されたように、権利義務ないし法律関係の存否に関する紛争があって、実定法では裁判所法上の「一切の法律上の争訟」、ここに入るという、そこで突破するという正攻法をとるしかないわけですよね。そのときに、やはり宝塚市条例事件判決の射程は狭いという、あるいは、これはこのケースについて言っただけでというふうに限定して、そして住基ネット杉並区訴訟のケースはそうではないと考えるのが、いちばん実践的な方法だろうと考えます。

阿部 それをもうちょっと理論的に説明するといかがでしょうか。

棟居 宝塚市条例事件判決の話はまた後でやるでしょう。ちょっとその前に、東京都が受けないと言うけれども、これは東京都の事務ですが、財団法人の地方自治情報センターの中にある住基ネット全国センターが東京都の事務を代行しているという形を取っているようです。住基法上は、もともと住基ネットの事務処理は都道府県がやる仕事なのですが、それを事務委託する機関として、指定情報処理機関という位置づけで、全47都道府県の知事が全国センターに委託するという仕組みをとっているとい

3　自治権侵害に対する自治体の出訴適格

うことだそうです。このときに、こういうデータの集積が、本当に公法上の作用なのかどうか。いま問題になっているのは、住基ネットの情報をどう使うかという公法上の作用ではなくて、どう集めるかの話ですから、集めるときにはセンターが代行できる程度のことしか、いわば法はやらせていない。そうすると自治体は、そのときには私法上の存在とでも言うべきですね。つまり1個の独立の法人格同士で、情報をお互いにやり取りするというふうに見ることができるのではないかと思います。

阿部　それは兼子説に近いですね。

内野　私は住基ネット杉並区訴訟は主観訴訟として構成できると思い続けていますが、この点は兼子鑑定意見書に委ねます。先ほどの棟居発言ですが、公法関係か私法関係か、特にこだわる必要はなくて、裁判形態は行訴法4条の確認訴訟ですが、とにかく法律上の争訟性をクリアできるということを確認すればいいと思います。

棟居　その点は、修正します。

内野　それで、先ほどの常岡発言の最後の部分ですが、判例評釈で使った言葉によると、法定外客観訴訟という発想になるのですが、その理屈というのは憲法論からいいますと、棟居基本権訴訟論の射程の外にあるのではないかと思いますが、いかがでしょうか。

常岡　たぶんそうだと思います。

棟居　基本権の話ではなくて、もっと別の公権なのかよくわかりませんが。

内野　そうですね。だから、むしろ棟居基本権訴訟論の射程の内にあれば、法廷が却下するみたいな記載で使えそうですが、射程の外にあるとちょっと使いにくいのかなというのが私の印象です。

常岡　代替サービスの費用負担が、財産権主体性を基礎づけて、宝塚市条例事件最高裁判決に抵触することなく、法律上の争訟性を満たすのだと、こういう議論をやってきたと思うのですが、それに対して東京高裁が、いわば代替サービス費用というのは勝手に出しているだけだということで、それは根拠にならないという言い方をしています。これは21頁の2行目です。その途中で、住基法の規定に従って、住民基本台帳事務を執行していればという、前提を置いて、代替費用を支出せざるを得ないような事態を招くことはないと言っているのですが、その前提の中には、住民基本台帳事務を住基法の規定に従って実施することは適法であるという、こういう暗黙の判断というのが隠されているのではないかと思うのです。あるいはまた、この前提自体も、憲法論を踏まえて考えれば、やはりちょっと問題になるのではないでしょうか。つまり、住基法に従っていさえすれば、それでよい、憲法的に見て問題ない住基事務の執行であると言っているように見えるのですが、果たしてそういうことになるのかどう

3-1 〈研究座談会（その1）〉逐語記録

か。結局、私の考えでは、高裁判決の言い方というのは、本案に入って判断しているような言い方になっているという気がします。

阿部 本案で住基法上は違法ではないことを前提にした議論のように思えてしまうのですね。

常岡 はい。

高木 不当な前提をとっているということですか。

常岡 ここは「法律上の争訟」という、いわば入口段階の問題を検討しているので、本案判断に入って初めて言えるような事柄を前提に置いて、入り口段階の要件の判断をするべきではないと考えています。

3．機関訴訟について

阿部 ここで、機関訴訟について議論したいと思います。その前提として、客観訴訟、主観訴訟という概念との関係について、各自お考えを説明していただけますでしょうか。棟居先生いかがでしょうか。

棟居 機関訴訟というのは、公権力行使をする主体同士の間でコンフリクトがあった場合に、それを本来なら純然たる行政事項であるところを、裁判にわざわざ場を移しているというものです。いうまでもなく、本来的には司法作用に含まれないものを、法が特に司法に委ねているわけです。

曽和 法定外の機関訴訟に関連して、確かめたいことがあるのですが、行政事件訴訟法の中の機関訴訟の定義は、行政機関相互の争いというように限定されているわけですが、判例は行政主体相互でも、実質的に同一の行政内部の争いだったら、全部機関訴訟だと解釈的に広げてきています。そういう考え方の背景には、行政内部の紛争は結局、下級行政機関は上級行政機関に基本的に従うという指揮命令関係を前提に、紛争が内部的に処理される、統一的に処理される、それで裁判所の判断には基本的には馴染まないのだという、そういう発想があります。しかし、本件は基本的に杉並区と東京都ですから、対等なはずの地方公共団体相互の間の紛争なので、このような発想は当てはまらないと考えます。

棟居 存在としての対等性もあるかもしれないけれど、この中身的な、つまりどういうもののやり取りかも問題にすべきです。先ほども言いましたが、機関訴訟というのは、公権力行使をする主体同士の間でコンフリクトがあった場合に、それを本来なら純然たる行政事項であるところを、裁判にわざわざ場を移しているというものです。ところが、これは公権力主体として相互に、東京都と杉並区が向き合っているかとい

3　自治権侵害に対する自治体の出訴適格

うと、データをただ持っている、それを物理的に流すという、まさに非権力作用的なことを事柄の本質としてやっているわけで、だから区と都がどういう関係かという一般論ではなくて、ものの流れから見たときに両当事者はどういう関係に立っているかという観点から考えるべきです。

そうしたらこれは、いわば対等の公法上の契約関係に近いのではないか。さらには私法上の契約と言っても差し支えないわけですね。しかも先ほど言いましたように、それはセンターが代行する、その程度の業務でしかないわけです。要するに非権力的な業務だから民間が代行できるわけですね。ものの流れから性格づけることができると思います。

常岡　機関訴訟という概念の中に、公権力行使の権限を巡る機関間の争いというのもあると思うのですが、それ以外にもあるということですね。

棟居　限定されない。

常岡　そうですね。当事者訴訟的な紛争を機関間でやっているという、そんなものもあると思います。例えば、従来で言えば、市町村の境界画定に関する訴訟というような場合です。

曽和　いまの棟居さんの理論に私は反対ではないのですが、ただ、国の発想は住民基本台帳法の執行という、一貫した1つの行政過程を巡る、その執行の仕方を巡る争いなので、行政内部の紛争だと大きくとらえるということなのですよね。

けれどもそれに対しては、例えば住民基本台帳法に基づく事務は自治事務で、杉並区が自主的に判断する事務であるという、事務の性質論が1つあると思いますし、それから相対している東京都と杉並区は、両方とも法人格を持っている独立した当事者間であるということもあります。さらに杉並区の主張の背景には、住民のプライバシー権や、住基ネット利益享受権があります。ですから、本件訴訟が機関訴訟ではないという議論には、もう少し工夫がいるかもしれませんが、行政間の争いだから機関訴訟だというのは、非常に乱暴な議論だと思います。

阿部　沖縄の米軍基地を巡り土地収用法の執行をせよという職務執行命令訴訟がありましたが、機関訴訟制度がなければ、行政内部で上位の者が決定して、下位の者は従わなければいけないというシステムになっているのですよね。それで済むはずだが、これは特に地方自治を尊重して、下の者がこれを法廷で争う方が適切と考えて、特別に機関訴訟を作ったものですね。

これは争いになった時に決める者がいる場合ですが、争いを決める者がいないときでも機関相互の問題だから裁判は知らないといったら、法的には解決する道がないので、無法地帯になります。それで棟居さんが言われた話も入るけれど、財産権の問題

以外に、上下の関係ではない、もう1つ別の領域があって、これも法律上の争訟としなければ、法治国家あるいは法の支配が貫徹しないのではないかというか、重大な空白が生じるという議論になるのではないかと思います。いまの話を伺って、自分なりにまとめますと、法律上、行政の権限、適正を守る争いと、財産上の争いと、2つに裁判所は分けていますが、財産上の争い以外に、機関訴訟の問題に持っていくべきものと、そうではないというものと、さらに2つに分けなければいけないのではないかと思います。同一の行政主体の内部で、組織法的に解決できるもの、それについて特別に規定を置くのが機関訴訟で、規定がなければ裁判で争うことはできないことになります。ところが、いま住基法の問題は、国、都道府県、市区町村の間の争いは、同一の行政主体の間の争いではない。同一の法律の下の争いではあるけれども、法律により権限を与えられた、それぞれの行政主体間の争いなので、機関訴訟の問題とは違うということです。にもかかわらず、裁判所が、行政主体の間の争いも機関訴訟だと解釈をしているのは、機関訴訟について非常に無理な拡張をしていると思います。

渋谷 やはりここは主体の問題、主体間の争いということがあって、やはり機関相互の争いではありません。私はずいぶん前に機関訴訟と言われるものさえ、権限と言うけれども、これは権利とどこが違うのか疑問を感じることに触れたことがあります。つまり、機関訴訟自体も本来法律上の争訟ではないかと書いたこともあります。

もう1つは財産権の主体に限定されるのはおかしいと思います。先ほど言ったように、選挙権という公権、憲法上の権利をめぐる紛争についても、これ法律上の争訟として扱われているので、最高裁の考え方から言うと、主体が私人かどうかということは別にして、やはり公権力の主体を特別扱いする理由はないのではないかと思います。

高木 もともとの雄川理論自体も、そんなに広く及ぼすつもりはなかったはずなんですよね。だから特殊法人なんかでしたら、あるいは実質的には国の一部だという議論があり得たかもしれませんが、こういう自治体間について及ぼすという、そういう意図はもともとなかったのではないですかね。

阿部 雄川説をしっかり読むと、こういう訴訟は許されないという立場の理論ではなくて、たくさん留保を付けているけれども、むしろ裁判は許されるという口振りですね。

棟居 それは結局、先ほどの中川論文の概念図のグレーゾーン、つまり機関訴訟で定めてもかまわないが、定めないからといって別に法律上の争訟性がおおよそないということにもならないということでしょう。

阿部 これを客観訴訟というかどうかは、私は問題だと思うけれども、仮に客観訴訟という位置づけをしたところで、行訴法で定めている民衆訴訟、機関訴訟以外の客

3 自治権侵害に対する自治体の出訴適格

観訴訟は許されないというのではなくて、もう1つグレーゾーンがあって、これは憲法から導かれるという議論ですよね。あるいは憲法からと言わなくても、法律上の争訟という概念で導かれるという議論だよね。

高木 ちょっと言葉にこだわりますが、客観訴訟というのは別に実定法上の言葉ではなくて、理論なわけです。だから民衆訴訟と機関訴訟というものはこうだという、それを客観訴訟という名前を付けると、何か権利義務と関係のない、法律上の争訟でないのにやっているみたいな先入観を与えるという、非常にレッテル貼りというのですかね、これは客観的ななんとかだと、だから認めないという、そういうのに使われやすい議論ではないかという気がします。

常岡 機関訴訟論の背景には権利義務に関する争訟が原則であるという考え方があるような気がします。機関と機関との争いというのは権利主体間の争いではなくそれぞれ権限しかないからと、そういう言い方なのですね。

阿部 そうですね。

常岡 他方、雄川説は、地方税法の課税権の帰属をめぐる争いなどについて、あれは権限というよりもむしろ公権だというような見方をされています。

阿部 公法上の権利。

常岡 ええ、権利ですね。雄川説は、一方では、権利義務でないと法律上の争訟に当たらないと言いながら、他方では、課税権は自治体が持っている権利だというふうに言われて、権利の中味をずいぶん拡張解釈する対応をされているなという印象を持ちました。

阿部 課税権とか、隣の町との境界確定とかというのは、行政主体としての権利だと言うと理解をしやすいのだけれども、本件のようなものが行政主体としての権利だということになるかどうかがね。

高木 情報管理権。

常岡 自己決定権とか、プライバシー保護も関係しそうですね。

阿部 普通に言う権利というのは、土地所有権とか私法上の権利を念頭に置いているから、そこで情報管理権といったら、ここで法律上の争訟の根拠となる権利なのかどうかについては、どのように説明をすればいいのでしょうか。

常岡 そうですね。行政主体が持っているものは、住民個々人が持っている権利の性質とはずいぶん違うもので、まさに権限的なものなのでしょうけれども。

高木 訴訟で主張されているのは、やはりそういう住民の多様な要求に対応するためには、費用をかけて対応せざるを得ないという、そこを。

阿部 それはおそらく瑣末な話で、そういうことを言ったら、国民健康保険審査会

だって、住民でない者に国民健康保険証を交付しなければならないことになったので、財政負担が増えるということを言うわけだし、土地改良区の選挙の無効確認訴訟で、選挙をもう一回やり直せと言われたので負担がかかると言ったけれども、判例ではそんなものは理由にならないということにされていますね。

高木 ただ、沖縄の事件で、最高裁は「建物の所有者として有する固有の利益」の侵害を主張すれば法律上の争訟となることを認めています。

棟居 阿部先生が先ほど言われた「隣の町との境界確定」に本件はむしろ近いのではありませんか。「境界」といっても自治体の私有地の境界ではないわけで、要するに権限の棲み分けのラインということですから、それが行政主体の「権利」と言えるのであれば、本件も同様に言いうるでしょう。

4．地方自治権と自治体の出訴資格について

阿部 本件の場合、客観訴訟ではなく、主観訴訟であると考えた場合、自治体にとってなぜ法律上の利益があるといえるのか、何か権限を侵害されたり利益が何かあるかというときに、自治権というのをどう理解するかという問題が出てくると思いますが、いかがでしょうか。

高木 これは民衆訴訟でないことは明らかだし、機関訴訟でもないはずだと。では、なぜ法律上の争訟性はないのかということで、もっと丁寧に議論しなければいけないのに、裁判所は簡単に切っているという、そういう印象を持ちました。

阿部 そうですよね。ここで自治権というものを絡めて議論するかどうか。自治権の議論をしなくても、これは法律上の争訟になるのか。自治権というのを絡めて、初めて法律上の争訟になるのか。どちらでしょうか。個人の裁判を受ける権利はないと考えるのか。それとも、やはり行政主体といえども、行政権限の行使を巡って裁判を受ける権利があるのだという理論構成までするのか。いかがでしょうか。

常岡 私は、内野先生のように、財産権が侵害されているという形で、それで法律上の争訟性があり、司法権の範囲内だとするという、こういう議論を一方では考えているのですが、他方でこの場合に自治権侵害というのがあって、それを根拠にして法律上の争訟ないしは司法権の範囲内に当てはまるのだということも言えるのではないかと思っています。

アメリカ法を参照することになるのですが、アメリカの自治体の出訴資格をいろいろな根拠で認めるというのが判例法上定着しているのです。その中に自治権侵害を理由にして出訴を認める場合があります。それは、ホームルール憲章（自治憲章）が制

3 自治権侵害に対する自治体の出訴適格

定されているような州の場合で、とにかく自治権というものが州の憲法によってしっかりと保障されているような州の中の自治体の出訴資格についてなのですが、そこでは憲法自体が自治体の自治権を認めています。この自治権が州によって侵害されたときに、その侵害を政治的にしか解決できないというのでは、自治権を保障したことにならない。自治権を真に保障するためには、そして、州による侵害から守るためには、侵害されたときに何らかの法的解決手段がなければいけなくて、その最終手段が州裁判所による解決だと、こういう判例の流れというのがあるのです。

棟居 しかし日本では、すぐそれは固有権説でしょうと言う。そういう地方自治についての立派な説であるけれども、固有権説、あるいは新固有権説かということで、およそ駄目なのだという、もう答は決まっているということで、制度的保障説で考えなさいと、そういった憲法学界の大きな流れがあります。そうすると、個々の自治体が享受している利益も、所詮は反射的利益でしょうというようにして、固有の自治権の侵害というロジックは簡単に消去されてしまうのです。

常岡 そうかもしれませんが、憲法 92 条で地方自治の本旨というのが謳われている以上、団体自治権というのがやはり保障されてなければいけなくて、その団体自治権というのは各自治体に保障されるべきですけれど、その団体自治を実施した杉並区の自主的な決定というのが簡単に覆されるとか、あるいは上手く通らないという場合に、それが保護されるような最終的な解決手段というのがあってしかるべきだと思っています。

阿部 新固有権説ならば、自治権が侵害されたので訴訟が許されるけれども、制度的保障説だとそこまでいけないということですか。

内野 制度的保障説というのは、憲法が中核部分を保障し、周辺部分は立法政策に委ねられているということであって、権利であるということを否定する必要はないのです。

阿部 ああ、そうですか。

内野 だから自治権論とは両立しうるのですよ。

阿部 そこを説明してください。

内野 制度的保障説は、多くの場合、人権関連分野で出てきます。信教の自由に関連した政教分離や、学問の自由に関連した大学の自治や、財産権に関連した私有財産制度が、その例です。これらの場合、制度的保障に当たるとされた政教分離などは、諸個人の人権ではなく客観的法制度に属する、と説明されます。他方、人権関連分野以外の領域では、地方自治との関係で制度的保障説が出てきますが、この文脈では、人権と区別された意味での客観的法制度という位置づけは表に出てきません。

棟居 しかし、客観的憲法原則というと、それによって保障されている利益も反射的利益に過ぎないという、行政法の反射的利益論とすぐイコール視されてしまうわけです。

内野 それは確かにあるのですね。あるにもかかわらず自治権論とは両立していますよね。

渋谷 固有のものが保障される。固有の権利、団体自治権が保障される。

棟居 私有財産制度の保障が、個々の財産権保障というものを否定するわけではないし、大学の自治の保障も、個々の学部の学問の自由を否定するわけではないと、だから憲法上の制度的保障説は、主観的権利性を全然否定しない。そこは明確に言わなければいけません。

阿部 制度保障説も自治権という権利のあることを否定しないという意味なのですか。

常岡 そうですね。

棟居 しかし、それは抽象的には自治権そのものが権利かというと、そもそも問題の立て方が間違っている。個別に見ていって権利性があるかないかというのは、個々具体的な判断。およそ一概に制度的保障だからもう全部なしだということにはなりませんと、個別に見ていってくださいということです。

阿部 個別に見ていくというのは、何を基準に見ていったらいいのでしょうか。

棟居 結局これだけ新聞や何やらで、将来損害賠償請求されるかもしれないとか、それは自治体で決めたことの執行を阻害されて、こんな被害だとか言っているということでしょう。もう既に下級審でやっている話です。

常岡 自治権に基づく訴訟も司法権の中核に位置する部分であると認める方向で議論が展開できるとするならば、今回のような杉並区が都や国を相手どって、自治権というものを基にしながら提起する訴訟というのは、まさにそうした司法権の中核に位置する紛争といえ、法律に根拠規定がなかったとしても、憲法76条の司法権規定に基づいて、あるいは司法権規定及び憲法92条の自治権保障の規定に基づいて正当化できるものではないかと考えます。

棟居 そうですね。それは独自に利益が成り立てばいいし、別の法益、例えば財産権でも何でもいい訳です。それから、いまおっしゃった団体自治をベースにして、それは新固有権説などとは無関係に、公法人としての、つまり本来の団体自治としての自治権の執行が妨げられたと。それは独自の固有の権利侵害になると思いますけれどね。制度的保障説もそこまでは妨げないのです。

曽和 自治権と言うだけだとやはり抽象的で、どういう場合に自治権侵害になるか

3 自治権侵害に対する自治体の出訴適格

という議論が必要です。ところで、例えば自治体の課税権侵害の主張は、大牟田市電気税訴訟(福岡地判昭和55年6月5日)ではちゃんと法律上の訴訟になっているわけです。あれは財産権と言えるかもしれないけれど、課税自主権が侵害されたという主張でもあるわけです。本件のような情報の取扱いについてはどうかとか、地方自治体の存立の基礎になるような境界の決定はどうなのかとか、そこで問題となっている中身の利益と、それらについて自治体が自主的に決定する権利とを組み合わせて考えていく必要があると思うのです。

棟居 団体自治権というか、要するに団体自治から出てくる固有の自治権というのは、私も言えると思うけれども、それはあくまで法律の範囲内ですよという、94条ですぐブレーキがかかるわけで、結局この選択的な制度をとるということが、それが法律の範囲内かどうかというブレーキがね。

曽和 大牟田市電気税訴訟も「法律の範囲内」ということで負けていますからね。

棟居 つまり一部でもこれは履行しているわけだから、私はそういうのは法律の範囲内だと思うけれども、全部法律どおりにやらないと駄目なのだと、法律にちょっとでも逆らっていたら法律の範囲内ではないということになるのかどうかは別です。

つまりここで問題なのは、この事件では住基ネットに乗せていない情報の部分が問われているのではないです。要するに住基ネットに乗せている部分を東京都は拒否しているわけです。ちゃんと住基ネットに載せている部分を拒否しているわけで、ですからこれは法律の履行を妨げているわけです。そういう意味では団体自治権を侵害しているとみることができます。だからそれは、むしろ追加的に反対している人たちを個別に説得して、どんどん賛成してもらって、ちょっと時間はかかるけれども、将来的には全部執行しますと。いまはその途中なのです。でも一部履行を認めてくれないではないか、それは団体自治権の侵害ではないかと、こういう理屈は立つと思います。

本件が異常なのは、やってない部分の争いではなく、やっているのにそれを拒否するという点です。要するに満点の答案を書いてないから、おおよそ試験を受けたことにならないとか、答案の提出を認めないような扱いなんですよね。

阿部 塩野先生が自治権を基本に主張されるけれど、この場合、棟居説に対してはどのように反論されるだろうか。

曽和 地方公共団体の原告適格を認めるためには「地方公共団体の包括的事務処理権限でなく、より具体化された利益論が展開される必要がある」(塩野宏・行政法Ⅲ〔第3版〕225頁)といわれていますので、単なる自治権侵害の主張ではなく、一定の場合に限定していたのではないかと思います。

阿部 ドイツでも、高速道路が小さい街を分断する場合には、自治権侵害を議論す

るので、本件のような場合にまでは念頭に置いてないのではないか、塩野先生も念頭に置いてなかったのか。念頭に置いてないにしろ、どういう理屈になるのかということが肝心ではあるけれど、いま自治権を根拠にするのは非常に苦しいのですか。

　先ほど出た大牟田市電気税訴訟はちょっと違うと思いました。この訴訟の場合は、地方税法での電気ガス税の減免規定が自治権を侵害するか。そもそも、電気ガス税を市町村の税源にするということは法律で決めていることだから、法律で決めたものを法律で奪っているというだけだから、つまり、最初から電気ガス税を市町村に与えなくてもいいのだから、これは自治権侵害問題にならないということですね。

　住基ネットの場合、それとは少し違って、住基法でそれぞれに権限を与えているところ、これについての争いがあるということなのです。自治というのは、そういう制度を保障しただけで、権利は与えていないというのが普通の解釈であるならば、それは裁判に持ち込めないのでしょうか。

高木　独立の法人格を与え、権限を与え、そこから法的な意味での独自の領域があると考えれば、それを守る。それについての争いというのが法律上の争訟になって、それは法的に解決されるべきであると。

阿部　そうすると、自治権を根拠にしないでそういうふうに解釈しているのか、自治権を根拠にして解釈しているのでしょうか。

高木　ドイツだと、ドイツの連邦憲法によって、それぞれの自治体といいますか、州なら州、あるいはゲマインデならゲマインデは一定の権能が与えられているわけですから、それを侵害された場合には法律上の争訟の要件を満たす。つまり、固有権である必要はないわけです。憲法によって与えられた権利を侵害されている、というふうに考えればいいと。

阿部　そうすると、この場合は憲法上与えられた権限として一体何が想定されるのかで、ドイツの市町村が、我が町の将来を考えると、町づくり、Planungshoheit というのは、憲法上の権利だとすれば、高速道路、空港、ダムがやってきたら、町の計画権は侵害されるという議論をするわけね。

高木　そうです。

阿部　この場合、住基法で、いやだという住民の分まで送信しなければならないというふうにされるとして、それは自治体の何権を侵害したのだとうことになるのでしょうか。

高木　そうですね。通常の理解では、日本国憲法だと、団体自治という側面と、住民自治という側面で保障されている。本件の場合だとどうなのでしょうか。個人情報の扱いについて、それぞれというのか、国とは別途の方針を市町村が採れるのかどう

3　自治権侵害に対する自治体の出訴適格

か。これは、まさに住基法の解釈の問題です。

　さらに、住民の意思に従って処理すべきだ、という要請が特に基礎自治体においては強いとすれば、杉並区の場合は住民の中に反対があれば、それに即して分けた取扱いをすべきという要請が働く。そうすると、そういうこと自体を憲法が認めているとすれば、それをどこまで認めるか。だから、ここの市町村は住民自治の方針に従って別扱いをする、ということを認めるべきかどうかということが法律問題になるはずだと。それについて、国や都はそれを許さないという解釈を採っている。あるいは、住基法はそういう趣旨だと考えている。しかし、杉並区はそうは考えない。

　その法律の趣旨についての争い、解釈の違いというのをどう解決すべきか。国の見解や都の見解が優先する。杉並区が頑張りたければ政治的に頑張りなさいと言ってしまうのか、それとも裁判所が乗り出して、どちらが正しいかを判断することによって、法的に解決すべきか。政策的にはそれがポイントだと思うのです。そこでは、自治体に法令の自主解釈権があるかという問題と若干オーバーラップするのですが、そこはどうでしょうか。直感的には、そういう争いがあれば裁判所が判断したほうがいいように思うのです。

　阿部　自治体に、法令の自主解釈権があるかどうかというときに、裁判所との関係では自主解釈権があるわけはなくて、裁判所は最終的に解釈権者なのだけれども、自治体と国の中央官庁との関係では、それぞれが対等であって、それぞれ独自に解釈してよろしいと考えれば、その間の対立は裁判所の解決しかない、という説明を私はするのだけれども、それとも主管官庁の解釈が優先で、ということが法的に言えるのかどうかです。

　棟居　それは、憲法上はあるのではないですか。第73条1号の法律の誠実実行義務というのは、行政機関に課された義務であって、そこには自治体は含まれないと、つまり、機械的に執行しなければいけないかどうかというと、こういうのが自治事務だったら、自治体はそれぞれ自分独自の法解釈を前提にして、是是非非の判断をしていい、というのが憲法解釈として出てき得るのと思います。

　阿部　その点は、この高裁判決のいちばん最後のところに、「市町村、都道府県、国の行政機関は法律が違憲であると考えても、国会で成立した法律を誠実に執行しなければならない」と言っているのですが、それには、おっしゃるように、行政主体と行政機関の混同という問題があると思うのです。行政機関はそうであろうけれども、本件は行政機関が違憲だと主張している事案ではなくて、行政主体が違憲だと主張している事案ですから、裁判所は行政機関と行政主体の区別が付いていないと私は理解したわけです。ここでは行政機関、区長が主張しているのではなくて、杉並区が、都と

対等な団体として住基法の解釈について争っているのですから、高裁判決は間違いで、杉並区に何らかの争う権利がないとする理屈はあるのかということです。

高木 国会が法律を作ったというときに、それが違憲だと思っても、内閣は誠実に執行する義務がある。そうすると、国の行政機関はすべて盲目的に執行しなくてはいけない。しかし、都道府県や市町村は違うということなのでしょう。ちょっと座りが悪いような気もしますが、憲法で地方自治を保障している以上はそう考えるほかない。

棟居 ただ、法律の範囲内での第一次的な解釈権は自治体側にあるのではないでしょうか。東京都は、単に全部揃わないと受領できない、という消極的なことを言っているようだけれども、そうすることで法律を規定にないやり方で自力執行しているのに等しい。東京都が独自に解釈をして、全部揃わないと違法だと言って、それは総務省解釈に従っているのかもしれないけれども、結局法定されていない執行方法で、しかし自力執行している。受領しないということによって、全部揃えざるを得ないという状況をつくっているわけです。

これは、第一次解釈権が杉並区にあることを否定しています。この法律の範囲内ということについてのですね。さらには、法定されていない自力執行を勝手にやっている。受領する、しないという民事上の手法を通じて、勝手に公法上の強制権限を作り出しているわけです。そういう意味では東京都側が脱法的であると言えますね。

阿部 その話に絡むけれども、地方自治法で、従来は機関訴訟と言われていた訴訟をいくつか明文で認めました。国地方係争処理委員会、さらに裁判所に行くというルートを作ったけれども、そこに書いていなければそもそも訴訟は許されないというのが憲法の趣旨なのか。地方自治法の立法者としては、これだけ認めるのだというつもりかもしれないけれども、それは憲法趣旨なのか、それとも憲法上も落穂拾いはできると考えるのか。本件では東京都のほうから是正の要求とか何かを言ってくれば、国地方係争処理委員会へ持っていけるのに、あえて東京都はそう言わないで、いま棟居さんが言われた自力執行をしているわけです。自力執行は法治国家に反するともし考えたら、やはり地方自治法に定めはないけれども、落穂拾いで、憲法からそういう裁判ができるという議論ができるのではないか。それは機関訴訟ではなくて、行政主体間の争いでということです。先ほどの客観訴訟の議論もそうだけれども、法律が憲法解釈を縛ってしまっていることになるのではないか。

曽和 自治権を自主解釈権と考えて、法令の解釈に争いがあれば、当然争えるというだけだと広がりすぎて、なかなか説得性を欠くのではないかという気がします。

本件の特徴は、団体が保有管理している情報について、それを提出・接続せよとか、全部接続せよというふうに求めてきているわけです。

3　自治権侵害に対する自治体の出訴適格

「団体のメンバーに関する情報の提出を求められた団体が、メンバーの意向をふまえて提供する情報の範囲を考えて出す、出さないを決める」権利が保障されるべきだと思います。本件ではこういう情報に関する自主決定権が、自治権の一内容として考えられるのではないでしょうか。

例えば政党に対して、そのメンバー全員の名簿の提出を求められたとすれば、当該政党は提出すべきか否かを自己の責任で判断することになって、強制的な提出命令については、メンバーの思想信条の自由を侵害するとか、団体としては結社の自由という団体固有の利益を侵害するとして、当然主観訴訟的な訴えができるだろうと思います。本件訴訟も、住民情報の強制的な接続、すべてを接続せよということは、これに反対している住民のプライバシーを侵害することもあるし、それを配慮して選択的接続を決定した杉並区の憲法で保障された自治権を侵害するということから、提起されているわけです。

自治権だけとか、あるいは自主解釈権というだけだと広がりすぎるので、その中身に何か固有の保護すべき実体的な利益があって、それを自主的な判断で守らなければならない、という構成が要るのではないかと思って、こういう構成を考えてみました。

高木　私も言いたかったのは、いま曽和さんがおっしゃったのと同じように、自治権の中で住民情報の管理を独自に決定するという部分がコアになっていて、その管理の仕方について杉並区は住基法の独自の解釈をしているというつながりで整理したらいいのではないかと思うのです。

棟居　その場合、あくまで管理をしているだけで、情報そのものは住民個々人にあくまで帰属しているというところが大事ではないですか。つまり、これは後付けの制度ですから、最初は住民基本台帳に住民登録をしたときに、もちろんこの制度の後に入ってきた人は別だけれども、元からいる人については、こんな制度を前提にしないで情報を提示しているわけで、それは目的外利用になります。

違う目的が後から付いてきたわけですから、それは目的外利用になります。そういう目的外利用の問題をこの法律自身、つまり国民代表機関が作ったのだというので、一挙にクリアしているつもりなのかもしれないけれども、杉並区はそのようには判断しなくて、これはあくまで預かりものだから、善管注意義務があると慎重に対応しているだけであると。つまり、国の制度には合致しないかもしれないけれども、故意・過失とか、そういう責任要件まで下りていくと、これは1つの解釈を採っているということで、違法とまでは言えないのではないか。ある幅の中での1つの措置だと考える余地はあると思います。

それを、東京都は一方的な1つの解釈を前提に、しかも法定外の強制手段で物理的

に出させようと、吐き出させようとしている。杉並区という特別区が、普通の市町村並みになったいきさつとか、そういうのをいろいろ考えていくと、それに逆行していると思います。それから、地方自治法の平成になってからの改正で、機関委任事務的な発想は否定されているにもかかわらず、そうした法改正とも合わないというふうに考えられないか、こうしてみると裁判所も法律上の争訟ぐらい認めてしまうかという考えもハードルは高くないはずです。要は、いまやっているのは入口論ですから、それは裁判所にとっても別にここで頑張る実益はあまりないわけでしょう。

高木 本件の第一審・控訴審では、中身に入って国家賠償のほうで判断しているわけです。ですから、何故確認訴訟のところだけ異様にガードが固いのかというのが私にはわからないのです。

曽和 先ほどみたいに、自主解釈権があるので、法律上の争訟だと言われたら困るというのがあるのではないでしょうか。

高木 止めどもなく広がる、という恐怖心があるというわけですか。

曽和 そういうことです。

阿部 ただ、国家賠償で中身の判断をする以上、確認訴訟のガードを固くする実益があるようには思われません。

曽和 素朴な疑問なのですが、本件の一審、二審判決には、法規の適用の適正ないし一般公益の保護を目的とする場合は、法律上の争訟に当たらない、本件はそれに該当するという記載があります。しかし、本件は、一般公益の保護を目的とする訴訟ではなくて、一般公益が分裂してしまって、住基ネットにつないでほしいという人と、つないでほしくないという人があるので、その両方を代弁する形で自治体が出訴した事例です。

むしろ東京都のほうが、法規の適用の適正ないし一般公益の保護を抽象的に主張して、全部つなげという主張をしています。そういう本件訴訟の中身の分析なしに、本件の原告の主張が一般公益の保護を目的とする場合に当たるという判断はそもそも間違っているのではないかと思うのです。

阿部 杉並区自身の利益ではなくて、住民の利益を一般公益だと言うかどうかです。

曽和 住民の利益が分裂した場合は、そのそれぞれを尊重して自治体として責任ある決定をするというのが、まさに自治権の中身になっているのです。

常岡 私も同感です。適法性確保という、すごく漠然とした内容を実現しようということで訴訟をやっているわけでは全然ないと考えます。

棟居 それは逆になりますからね。それに逆らってでも守るべき主観的な利益がありますよ、という訴えなのです。

3 自治権侵害に対する自治体の出訴適格

阿部 本件は、一般公益の利益を守る訴訟ではないと。

曽和 少なくとも杉並区からはそう言えると思います。

高木 宝塚市条例事件の場合、宝塚市は条例を改正して、という手段を持っていたわけですから、わざわざ裁判所に来なくてもというその気持はよくわかるのです。だけど、この場合、杉並区はほかに手を打ってないわけだから、それで門前払いしてもよいのかということです。

常岡 宝塚市条例事件の場合も、実質を見ると、パチンコ店の周囲の住環境を守るという、住民の福祉とか、そういうものを見据えた上での市の行動ということだと思うのです。実質論をしていくと、たぶん一般公益の確保という話で解消される問題ではないような気がするのです。

阿部 原告適格の議論でいったら、その程度のものは従来は一般公益にされていました。

常岡 原告適格の有無ということでいうと、周辺住民の利益は、公益とは区別された個別的に保護された利益ではないと言われそうです。しかし、周辺住民の利益は、原告適格が認められないとしても、行政手続法10条が定めているような許認可の際の法的考慮要素としての利益であり、それは、ある種の手続的保護を要する利益といえるので、決して一般公益の中に完全に吸収解消されてしまうものではないと考えます。とにかく、一般公益と、原告適格が認められる個別的法益との中間に位置するようなものではないでしょうか。

5．宝塚市条例事件判決の評価について

阿部 そろそろ先へ進もうかと思うのですが、それだと宝塚市条例事件判決そのもの自体を行政上の事務の民事執行も含めて、とりあえず、誤りであるか正しいかこの議論をする。その次に、射程範囲の議論をする、というのをやってみようと思うのです。あの判決全体はどうなるのでしょうか。特に、行政上の事務の民事執行まで含めて不適法と言っている部分はどうなりますか。

曽和 行政上の義務の民事執行については、民事上の請求権をどのように構成するかという問題がもともとあって、そこで否定する理屈はあり得たと思うのですけれども、最高裁が、「法律上の争訟」でないと言ったのにはびっくりです。同じような議論をアメリカでは、19世紀にクリアしています。

阿部 そのクリアの仕方、内容について簡単に教えてください。

曽和 私が以前に書いた論文（「経済規制行政における行政調査の法的統制〔一〕」法学

3-1 〈研究座談会（その1）〉逐語記録

論叢109巻3号50〜53頁（1981））をご覧いただきたいのですが、19世紀のアメリカの事件（In re Pacific Ry. Comm'n, 32 F. 241（C. C. N. D. Cal. 1887））では、行政機関が私人に対して情報を提出せよと命じた。それは、行政上の義務を命じた事件です。ところが、私人がそれに従わないというので、行政機関が私人を調査命令に従わせるために裁判をした。それは、そのように裁判をすることができるという法律があったからです。そうしたら、裁判所は、「単なる調査委員会である本件委員会による裁判所に対する調査強制の申請が、『権利の保護もしくは執行又は違法行為の防止、除去もしくは科罰を求める』といった訴訟人の主張とは認めがたく、したがって、本件は裁判所の権限が及ぶ『事件又は争訟』とは考えられない」と、まさに宝塚市条例事件で最高裁が言ったような議論をしたわけです。

この判示は、その7年後に、ICC v. Brimson判決（154 U. S. 447（1894））で、連邦最高裁によって否定されました。

その判示の中心部分ではこのように言っています。ICCというのは行政機関ですが、「ICCが求める証拠を得る権限を有するか否か、および、証人の証言拒否又はその所持する帳簿書類の提出拒否が証人の義務違反となるか否かは、ICCと証人との間での明確な争点である。それらの争点は、法律の効力を争いその執行に抵抗する証人と合衆国との間での争点であり、法律で定められたこれらの争点は、司法権が行使し得るように提起されている」。

これを宝塚市条例事件に言い換えますと次のようになります。「宝塚市がその中止命令を発する権限を有するかどうか。および、その中止命令に従わないことが事業者の義務違反となるかどうかというのは、宝塚市とその相手方との間での明確な争点である。それらの争点は、条例の効力を争い、その執行に抵抗する相手方と宝塚市との間での争点であり、その争点は、司法権を行使し得るように、提起されている。」

わが国の司法権はアメリカ流の司法権概念を受け継いだと言われているけれども、どこかでずれてしまっているわけです。

阿部 これは、アメリカの判例として、リーディングケースでそのままずっとこの考え方が維持されているのですか。

曽和 ICC v. Brimson判決の考え方は現在も否定されていなくて、行政上の義務を強制的に実現するには、基本的には裁判所手続が要るという司法的執行の原則を確立した判例だと言われています。最終的に私人の身体や財産に実力を加えて法律の執行がなされる場合には、そういう強制は司法手続でしかできないのだという考え方が根っこにあります。

宝塚市条例事件では、両当事者とも、結論を出してほしいということを望んでおり、

3　自治権侵害に対する自治体の出訴適格

まさに中止命令の相手方の権利義務の存否が問われているのに、最高裁は、司法の定義を形式的に振り回して、判断しませんでした。裁判所の任務放棄だと思います。

内野　私は宝塚市条例事件判決が法律上の争訟性を否定したのは理解できることだと考えています。ただ、後で言いますけれども、住基ネット杉並区訴訟の場合には、宝塚市条例事件判決の射程は及ばない。つまり、住基ネット杉並区訴訟はOKであると考えています。

外国法はさておき、法律上の争訟という場合に、板まんだら事件判決の定義の第一要件を思い浮かべていただいてもいいのですけれども、そもそも具体的な権利義務、ないし法律関係の存否という場合に、公権力の発動主体は、裁判を起こす権利はないということが前提になっていると思うのです。

つまり、被治者、治められる側が、公権力の側に向かって裁判を起こすのと、公権力の中から行政客体に向かって裁判を起こすというのは話が全然別であって、一部に片面性を欠くからおかしな議論だと言っています。片面性を欠いているのは当たり前の話であると私は思うのです。それで、そもそも法律上の争訟性というのは、被治者ないし行政客体の側が起こせばいいのですけれども、公権力の発動主体の側が起こすということ自体が、法律上の争訟の第一要件を欠くということで、それを最近になって明示的に言い出したから、「あれっ」と思うだけであって、あれ自体はきちんとしたジャスティファイできるものを持っています。これはもともとからいうと、主観訴訟は法律上の争訟であるが、客観訴訟は法律上の争訟ではないという理屈の延長線上にも位置づけ得ることであろうと思います。

阿部　公権力の行使は、法律・条例によるので、公権力の行使をしようとする以上、執行のところまで法律上できちんと整理することができるはずだからすべきである。ドイツ法はそうなってきた。ところが、アメリカ法では、そもそも行政機関に執行までやってよろしいという権限を与えるという発想がもともとなくて、役人も私人と同じ対等である。裁判所で判断してもらって初めて執行できるという、Judicial Enforcement、司法的執行の原則があったから、アメリカ法ではわりと簡単に裁判所に命令を出してもらえるということになった。

2つの法体系を継受した日本でどう考えるかという話で、ドイツ法をそのまま完結的に輸入して、きちんと法整備をしている国ならそれでいいのだが、日本では行政強制は戦後も非常に中途半端にドイツ的な体系を放置して、アメリカ法を中途半端に真似て、訳のわからない状態になっています。こういう状態で、この法の半分空白のところをどう見るかというのが私の問題提起で、ドイツ法で完結していないのであれば、憲法自体は英米法というかアメリカ法を輸入しているわけだから、アメリカの司法権

概念が輸入されたと考えれば、Judicial Enforcement というのが少しは認められると考えるべきです。

　要するに、法律で公権力を行使してできることについて Judicial Enforcement はできないというのは、単に訴えの利益がないというだけで、適切な道があればそちらへ行けというだけで、行政強制の道がなければ、司法的執行というのは残るはずだ、というのが私の説明です。

高木　山本隆司さんの紹介(山本隆司「行政訴訟に関する外国法制調査——ドイツ（上）」ジュリスト1238号（2003年）86‐87頁)だと、ドイツでも行政主体が原告になることはあり得るということだったと思います。相互間において一定の自律性を認められている公法人や行政機関は、個人の「基本権」を主張できないため、連邦憲法19条4項にいう「裁判を受ける権利」は有しないが、これらの主体や機関が主張する「権利」は、行政裁判所法42条2項にいう「権利」に当たることから、概括主義によって、個別の法律に特別の定めがなくても出訴資格が与えられると考えられています。

阿部　行政庁がそれをできないときに、法律を整備しないのが行政側の責任だというのではなくてですか。

高木　そこまでは言わないです。裁判所に行くということもあり得るという整理です。

渋谷　先ほどの内野さんの議論の場合、刑事事件というのはどう位置づけるのでしょうか。

内野　刑事事件というのは意識的に視野の外に入れたのですけれども、もともと具体的な権限義務はないし、法律関係の存否という言葉の中で、刑罰権の発動の可否をめぐる争いということで完全に含まれています。

渋谷　公権力の主体が私人を訴えるという形を取っているのですが。

内野　その言葉を言うときには、刑事事件を念頭に置かずに言った言葉なのです。

渋谷　裁判所のほうは、一応法律上の争訟というのがあって、その中に全部入るはずです。

高木　そこが引っかかるのです。なぜ、刑事は当然に法律上の争訟に入り、行政権の行使にかかわるものは当然には入らないのかというと、それは伝統でしかないわけです。

　結局、昔の民事、刑事は司法で、残りは行政だと言っていて、戦前の三権分立を引きずっている話ではないかと思うのです。憲法は変わったのに、裁判所の頭は変わっていない。結局今の最高裁が、昔の大審院と同じではあまりにも寂しいと私は思っています。

3　自治権侵害に対する自治体の出訴適格

確かにいろいろな議論はあるし、制度的に不備があることは確かなのだけれども、現時点で裁判所がどういう役割を果たすべきか、というふうに考えないと問題は良いほうに転がらないと強く思うのです。

内野　公権力の主体が私人を訴えるというタイプの訴えのうち、伝統的な刑事事件は法律上の争訟に属するが、行政事件の形をとるものは法律上の争訟に属さない、というのが私の意見になります。この点、先程の渋谷さんからの批判的質問からも伺えるように、つめの甘いところがあります。

棟居　私も、正面から宝塚市条例事件判決は解せないというか、首をかしげざるを得ないと思っています。宝塚市条例事件判決の発想は、引用されている板まんだら事件判決よりも、むしろ大阪空港訴訟判決に非常に近い。要するにルートを間違えているというだけのことを言っているのではないかと思うのです。

6．宝塚市条例事件判決の射程範囲について

棟居　つまり、民事訴訟で来るというのは筋違いで、何か客観訴訟でそういうルートが設けられていればそっちで行きなさい。しかし、ないのだからしようがないだろう。そこから後は法律上の争訟性ということになるのだけれども、大阪空港訴訟も、あるかないかもわからない行政訴訟で行けと言いました。だから、とりあえずこれは民事ではないだろうという、そういう排除の論理として、法律上の争訟のあるなしで積極的に切ったというような表現をしている。しかし実際にはこれは民事ではなくて、もう一個の何か特別の訴訟があればそっちで行く話ではないのかというのが、どこから出てきたのかわからないけれども先験的というかまずあって、そういうのに乗っていないから駄目だという、単なるこの手の訴訟に対する違和感を言っているだけなのです。

そうだとすると、これは非常に限られた場面でしか通用しない法理であって、それを本件のような全然別の場面に、これは一般化して解するべきでない。つまり、宝塚市条例事件判決は非常に射程が狭いというふうに理解したらいいと思います。

阿部　射程の範囲の話に入っていいでしょうか。宝塚市条例事件判決で、行政上の事務の民事執行については、本来認めるべきだったが、あの判決が出て、次の議論としては、行政上の義務の民事執行自体は法律上の争訟にならないと仮定しても、その次に行政主体相互間の争いには及ぼすべきではない。この射程範囲の議論をするとして、私に一言も二言もしゃべらせてほしいのです。

判例の射程範囲について、日本の下級審は非常に広く読んでいます。とにかく、判

決の文言は憲法以上のもので、それに対して当事者がいくら反論しても、とにかくこう解すべきである。それ以外はすべて独自の見解だということで、一切言わせない。しかし、これは判決と法律との違いをわかっていないと言ったら失礼ですけれども、私はそう思うのです。

　法律がある以上は、法律が間違っているといくら言ったって、憲法違反でない限り、立法論だからどうにもならない。ところが、判決は解釈論で言っているわけです。その判決に対して、解釈論で反論すれば、その判決の解釈が正しいということはもう一回言っていただかなければいけないのです。だから、こちらは判決の解釈が間違いだとたくさん言っているのです。この判決は、裁判を受ける権利を侵害している。そもそも裁判というのは、当事者は事実を主張するが、法解釈は裁判所が勝手にやってよいというふうに裁判所は思っていますが、本当にそうでしょうか。

　そもそも、宝塚市条例事件判決については、当事者が行政上の義務の民事執行は許されるということが前提でずうっとやってきて、高裁でもそこまでやってきた。最高裁で口頭弁論があったときも、当事者がその主張をしたら、「最後に何か言うことはありませんか」と聞かれただけなのです。宝塚市は、法律上の争訟になるという主張をしなかったけれども、そこまでは頭が回らなかった。

　ところが、裁判官はそこだけ考えていたから、法律上の争訟にならないという判断を下したので、これは当事者の議論を一切踏まえていないで判断したわけです。その事件については、そのように当事者に法的観点を指摘しないで、議論させないで裁判所だけで決める、というのは裁判を受ける権利を侵害するというのが私の主張なのです。

　もう1つ。別の事件でそういう判断があったからといって、こっちの事件でも先例として完全にそれで縛られるとすれば、最高裁での弁論に一切参加させてもらえなかった判例がこちらを拘束するから、ますますもって裁判を受ける権利を侵害する。やはり、ここできちんと議論させていただかなければいけない。そうすると、先例拘束性は非常に限定的に解釈すべきであるということになります。

　国会だって、いい加減に法律を作っているのではないかと言われても、オープンにして広く意見を聞いてとかやっているのに、裁判所は密室でやっているわけだから、その射程範囲は非常に限定しなければいけないのではないかと私は考えています。最高裁は、先例どおり判断するのではなくて、先例は間違いではないとしても、その理由をきちんと付けて答えるべきで、だからいまの判例は大体が理由不備の憲法違反を犯している、というのが私の主張です。

　この辺について下級審の判例はと見ますと、本件の一審、二審はほぼ最高裁判例

3　自治権侵害に対する自治体の出訴適格

そっくりで、文言を引いてきます。福岡高裁の平成 19 年 3 月 20 日判決では、宝塚市条例事件判決は、行政上の義務の民事執行の事件なので、それとこれは別で、これは市町村が産廃施設を協定に基づき使用途上で差し止めるという話なのです。そういうものはまともに審理する、ということを言った判決なのです。最高裁判決を限定解釈している。

池子弾薬庫事件については、逗子市と防衛施設庁と神奈川県との合意について、1 つはそれはまともな合意ではないというので拘束力はないと一審で言ったのですが、高裁では、それも法律上の争訟ではないと言っています。これは、合意ではないという形で、個別案件として片付けるのが本当は筋なのです。これが法律上の争訟でないというのなら、もっときちんと言うべきではないかと思っています。先例拘束性についてはもっと限定して、ここではもっときちんと論争させていただきたい。最高裁では、もう先例があるからと考えないでほしいということです。

伊藤正己先生の『裁判官と学者の間』という本で、伊藤先生の意見について別の裁判官が、伊藤先生の説はごもっともですが、何か先例があるから駄目です。その先例はというと、判例集に載ったものではなくて、ちっぽけな不受理したような事件なのですが、それでもあるから伊藤先生の説は駄目だと言われた。それほど裁判官というのは先例を金科玉条にするのか。それこそ、憲法違反の発想ではないか（阿部泰隆『行政訴訟要件論』〔弘文堂・2003 年〕）。

だから、先例をよく見直せ、議論しろ、理由も付けずに判決を先例にされては困るということをきちんと言わないといけないのではないかと思っているのだけれども、どうなのでしょうか。

先ほどの防衛秘密の公開差止めの訴訟もできないというのが先例になっているからというのだけれども、裁判所も事案をすべて見通して理論を作っているわけではなくて、個別個別に当たっているわけだから、個別個別に解決していたら、「やはりまずかった」というのはあるはずなのに、1 つ何か間違うと、次から全部間違える。すべてがつまずきの石になるというのはおかしいのです。それと、裁判官も代わっているのですから、今回の法律上の争訟の理論は、基本的に見直すべきです。そうしないと、国の防衛秘密も守れないということになりかねません。

棟居　そこまで言わなくても、一般公益の保護を目的とするというときに、それがあたかも排他的に自己の権利利益の保護というものとおよそ両立しない、という前提が宝塚市条例事件判決にはあります。そこは、一般公益の保護を目的としつつ、同時に自己の権利利益の保護救済の目的ということもあり得る。

それに対して、これは私の意見だけれども、那覇のは純然たる一般公益だと考える

と、あれはちょっと国の主張は苦しいと思います。宝塚市条例事件判決のほうは最初に私が言いましたように、初めに客観訴訟ありというか、客観訴訟でツバを付けられていたら、それはイコール、カテゴリカルの主観訴訟から排除されますというような、あれかこれかの発想があったわけです。要するに一般公益の保護を目的とするものであって、自己の権利利益の保護云々という発想があると思います。しかし両者が相反するという前提自体がこれは無理があります。

常岡 宝塚市条例事件最高裁判決に関して私も同様の感想を持っています。この法規の適用の適正ないし一般公益の保護を目的とするという基準でもって、法律上の争訟性を限定するという発想の根拠がよくわからないのです。こういう言い回しは、私人が提起する客観訴訟的な主観訴訟を排除するときによく使われる論理です。

行政が訴えるときには、私人が訴えるのとはちょっと違う立場で訴えるわけですから、私人が提起する客観訴訟的な（しかし主観訴訟を目指してやっている）訴訟のときに用いられるこういう論理を持ち出すべきではないと考えています。

阿部 これは最初に言ったことで、裁判所が民事上の紛争を念頭に置いてものを考えてしまっているから、行政主体がほかに行政主体と争うときに、適切な思考枠組みがない、ということによるのではないかと思って、私は行政法の復権が必要だと言ったのです。

棟居 公法上の法律関係という、あるいは当事者訴訟という、これの役割を強化した今日の行訴法改正は、決して民事に還元されなくても、独自の公法上の法律関係に基づく救済を認めているのだと、いう具合に、今回の改正をテコにする理屈はあるかもしれないです。

阿部 本件も、公法上の当事者訴訟として提起されています。それで民事の発想とはちょっと違う発想が本当はできるはずだし、すべきなのですよということです。

棟居 行訴法改正以前の発想にこだわっていると。行訴法改正というのは何年にやっているのでしたっけ。

高木 平成16年です。

棟居 だから、この宝塚市条例事件判決より後でしょう。

高木 後です。

棟居 だから、宝塚市条例事件判決を持ち出すのは、これは書き換えられているという余地が残ります。

高木 いろいろなレベルの問題があると思うのですけれども、本件に直接関係するのは、宝塚市条例事件判決の読み方といいますか、『判例とその読み方』という有名な本がありますけれども、それによれば宝塚市条例事件判決というのは、国又は地方

3　自治権侵害に対する自治体の出訴適格

公共団体が、専ら行政権の主体となって原告になっている。なおかつ、被告が国民である場合だけにしか及ばないはずなのです。それを、相手方が国民であるか、国とか地方公共団体などの行政主体であるかを問わずと言うということ自体が、まさに判例の読み方としておかしいということが言えると思うのです。

とりあえず、まずそこでdistinguischすべきだということがある。いままで議論していたのはその先の話で、そもそも宝塚市条例事件判決自体がわからないとか、おかしいという話ももちろんあるのだけれども、仮に最判の結論を前提とするとしても、これは射程が及ばないということは明らかだと思うのです。先ほど阿部先生が紹介された、正論だけれども、判例があるからこれは駄目だというケースではないと思うのです。

阿部　伊藤先生が紹介されているのは、判決文もない。理由も付いて三行半どころか一行判決というものでも先例があると言われたわけです。宝塚パチンコ訴訟では、この場合最高裁は、一般理論を提示しているから、裁判所内部では普通には一般理論を判例とするつもりであると理解されているわけです。しかも、民集にも載っている。

高木　読み方が問題だと思います。財産権的なものでない限りはおよそ駄目だ、というふうに読むというのはそれ自体が法創造ではないでしょうか。

内野　いまの点ですけれども、宝塚市条例事件判決の結論部分は何かというと、行政主体が国民に対して行政上の義務の履行を求める訴訟は、法律上の争訟として当然に裁判所の審判の対象となるものではない、というのが結論部分ですよね。

その中に、何々であるからという理由付け部分があって、そこにどう書いてあるかというと、法規の適用の適正ないし一般公益の保護を目的とするものでもあって、自己の権利利益の救済を目的とするものということはできないからというのがあって、その「から」の部分を一般論として判例的価値を認めるのかどうかというところが先ほどの高木発言のポイントであって、結論的には高木発言に全く賛成です。

阿部　もともと裁判官の判例の読み方とか、判例の作り方からすると、個々の法律上の利益に関する判示は極めて重要なもので、これは判示事項として判例集の上のほうにもちゃんと指摘されているものでしょう。英米法での判例の読み方だと、あるいは判例法の国では、判例が無数であまり一般化したら判例として矛盾するので、とにかくその事件の特殊事情をいろいろ首をひねって、判例をかなり限定解釈するのが普通で、判例は一般的な立法をするものではないという考え方がかなりあるはずなのに、日本の裁判所はいつの間にか立法者ということになって、しかも法改正のチャンスがない立法をやっているというので、国会が変な立法をする場合よりも、もっと悪い、非常に困るというのが私の意識なのです。非常に厳しい言い方をしますけれども、

3-1 〈研究座談会(その1)〉逐語記録

棟居 昔「杉並ごみ戦争」というのがありましたね。あれは非常に本件に似ていると思うのです。つまり杉並区がごみを江東区に持っていったら全部追い返された。要するに江東区が実力行使をしたわけです。もっとも、平成11年度までは東京都の事務であったということですので、独自の事務だと仮定して、そして同じような物理的な拒否が起きた場合に、これは訴訟に乗らないのかと、これはあくまで仮定の問題ですけれども。それと本件は一緒なのではないか。つまり、何かの政治決着に待つというだけしか紛争解決方法がないのかどうかということです。

阿部 民間の産廃事業者が、例えば福井の産廃処分場と契約をして、廃棄物を持っていくところを、福井県の指導要綱で抑えられてしまうというときに、指導要綱は違法であるといって強引に突破しようとしたら、バリケードを築かれたとします。そうしたら、産廃業者はバリケード撤去の請求訴訟ももちろんできるし、妨害排除請求その他もできるわけです。それで、杉並区が一般廃棄物を福井の処分場に入れるという契約をしたところ、やはり福井県が行政指導とか何かで抑えるとしたら、杉並区は産廃業者と同じ地位に立つと考えるとして、産廃業者は個人の利益を害されるので当然争えるのだけれども、杉並区は産廃の処分という公的な利益が害されただけであって、財産権は制限されていないから争えないと考えるのか。これは財産権に準ずるのか、それとも財産権ではないが、行政事務が適切に遂行できないという利益を害されたから争えると考えるのかということです。

棟居 いや、契約の文章の中味は一緒なのだから、どっちかが契約主体になるかによって結論が変わってくるというのはおかしい。

阿部 いや、変わるというのではなくて、産廃業者と自治体というふうに考えると、産廃業者が争う利益がある以上、自治体も争う利益があって、そのときには財産権かどうかという議論をすると、財産権ではないかもしれないが、争えると考えなければいけない。そうすると、それは公益を目的とするとか、行政の任務の適正な遂行を目的とするということであっても、これは争えることにしなければいけない。そういうことになるということです。

曽和 例えば労働組合に対して組合が保有する情報を出してくださいと言うときは、団体の結社の自由を侵害するとか、あるいはその構成員のプライバシーを侵害するとかいう主張ができる。財産と情報とは同視できないけれども、情報にはやはり財産的な価値というのですか、財産に近いような保護に値するものがあるのではないでしょうか。

高木 だから財産権の主体としてといっても、それは比喩でしかないわけで、そこが純粋に民事と同じような争いでない限りは、裁判所は関知しないというのが非常に

3　自治権侵害に対する自治体の出訴適格

硬直的な発想なわけです。その似たような話は実はオーストリアにもありまして、オーストリアの伝統的理論は、いわゆる公権的な行政（Hoheitsverwaltung）と私経済行政（Privatwirtschaftsverwaltung）の２つしかカテゴリーを持っていないものだから、非常に判例学説は解釈で苦労をしているわけです。憲法には17条や116条という「私経済行政」というカテゴリーを想定した条文があるのですが、判例学説は、私経済行政には給付行政とかそういうものが含まれるということで処理して、当然そこにはいわゆる公法的な規制も及ぼすという工夫をしているのですよね。ですからこの最高裁の枠組みというのは、民事と、あと公権力しかないという割り切りをしているわけです。全然いまの行政に合わないのだと思うのです。

阿部　棟居さんが今言われたようなものを裁判に乗せなければ極めて不合理ではないかと考えれば、法律上の争訟として財産権に関する争いと限定するのは、誤まりであるということになるわけですね。

高木　どうもここで言っている財産的なというのは、非常に広い意味に解すべきだと。だから宝塚市条例事件判決は確かに権力的に手段を自分で整備をしてできるような事例があったから、これは何とかやってくださいということがあるにしても、そうではない領域もたくさんあるわけですからね。

常岡　宝塚市条例事件判決の判決文が「財産権の主体として、自己の財産上の権利利益の保護・救済を求めるような場合には」と、ちょっとぼかしているところもありますので、純粋の財産権というよりも、もう少し広い利益もここに含まれると考えることができます。

阿部　判例でも法律でも、あるいは役人言葉でも最後に「など」と付けて、「など」の中にいろいろなものを含めるということをよくやるのだけれど、この「ような」というのも「など」と同じなのだろうか。「など」とどう違うのだろうか。

棟居　これは例示であると思います。

内野　私も「ような」という言葉は注目するのですが、私、内野に言わせると、そもそも自治体は裁判を起こす権利を持っているというふうに構成できると思うのです。その場合の自治体というのは、財産権主体たる自治体というのは狭くて、もっと広げて公権力の発動主体にならざる自治体というふうに、公権力の発動主体にならざる自治体は裁判を起こす権利を持っているという構成が可能であると考えます。

棟居　それはまさに当事者訴訟とか何とか、公法上のというカテゴリーがあるわけだから、純粋な私経済作用なら、これはもう一般民事だということになるわけで、逆に訴訟類型のほうで、公法上の法律関係とか言っている以上は、これに相当する自治体の公的な管理作用、これは民事ではないですが、公法上の当事者訴訟に乗るという

考えですね。

高木 古く歴史をたどれば、当事者訴訟の古典的な形態というのは、自治体間の争いであったわけですね。ドイツの古い事例ですが、自治体間の紛争のこういうものは行政裁判所で扱いますよというので始まったということです。

棟居 およそ概念的に乗ってこないという議論は、だからその意味でも誤りだと。むしろそこから歴史はスタートしているわけです。

阿部 フランスのコミューンですが、市町村が県を訴えるなんてたくさん例がありますからね。それは行政国家だからとか何か、日本では、裁判ではないという理解をよくするけれども、それはどうでしょうか。

高木 そうですね。垣見隆禎論文(「明治憲法下の自治体の行政訴訟」)によると昔は行政監督に関して、訴訟を認める場合は、何となく行政裁判所というのは、行政監督機関であるという側面もあるからじゃないかなという分析になると、戦後変わったときにはそのまま使えないという解釈ができる。

阿部 だから司法国家になったら、逆に裁判の領域が狭まったということになるのですね。それはおかしいではないかと思うのです。

高木 非常におかしな話です。

阿部 戦後、行政裁判所の権限や、違憲立法審査権が裁判所に割り当てられ、その権限が大きくなっていることからすれば、その役割も当然拡大しているはずです。司法国家になったというのは、そういうことだと思います。

7．藤田宙靖説について

高木 最高裁が、最高裁のものを先例として広げていくというパターンもあるし、今回のように下級審が、私の見方からすると過剰反応している、あるいは、こういう結論を出したいというのに合わせて広めに使うというケースもあると思います。

このケースはどちらかというと、下級審は宝塚市条例事件判決を自分に都合のいいように拡大している。おそらく、いまの最高裁は宝塚市条例事件判決が住基ネット杉並区訴訟に及ぶとは考えないと思うのです。特に藤田先生は、宝塚市条例事件判決というのは、自己の理論が曲解されて判例になったという思いを持っておられると思うので、これはやはり歯止めをかけなければいけないと思われるのではないでしょうか。

阿部 最高裁は、財産上の争いでなければ、行政主体は争えないと明言していますが、この一般論は行政主体間の争いには及ばないと考えていたはずなのに、なぜ及ぶと理解されてしまったのか、曲解ではないかと思う根拠はどこにあるでしょうか。

3 自治権侵害に対する自治体の出訴適格

高木 その時点の最高裁は、確かにその一般論、古い大審院的な発想で、民事と刑事が我々の領域だというつもりだったかもしれないけれども、その後は最高裁もある程度スタンスを変えていると思うのです。司法制度改革とか、行政訴訟制度改革の影響を受けて。

阿部 具体的に説明してください。司法制度改革があって、この点について触れた条文はないわけだから、もうちょっと具体的に、これは最高裁は維持しようとしないだろうと言われるその趣旨をもう一度具体的に説明してください。

高木 原告適格に関しては周知のとおり、小田急高架訴訟の判決(最大判平成17年12月7日)で対応しています。それから処分性に関して、私は賛成ではないのですが、いままでだったら処分性が否定されてしかるべきというものについて、処分性を認めるという形で、ともかく入口は広げるというスタンスを採っています。

なるべく門前払いをして、過去のように批判されるということは避けて、入れるべきものは入れて、そして実体判断でケリを付ける。たぶん、そのように雰囲気は変わりつつあると見ています。ですから、住基ネット杉並区訴訟のケースにおいても、むしろ実体判断をしたほうがいいという方向に振れる可能性はあると思うのです。

阿部 そのように最高裁がぶれるようにするための理屈として、法律上の争訟という概念の歴史的解釈というほかに、比較法的な動きから孤立して、なぜこんなに狭いのかということも多分あると思います。そのほかに、これは第三小法廷に係っていて、藤田判事が入る前の判決であることもあります。

藤田先生は、行政上の義務の民事執行は認めるのです。それで、国家と社会の二元論という関係で自治体間、あるいは自治体と国の間の訴訟は認めない、というほうに傾くような主張をされています。これは、整合性があるのでしょうか。

常岡 単純な警察行政を念頭に置いたような議論としてみると、一応一貫しているような気もするのです。

阿部 どういうふうにですか。

常岡 つまり、行政の相手方である私人に対して、行政が一方的に権利侵害するような作用に対して、私人の権利利益を保護するということが、近代法治国原理の主たる関心事でした。そこでは、保護の対象となる私人と行政主体とが二極対立的なものとして位置づけられ、行政主体による侵害から私人の権利利益を保護する手段として裁判所制度を位置づけていたわけです。こうした近代法治国原理からすると、国はもちろんのこと地方公共団体も行政主体である以上、これらの主体に裁判的保護が及ばなくても、私人と同様な立場の場合は別として、構わないということになりそうです。このことは、行政上の義務の民事執行の場面についても当てはまるかもしれません。

3-1 〈研究座談会(その1)〉逐語記録

行政上の義務の民事執行の場合には、国や地方公共団体が原告となりますので、行政主体には裁判的保護が及ばないとするなら、行政主体はそうした民事法上の手続も利用できないと考えるべきかもしれません。しかし、行政上の義務の民事執行と行政上の強制執行制度とを比較すると、前者の方が手続的には私人に手厚く、それだけ私人の権利利益が保護されるので、むしろ望ましいといえそうで、その限りで前者を認めることもあり得る筋だと思います。このように考えるなら、藤田説は必ずしも矛盾していないといえそうです。もちろん、行政上の強制執行制度が許されない場合は、義務を課された相手方私人の権利利益の保護のためには、むしろ民事執行を認めない方がよいのだという判断はあると思います。それはともかく、第三者、しかも法的に保護された利益を持っている第三者がいる場面を想定したときに、行政がその第三者の保護を考えて行政活動する場面を想定すると、藤田先生の以前の理論は当てはまらないのかなと思います。

阿部 以前の理論が当てはまらないというのは……。

常岡 藤田説は、私人の主観的権利利益を保護するための訴訟を行政庁・行政主体は利用できないとしていました(藤田宙靖「行政主体間の法関係について」『行政法の基礎理論下巻』77頁(2005年))。しかし、この考え方は私人と行政との二極構造を前提にしていると思います。複効的行政処分の場合などでは、むしろ、行政処分の直接の相手方ではない第三者の権利利益を保護するために行政が積極的に介入すべき場合があり、そのような場合、一つの手段として行政が裁判を利用することも許されてよいケースがあるのではないでしょうか。

髙木 国家と社会の二元論という発想からすると、いまおっしゃったように両面的に、ですから、国のほうが国民相手にやるということも認めることはあり得るというわけです。これに対して、自治体というのは、どちらかというと社会の側に属しているのではなくて、国家の側に属しています。訴訟というのは、藤田理論によると、国家の領域と私の領域、社会の領域で紛争が起きたときに裁判所が出てくるという構造になるのではないでしょうか。そうすると、矛盾はしていないと思います。

阿部 行政上の義務の民事執行とは、国家側が私人側に対して訴訟を起こすことだから法律上の争訟になるべきなのですが。

髙木 場合によっては認めると……。

阿部 それで、国家の側の中での争いは法律上の争訟ではないと。

髙木 できれば、政治的、行政的に解決するような仕組みを工夫すべきだと、政策論的にはこうなる。

阿部 そういう意味で一貫しているわけですか。

3 自治権侵害に対する自治体の出訴適格

高木 はい。そうすると、おそらく宝塚市条例事件判決において、ああいう調査官解説があり、判決に結び付いた伏線としては沖縄の例があったと思うのです。私の調べたところによると、沖縄の例に関連して、藤田先生は1996年に法務省で講演をされています。藤田先生はその講演を基に論文（藤田宙靖「行政主体相互間の法関係について——覚え書き」成田頼明先生古稀記念『政策実現と行政法』〔有斐閣・1998年〕83-105頁）を書かれたのですが、訟務検事や調査官のなかには、これは法律上の争訟性を否定するいいアイディアだと理解した向きがあるようです。どうも藤田先生の考え方というのは、一般化されて、自治体がかかわる訴えは、法律上の争訟でないというように使われた節があるということを私は感じています。そうすると、今回もし藤田先生が宝塚判決を見直されるとすれば、私の本意はそうではないというふうにおっしゃるという話なのです。

阿部 藤田説は、地方分権が進む前の、国家が自治体をすべてコントロールしていた、国家というよりも、国の中央官庁が法律によらないで自治体を行政的にコントロールできる。自治体も、国の下部機構であるということになっていた、戦前の地方組織を前提とした議論ではないのか。そうではなくて、地方分権がこれだけ進んだ時代もちゃんと念頭に置いての議論なのか。そうだとすると、その理論的根拠は何だろう。国家と社会は二元的であるにしても、国家の中でも二元的ではないか、というのが私の疑問なのです。

国家の中では、自治体が国に取り込まれると、今でも思っておられるのだろうか。藤田先生が例に出されるのは、例の国民健康保険審査会の裁決に対して、大阪市が訴えを起こせるか。あれは、法律の仕組みの中で、大阪市は大阪府の審査会に取り込まれているというふうに解釈してもいいのではないかと思ったのです。

住基法では、市町村は都道府県の枠の中にすべて取り込まれるというようにはなっていないと思うのです。藤田先生がそこまで念頭に置かれていたのだろうか。

高木 次の議論は、国と地方公共団体の関係とか、地方公共団体相互間の関係について、藤田理論ならどうなるか。あるいは、裁判官になられた後の発想からするとどうなのか。ここは、また別途の問題だと思います。

阿部 それを教えてください。

高木 ここは、ちょっと微妙です。どちらかというと、裁判を受ける権利というのは、社会の側にある人間だけが持っているとも読めるのだけれども、必ずしもそうではないという例があるわけです。民事執行の場合ですと、それはあり得るわけです。藤田理論は法実証主義、あるいは法律実証主義が基本ですから、そうすると現行法が変われば、自治法が分権改革によって変わったということをどれぐらい強く見るか。

そのときに、国と地方が係争するというのは、その仕組みがことによって、先ほど棟居さんが言われたように、あることによって、ないものはないというふうに実証主義的な解釈をやるのかどうか分かりません。

棟居 今時の改正で、その推定がひっくり返ったというふうに読んでくれればありがたいです。

高木 そうです。むしろ、いままで国家は一枚岩だったのだけれども、そうではないという建前に変わりましたということになると、推定はむしろ争訟性があるほうに傾くということになる。

阿部 理論的には、改正前だって、自治体が行政主体であることは明白だったのだけれども、機関委任事務などがあってかなり取り込まれたから、そこは曖昧でと。ところが、今度はもっとはっきりしてしまったので。そうすると、基本的に自治体は国から独自の団体である、ということを前提にして議論しなければいけない。そうすると、いままでの議論の前提を欠くか、推定が逆になるということですか。

それで地方自治法を改正して、国地方係争処理委員会を作って、藤田先生も入っていた。そこで新しい道をつくったけれども、それが限度だと考えるのか、そこで抜けているものもあるのか、なるほど、法的な争いであれば一律に否定はしない。別に争えという解釈をするかの問題ですね。

以上で、住基ネット杉並区訴訟「自治体の出訴適格」部門の〈研究座談会〉を終了したいと思います。長時間にわたり熱心に議論していただきまして、私も種々勉強になりました。

3-2 〈研究座談会(その1)〉出席者の見解要約

■見解要約(1)

内 野 正 幸

　以下に示す内野意見は、〈研究座談会〉(その1)においては、理由づけの面で少数意見にとどまっているが、このことを前置きした上で、その要約（補充を含む）を述べよう。

　まず、宝塚市条例事件判決（宝塚パチンコ最判）による「法律上の争訟」論は、大部分の行政法学者によって厳しく批判されているが、当面は、この最高裁の見解に従っておくのが現実的に賢明であろう。このように考えた場合、宝塚市条例事件判決による「法律上の争訟」論の射程は、住基ネット杉並訴訟には及ばない、と論じることができる。というのも、宝塚市条例事件と住基ネット杉並訴訟とは、原告が自治体であるという点で共通しているものの、訴えられる相手が一般の私人であるかどうかという点で異なるものだからである。

　次に、住基ネット杉並訴訟における行政訴訟（国賠訴訟以外の部分）については、客観訴訟ではなく主観訴訟として構成すべきである。主観訴訟であれば「法律上の争訟」性を肯定しやすいからである。裁判所法3条1項とのかかわりでいえば、客観訴訟は、同項後段にいう「法律において特に定める〔裁判所の〕権限」の問題になるはずである。その場合、自治体の出訴権を基礎づけるために客観訴訟の範囲を拡大する、という方向に進むのは、容易ではなかろう。

　本件における自治体の出訴権については、憲法（32条、92条）による保障を受けるとまではいえないであろう。憲法の趣旨に照らした裁判所法3条1項の解釈として自治体の出訴権が肯定されるにとどまるであろう。というのも、自治体は、私人と同じ資格でふるまう場合を除いて、「裁判を受ける権利」という憲法上の人権の享有主体とはいえないからである。また、ここでの自治体の出訴権を「地方自治の本旨」（憲法92条）の中に含ませる、という解釈論も説得的に展開できそうではないからである。

3　自治権侵害に対する自治体の出訴適格

■見解要約(2)

渋谷秀樹

1　司法の定義

　本件では司法がそもそも本案判断をすべき事案か否かが問題となっているので、司法の定義をまず明らかにする必要がある。

　（1）　**清宮四郎の定義**　現在、ほとんどすべての憲法の概説書に引用される定義は清宮四郎の「具体的な争訟について、法を適用し、宣言することによって、これを裁定する国家の作用」（清宮四郎・憲法Ⅰ 335頁〔第3版、1979年〕）というものである。

　ここでは、第1に「具体的な争訟」があげられ、これは紛争の具体性が司法作用の前提とされていることがわかる。これは、一般的には裁判所法3条1項にいう「法律上の争訟」と同義と解されている。第2に法の適用・宣言があげられ、第3に紛争の裁定、つまり紛争解決があげられている。

　（2）　**宮沢俊義の定義**　宮沢俊義は、かつて司法概念の歴史性を主張していた（宮沢俊義・憲法と裁判27頁以下〔1967年〕、初出は1936年）が、日本国憲法76条1項の「司法権」の解釈として「法律上の争訟を裁判する国家作用」（宮沢俊義・全訂日本国憲法〔芦部信喜補訂、1978年〕）とした。

　この定義は、理論的・実質的定義であり、かつての主張と矛盾するかのようにみえる。しかし、歴史的定義と実質的定義、理論的定義と形式的定義はレベルが違うものであり、宮沢俊義は、司法の歴史を踏まえたうえで実質的かつ理論的定義をしたものと考えられる。

　（3）　**芦部信喜の定義**　芦部信喜は、清宮、宮沢両説を踏まえたうえで、より詳細に以下のような定義を与え、「当事者間に、具体的事件に関する紛争がある場合において、当事者からの争訟の提起を前提として、独立の裁判所が統治権に基づき、一定の争訟手続によって、紛争解決の為に、何が法であるかの判断をなし、正しい法の適用を保障する作用」（芦部・憲法 320～321頁〔高橋和之補訂、第4版・2007年〕）とする。

　ここでは、第1に「具体的事件に関する紛争」つまり紛争の具体性を、第2に「何が法であるかの判断」と「正しい法の適用」つまり法の発見と適用、第3に「紛争解決」つまり司法の目的、第4に「争訟の提起を前提」つまり受動

的作用であることを指摘する。これは、活動開始の契機について触れたもので、田中二郎の以下の行政の定義を意識したものと考えられる。すなわち田中二郎によれば、行政とは「法の下に法の規制を受けながら、国家目的の積極的実現をめざして行われる全体として統一性をもった継続的な形成的活動」(田中二郎・全訂行政法上巻5頁〔1969年〕)とするが、行政活動は、能動的でも受動的でもありうるので、受動的な場合に限って活動するという意味で司法の定義として正しいともいえる。第5に「一定の争訟手続」をあげるが、これは手続の重要性を指摘したもので司法の活動準則の特色といえる。第6に「独立の裁判所」をあげ、これは他の国家機関からの独立と公正な第三者機関に属すべき作用であることを指摘している。つまり帰属機関の性質をあげているのである。

（4） **佐藤幸治の定義**　人格的自律の概念を鍵として、憲法全体の把握を試みた佐藤幸治は以下のように説いている。すなわち、「通説・判例は、司法権とは一般に具体的な争訟事件について、法を適用し、宣言することによって、これを解決する国家作用〔であると捉えている。〕……〔その〕根拠は、必ずしも明確ではない。日本国憲法の『司法権』はアメリカ合衆国流のものであるという認識も関係しているのかもしれない。それはともあれ、〔この〕説のごとく、具体的事件・争訟性をもって司法権の本質的要素と解すべきものと思われる」(佐藤幸治・憲法293～294頁〔第3版、1995年〕)。また、「『司法権』とは具体的紛争の当事者がそれぞれ自己の権利義務をめぐって理をつくして真剣に争うことを前提にして、公平な第三者たる裁判所がそれに依拠して行う法原理的な決定に当事者が拘束されるという構造である」(佐藤幸治・現代国家と司法権58頁〔1988年〕、佐藤・憲法295頁に同旨)とする。

　これは、近代立憲主義の自己決定の原則、すなわち各自の具体的な権利・義務関係のあり方はそれぞれ自らが決定していくという原則と、デュー・プロセスの思想、すなわち各自の権利・義務につき自己が適正に代表されていない過程によって拘束的に決定されることは不公正であるという思想を背景とし、裁判所の先例拘束性の原則に基づく定義ということができる。

（5） **高橋和之の定義**　事件性の要件を司法の定義から放逐する学説として著名となった、高橋和之は司法の定義について次のようなアプローチ方法を提示する。

　「法の『執行』における争い（下位規範が上位規範に反していないかどうかの争い）を裁定することを核心とする作用〔である。〕……この裁定こそが『司法』

3　自治権侵害に対する自治体の出訴適格

の核心なのである〔が、〕その上で次のような性質も合わせもつ」。「第一に、……司法は権限の自己増殖を避けるために受動的作用でなければならず、適法な提訴があって始めて活動を開始しうる」。「第二に、司法は争いを裁定する中立的な機関であり、その手続も当事者を公正に扱う適正なものでなければならない。第三に、司法による裁定には終局性が与えられねばならない。以上より、司法とは『適法な提訴を待って、法律の解釈・適用に関する争いを、適切な手続の下に、終局的に裁定する作用』と定義することができる」（高橋和之・立憲主義と日本国憲法338頁〔2005年〕）。

　これは、司法の観念自体は、立法・行政との、いわば横の関係における任務分担として決まるべきものであり、国民の裁判を受ける権利との関係という、いわば縦の関係における任務規定とは区別して考察すべきとするのである。この定義は、立法・行政との定義セットで考える必要がある。すなわち、この説は、立法権・執行権・裁判権について、それぞれ「法を制定する権力（立法権）と執行する権力（執行権）と法の争いを裁定する権力（裁判権）」とし（高橋・前掲書18頁）、「憲法の下において始原的規律を行う最高位の法規範が法律であり、立法とはかかる意味での法律を制定すること」（高橋・前掲書215頁）、または「立法とは憲法の下での始原的法定立」（高橋・前掲書224頁）とする。そして、「行政とは法律の『執行』である。ここで『執行』とは、行政権のあらゆる行為が法律に根拠をもたねばならず、行政が純粋法学的意味で法律の実現として現れるということを表現するものであり、内閣が国会の決定を受動的に執行するに過ぎないということを表現するものではない」とする。もっとも、このような定義は、結局、いわゆる全部留保説をとらず、形式的ないし観念的根拠があれば法律の執行となり、法律による拘束をいうのでないなら、意味はないのではないという問題点を指摘することができる。

　高橋の定義の重要なところは、裁判を受ける権利と司法の概念を切り離すべきとする点にある。つまり、私人との関係ではなく、他の政府機関との関係で司法を定義すべきとした点にある。

2　司法の定義に伴う問題点

　以上、いずれの定義においても、高橋説を除き、具体的な紛争の存在を司法作用の前提要件とするが、その主体についての言及が無い点に注目すべきである。つまり、政府機関さらには統治主体（従来の用語でいう国または地方公共団

体その他の公共団体、これらは「政府」という概念で包括することができる）が、原告にはなれないということを指摘するものは全く存在しないのである。

（1）　**司法の定義を要する理由（何のための定義か）**　ここでは、原理的になぜ司法の定義をなすかについて考えなければならない。

果たして、それは司法作用を担うとされる裁判所の活動の現状を認識のための定義なのか。しかし、現実に、裁判所は非訟事件など実質的意味の行政をしているのであり、現状認識のための定義とはなっていない。

それは、司法活動を一定の枠内にとどめるための定義なのか。もしそうだとすれば、何ゆえにとどめる必要があるのかという点を明確にしなければならない。しかし、その権力が大きすぎるため、という理由は、フランス革命時はともかく、現在では想定できないものである。

それは、他の国家作用と区別するため、特に行政の定義をするための定義なのか。確かに、行政の定義の通説（消極説）からは、司法の定義が定まらないと行政の範囲が定まらないことになる。しかし、行政のための定義であれば、むしろ行政の積極的定義をすべきではないかという反論を受けることになろう。

（2）　**定義の明確性**　ここでは、以上各説の述べる定義で「立法」「行政」との区別が明確にできているかを考えてみる。

「執行」は司法を他の国家作用、特に立法と区別する視点なのか。しかし、立法も憲法の執行といえるのではないか。

「紛争の裁定」はどうか。この点、国会も議員の資格争訟・弾劾裁判などで、また行政機関も行政不服審査などで、紛争の裁定を行っているのではないか。

「手続の厳格性」はどうか。この点、手続の重要性は、行政争訟法・行政手続法などの一般法の整備によって行政においてもの普遍化され、厳格性は程度の問題といえるのではないか。裁判所の扱う非訟事件手続では必ずしも、行政手続に比して厳格ということはできないのではないか。

「機関の独立性」はどうか。確かに司法の独立は、司法作用の重要な要素ではある。しかし、行政争訟でも、たとえば人事院、海難審判庁など種々あるのではないか。

「受動的機関」という点はどうか。行政機関も、行政不服審査の場合は、受動的機関となり、また個人が権利として不服申立てできる場合も当然あるのではないか。このような場合には、行政機関も、受動的機関と位置づけられるのではないか。

3　自治権侵害に対する自治体の出訴適格

結局、司法の通説的定義は、直感的に司法作用を把握するためには有効ではあるが、他の政府の部門、特に行政について、程度の差はあるものの当てはまるということができる。

3　司法の定義への展望

それではどのような視点から司法の定義をなすべきか。

（1）**歴史性への回帰**　まず、司法概念の歴史性にもう一度着目すべきではないか。歴史性とは紛争解決に裁判機関が実際果たした役割と一般人の期待の蓄積にほかならない。司法の定義に関する展望は歴史性に根ざしたものでなければならない。実際に理論的な定義も暗黙のうちに歴史性を前提としているのではないか。また歴史的観点からしても、通説・判例の立場は軽々に廃棄できない。なぜなら、これらの立場は暗黙のうちに歴史と経験に基礎付けられたものと考えるからである。問題はそれをどのように位置づけ、どのように使うかの問題である。

（2）**司法が果たすべき役割からの定義**　日本の裁判所も、現実に、伝統的考え方からすれば実質的意味の行政に当たる「非訟事件」、「少年審判」なども処理し、また客観訴訟も処理してそれなりの実績をあげている。とすれば、通説的な定義を司法の概念の中核にすえつつ、政策的な観点からそれを追加していくということを憲法が許容しているという憲法解釈を展開すべきではないか。

結局、司法の従来の概念に当たるものが歴史と経験に基礎づけられたものであり、憲法76条1項はそれを前提としたものと考えられる。その削減は、憲法のみによって可能であり、法律によって削減することは禁止するとするのが、憲法解釈の帰結となろう。これに対して、裁判所に対して何を追加的に付与すること自体は、憲法は許容する、つまり法律によって可能である、という立場をとるべきであろう。ただし、何を許容するかについては、司法概念の中核を形成する法律上の争訟の分析から、理論的な基礎付けを与えるべきである。

行政事件を司法概念に組み込む際にも、歴史的経験と現在の必要性によってその妥当性が検証されるべきである。その際、大陸法的司法概念から英米法的司法概念への転換がなされたということは、司法概念に何が含まれるかを考える際に必須の要因となる。

4 判例の採る司法の定義

（1） **問題意識** 司法の概念の中核は、「法的尺度に照らして解決可能な具体的・現実的な紛争」という意味での「事件性」である。この概念が裁判所法3条1項にいう「法律上の争訟」とどのような関係にあるかは、1つの論点であるが、判例は同視している。したがって、判例を前提に議論するためには、この要件をどのように捉えているかを正確に知る必要がある。

（2） **最高裁の定義** 最高裁は、この要件について以下のように定義した。「法律上の争訟とは、当事者間の具体的な権利義務ないし法律関係の存否に関する紛争であって、且つそれが法律の適用によって終局的に解決し得べきものであることを要するのである」（教育勅語合憲確認等請求事件・最判昭和28・11・17行集4巻11号2760頁）とする。これが、おそらく最初の例である。

（3） **警察予備隊違憲訴訟** この判旨が前提とし、参照しているのは、警察予備隊違憲訴訟・最大判昭和27・10・8民集6巻9号783頁であり、以下のくだりと考えられる。

「わが裁判所が現行の制度上与えられているのは司法権を行う権限であり、そして司法権が発動するためには具体的な争訟事件が提起されることを必要とする。我が裁判所は具体的な争訟事件が提起されないのに将来を予想して憲法及びその他の法律命令等の解釈に対し存在する疑義論争に関し抽象的な判断を下すごとき権限を行い得るものではない。けだし最高裁判所は法律命令等に関し違憲審査権を有するが、この権限は司法権の範囲内において行使されるものであり、この点においては最高裁判所と下級裁判所との間に異るところはないのである（憲法76条1項参照）。」

この判決が、「具体的争訟事件」としたものを敷衍したものが、教育勅語合憲確認等請求事件・最高裁判決の判旨ということが許されよう。

（4） **裁判を受ける権利との関係** 司法の概念は歴史と経験に裏付けられて形成されてきたもので、権利概念とは別個のものという視点は堅持すべきであろう。これは個々具体的に訴権が形成され、それが実体的権利体系へと発展して言ったという、訴訟法と実体法の捉え方とも符合する。

歴史・経験の結果として、憲法典の中に実定化された「裁判を受ける権利」を司法の定義に結びつけることにも、裁判制度の歴史性という視点からして根本的な疑問をもつ。確かに私人に対する科刑を決める刑事裁判の独占と私人間の紛争解決の保障が、裁判を受ける権利の内容であり、それを司法の定義から

3 自治権侵害に対する自治体の出訴適格

はずすことはできない。しかし、違法な行政活動の匡正という性格をもつ行政事件、また政府行為の合憲性の判定をその内容とする違憲審査権は、必ずしも裁判を受ける権利とは結びつかない。歴史的には、「裁判を受ける権利」は保障されていても、これらの問題解決は、司法作用ではないということもあったのである。

結局、司法概念は歴史的にしか構成できない、少なくとも理論的には、実際に裁判所がおこなっていたこと、さらに現におこなっていることを説明できない。司法作用の中核には、具体的紛争についての法的裁定、すなわち「法の支配の原理の具体的紛争における貫徹」という法秩序の客観的維持からのアプローチをとるべきではないか。そして、このようなアプローチは、最高裁が一般的に定義するところと矛盾しない。

5 法律上の争訟の分析

次に司法概念の前提要件をなす具体的紛争、つまり「事件性の要件」と同義とされる裁判所法3条1項の「法律上の争訟」の分析が必要となる。

教育勅語合憲確認等請求事件（最判昭和28・11・17行集4巻11号2760頁）のいう「法律上の争訟とは、当事者間の具体的な権利義務ないし法律関係の存否に関する紛争であって、且つそれが法律の適用によって終局的に解決し得べきものであること」を分析すると、対立性の要素、事実上の侵害の要素、損害の帰属関係および因果関係の要素、保護規範の要素、紛争の現実性の要素、紛争解決の最終性の要素を抽出することができる（渋谷秀樹・憲法訴訟要件論47頁以下〔1995年〕、同・憲法584頁以下〔2007年〕も同旨）。

（1）　宝塚パチンコ条例事件・最判平成14・7・9民集56巻6号1134頁における定義　　政府（地方公共団体）が、原告となって提起した訴訟について、最高裁は以下のように定義し判示している。

「行政事件を含む民事事件において裁判所がその固有の権限に基づいて審判することのできる対象は、裁判所法3条1項にいう『法律上の争訟』、すなわち当事者間の具体的な権利義務ないし法律関係の存否に関する紛争であって、かつ、それが法令の適用により終局的に解決することができるものに限られる（最高裁昭和51年(オ)代749号同56年4月7日第3小法廷判決・民集35巻3号443頁参照）。国又は地方公共団体が提起した訴訟であって、財産権の主体として自己の財産上の権利利益の保護救済を求めるような場合には、

法律上の争訟に当たるというべきであるが、国又は地方公共団体が専ら行政権の主体として国民に対して行政上の義務の履行を求める訴訟は、法規の適用の適正ないし一般公益の保護を目的とするものであって、自己の権利利益の保護救済を目的とするものということはできないから、法律上の争訟として当然に裁判所の審判の対象となるものではなく、法律に特別の規定がある場合に限り、提起することが許されるものと解される」。

(2) この判決の問題点

（a） 対立性の問題　ここでは対立性の要素が問題となっていると解される。

第1の問題は、この要素は法主体の対立性を要求しているのか、法主体内部の機関（構成員）相互の対立性も含むのか。これは機関訴訟の位置づけにもかかわる問題である。本件の場合は、同一法主体内部の問題ではないから、仮に機関訴訟が法律上の争訟ではないとしても、それとは別個の問題として考える必要がある。

第2の問題は、法主体の性質をも想定しているのか、つまり財産権の主体性を要求していて、行政権の主体、広くは統治権（公権力）の主体性は認められないのか。しかし、例えば、行政事件訴訟法4条の規定する公法上の実質的当事者訴訟においては財産権の主体として登場しない局面も主観訴訟、つまり法律上の争訟であることを前提としている。でないと、最近出された在外邦人選挙権訴訟・最大判平成17・9・14民集59巻7号2087頁が、選挙区選出議員の選挙において選挙権を行使する権利を有することの確認請求が、法律上の争訟であるとしたことを説明できない。

（b）「財産権の主体」と「公権力の主体」との区別　この判決の不可解なところは、「行政事件を含む民事事件において」という限定が付されていて、これらの事件が「法律上の争訟」であるとしている点である。刑事事件は、法律上の争訟ではないというのであれば、裁判所法3条1項でいう「その他法律において特に定める権限」になるのかもしれないが、これは、刑事事件も、法律上の争訟に当然に含まれるとする理解とは、根本的に乖離したものである。また刑事事件に国が財産権の主体として登場してくるということは到底いえない。犯罪というまさに具体的な法的事件が存在しているから司法が裁くのである。

この判決は、行政上の義務の司法的履行という点を否定することを急ぎすぎ

3 自治権侵害に対する自治体の出訴適格

たのではないか、と解される。仮に司法的履行はできないとしても、権利義務ないし法的関係の確定の問題とその強制履行は別問題なのではないか、という疑問をもつ。

なお、この判決の問題点については、かつて以下のような指摘をしたことがある。

「しかし、このような理解には根本的な誤りがある。その理由として、第1に、こう理解すると、刑事事件も検察官が公益を代表して公訴を提起するから、「法律上の争訟」ではなくなること、第2に、現行憲法の司法概念の典拠となったアメリカ合衆国ではこのような訴訟も「事件（cases）」または「争訟（controversies）」と解されているのに、この判決はなお旧憲法下の大陸法的司法概念にとらわれていること、第3に、行政機関は行政権（公法の領域）の主体としては権利・利益をもたず権限をもつにすぎないとする理解には、戦前からの公法・私法二元論（および国庫理論）、さらには公法の領域における自己完結的な旧行政執行法のイメージが色濃く投影されているが、裁判所の機能を私権の保護に限定する二元論を維持する憲法上の根拠は失われていることなどの問題点を指摘できる。すべての具体的な法的紛争は、最終的には司法裁判所の手によって裁定されるという包括的な司法概念を採用した現行憲法下の統治機構の基本構造、さらにはその背景にある法の支配の原理からすると、行政上の義務の司法的執行は推奨されるべきものでこそあれ、否定すべき根拠を見出すことはできない」（渋谷秀樹・憲法585頁〔2007年〕）。

6 結びにかえて

司法の現代的役割は、「法の支配」の、とりわけ政府の外部（政府対私人）および政府対政府における貫徹である。司法概念のその視点から再構成されねばならない。この役割を裁判所が放棄することは、法的紛争が何ら解決されず放置され、結局既存の違法・違憲状態が匡正されずに放任されることになることに留意すべきである。

※ なお、座談会中、権利と権限との相違について言及したのは、渋谷秀樹「憲法訴訟の要件」ジュリスト1089号158頁の160頁および164頁注（27）である。機関に権限のみを認めないというのが国家法人説の大きな問題点であるとする、最近の指摘として、赤坂正浩『立憲主義と憲法の変遷』3頁以下（2008年）が注目される。

3-2 〈研究座談会(その1)〉出席者の見解要約

■見解要約(3)

曽 和 俊 文

1 事件性要件について

日本国憲法の解釈として、司法権行使の前提として事件性を要求する通説・判例は、①法律の意味は具体的事実との関係で決まること、②裁判所の基本的な任務は、他者の権利侵害行為から本人を守ることにあること、③抽象的な争いについて常に法的見解を求められることは裁判所を政治に巻き込む可能性があること、などの事情を考慮するならば、支持できると考えている。ただし、事件性の要件の解釈は、日本国憲法の下で裁判所が期待されている役割をふまえて、社会の変化に対応して、柔軟に考えられる必要がある。

2 本件訴訟が「法律上の争訟」性を満たすという法的論理

本件訴訟は、「法律上の争訟」性を満たすと考えるべきである。その論理としては、2つの筋が考えられる。

第一は、住民の権利・利益を代表しての訴えとして、一種の団体訴訟として見て「法律上の争訟」性を肯定することである。

本件で、住基ネットに反対している住民は、各自が原告となって接続の差止め訴訟を提起できる（各地で同種の紛争があり、判決が下されている。）。また、住基ネットへの接続を希望する住民は、各自が原告となって接続を求める訴えを提起できるはずである。本件訴訟も実質的にはそれらの訴えと同じであって、紛争の実質は住民のプライバシー侵害が許されるか否か、あるいは、住民が住基ネットサービスを享受できるか否かである。従って、本件訴訟は構成員である住民の権利・利益を守るために住民の意思を代表して杉並区が原告となった訴訟であり、その実質は住民の権利・義務に関する紛争である。

杉並区には住基ネットに接続を希望する住民もいれば、希望しない住民もいる。そこで杉並区は、これら住民の意向を実現すべく、本件訴訟に及んでいる。団体訴訟では構成員の意向を反映しているかどうかが問題となりうるが、本件訴えは議会の議決を経て提起されており、住民の権利利益を代表する訴えとして適法である。

わが国では、団体訴訟は団体固有の利益が侵害される場合以外は認められず、

3 自治権侵害に対する自治体の出訴適格

構成員の権利利益侵害の主張は、構成員が原告となっての訴訟を提起すればよいとされている。しかし、本件のような紛争において、住民各自にそれぞれ訴訟を提起することを求めるのは、あまりに住民に負担を課すものである。本件紛争の抜本的解決のためには、住民一人一人が争うのではなく、杉並区が住民の利益を代表して争う方が有効・適切である。

第二は、地方公共団体（杉並区）の固有利益の侵害を主張しての訴えとしてみて「法律上の争訟」性を肯定することである。

住民基本台帳法に基づく事務は自治事務であり、その具体的な事務のあり方について杉並区が責任を持って考えるべきである。また、住民基本台帳に載せられた住民に関する情報は杉並区を構成するメンバーに関する情報であり、その情報処理のあり方は住民の意向を受けて杉並区が第一次的に決定すべきである。これは、杉並区の財産に関して杉並区が責任を持って処理することと基本的には同一のことである。

住基ネットは、杉並区が保有・管理する情報に関して、都道府県への接続を求めるものであるが、住民の中には接続を望む者も望まない者もいる。そこで、杉並区は、当該情報の保有者・管理者として、接続を望まない者の情報を除いて接続することを求めているわけである。これは団体のメンバーに関する情報の提出を求められた団体が、メンバーの意向をふまえて提供する情報の範囲を考えることと同じであり、このような情報に関する自主決定権は、自治権の一内容として、地方公共団体の固有利益を構成する。

3 結　論

地方公共団体は、国と並ぶ統治機関としての性質を持っているが、同時に、住民の意思を代表して住民の福祉を増進する事を目的で設立・運営される団体でもある。本件訴訟は、後者の側面から提起された訴訟であり、相対立する当事者間（国と地方公共団体との間）での、自治権侵害あるいは住民の権利侵害の有無をめぐる紛争であり、紛争を解決するための法的基準もあるので、「法律上の争訟」であるといえる。

■見解要約(4)

高木　光

1　司法権の概念と法律上の争訟性解釈について
★司法権の概念と裁判を受ける権利とは切り離して理解すべきである。

★「法律上の争訟」の概念は「私法上の争訟」と「公法上の争訟」の双方を広く含むものと解すべきである。「刑事事件」は「公法上の争訟」のうちで、伝統的に「法律上の争訟」に含まれるものと考えられてきたものである。現代では、「憲法上の争訟」および「行政法上の争訟」も司法権の概念に含まれることを看過してはならない。

2　地方自治権と自治体の出訴資格について
★「地方自治権の侵害」は「公法上の争訟」を基礎づけるので、自治体は出訴資格を有する。

3　機関訴訟と行政主体間訴訟との関係について
★行政主体間訴訟は理論上の「機関訴訟」に該当しない。

★本件の下級審判決の論理は、「機関訴訟」概念の不当な拡大解釈である。

4　宝塚市条例事件判決の評価とその射程範囲について
★宝塚市条例事件判決の「法律上の争訟」に関する部分は誤りであり、判例変更が必要である。

★宝塚市条例事件判決の射程は、国及び地方公共団体が私人を被告にする訴訟に限られ、本件には及ばない。

5　杉並区住基ネット訴訟と法律上の争訟性について
★本件訴訟は「公法上の争訟」であり、行政事件訴訟法4条後段の「当事者訴訟」として適法である。

6　その他関連する論点について
★宝塚市条例事件判決は、藤田説を「曲解」して利用したものである。

3　自治権侵害に対する自治体の出訴適格

■見解要約(5)

常岡孝好

1　司法権の概念と法律上の争訟性解釈について

　憲法65条の「司法権」の範囲は、裁判所法3条1項の「法律上の争訟」概念より広い。
　「法律上の争訟」概念は、「司法権」概念を踏まえて解釈されるべきである。
　司法権の範囲は、事件性要件によって決まる。
　事件性要件は、憲法上の事件性要件と裁判所の裁量による要件とがある。
　憲法上の事件性要件は最低限要件で、これを満たさない紛争を裁判所は却下。
　裁判所の裁量による事件性要件は憲法上の事件性要件に追加して課される。
　裁量的事件性要件を厳しく追加することで司法権の範囲は縮減する。
　司法権の範囲を縮減することには限界がある。
　司法権の範囲をゼロにしたり極端に縮減したりすることはできない。
　それは、憲法上の司法権、裁判を受ける権利等を否定することになるから。
　法律や裁量的要件の追加によっては侵害できない司法権の中核部分がある。
　中核的部分としては少なくとも2つある。
　1つは、裁判を受ける権利を基礎にしたもの。
　他の1つは、地方公共団体の自治権を基礎にしたもの。
　これら2つの中核部分は、法律や裁量的要件により浸食されてはならない。
　自治権を基礎にした紛争は憲法上の事件性要件を満たす限り適法に出訴可能。
　これについて出訴を認める特別の法律の根拠規定は必ずしも必要ではない。
　憲法の司法権規定自体、またはそれと自治権保障の92条が根拠。
　自治体が原告となる場合、私人と同様の法益侵害を要件とすべきではない。
　自治体は財産権と異なる自治権を持ち、自治権侵害の場合適法に出訴可能。

2　地方自治権と自治体の出訴資格について

　自治体の自治権が侵害された場合、自治体は訴訟を提起して是正を求めることができる。
　自治権侵害といえる場合としては多様な例があり得る。

3 機関訴訟と行政主体間訴訟の関係について

機関訴訟は同一行政主体内部の機関間の訴訟などに限定されるべきである。

行政主体間の訴訟は基本的に機関訴訟ではない。

法律が特に規定している訴訟でも主観訴訟と見るべきものがある。

機関訴訟でも、事件性要件を満たすものは、特別の法律の根拠が無くても適法に出訴可能。

4 宝塚市条例事件判決の評価とその射程範囲について

宝塚事件最判の射程は狭く限定すべきである。

「一般公益の保護を目的とする訴訟」の基準は原告適格を画するための基準。

自治体が原告の場合には、この基準は妥当しない。

この基準によって、宝塚事件最判の射程を画すべきではない。

5 杉並区住基ネット訴訟と法律上の争訟性について

受信拒否により自治体は余計な支出を余儀なくされ、財産的損害があり、出訴は適法。

住基法の解釈をめぐる法的争いがあり、「法律上の争訟」要件を満たす。

自治権に基づく訴訟であるから、憲法65条、92条に基づき自治体は適法に出訴可能。

3　自治権侵害に対する自治体の出訴適格

■見解要約(6)

　　　　　　　　　　　　　　　　　　　　　　　　棟 居 快 行

1　司法権の概念と法律上の争訟

　この点については警察予備隊事件判決、板まんだら判決等で確認されているとおりでよいと考える。民主的な代表機関である国会が制定した法律、ないしそれを執行する行政処分について、裁判所が違憲無効の判断を下すには、権力分立の観点から自制が要請されるのはいうまでもなく、司法が憲法保障の役割を十分に果たすためには、事件を解決し当事者の権利を保全・回復するという司法本来の役割がむしろ厳格に守られる必要がある。

2　地方自治権と自治体の出訴資格について

　制度的保障説という通説的観点からしても、核心部分は単に客観的原則としてのみならず、主観的法益侵害を意味することもありうる。すなわち、自治体の財産的な不利益をはじめとする主観的権利が侵害された事案はもとより、法執行上の自治体固有の判断権の遂行を困難とする国や他の自治体等からの介入・干渉については、その排除を求めるための抗告訴訟等の主観訴訟が成立しうると考える。

3　機関訴訟と行政主体間訴訟の関係について

　一定の場合に機関訴訟が定められていることは、それに類似する他の場合も含めておよそ客観訴訟としてしか成立しない、ということを意味しない。主観訴訟であるか否かは、あくまで個別事件ごとに主観的法益侵害が成立しうる場合かを判断して決すべきである。行政主体間の住民の情報管理のあり方をめぐる本件のような訴訟は、機関訴訟として予定されていないからといって直ちに不適法となるのではなく、前述のように区に固有の利益が認められるか否かで決まる事柄である。

4　宝塚市条例事件判決の射程

　一般的見解ではないが、同判決は、大阪空港判決のように、行政訴訟で行くべきだから民事訴訟という類型を許さない、という発想に立っているように思

われる。これは結論の先取りでそれ自体説得力に乏しいのみならず、行政事件訴訟法改正後は少なくとも、取消訴訟中心主義といった発想は立法的に排除されているはずである。

5 杉並区住基ネット訴訟と法律上の争訟性について

住基ネットの場合には、区は国の法律の執行機関にとどまるものの、法執行を妨げられることがないという点について、自治体固有の法執行上の判断権の行使についての一定の主観的法益が前述のように成立する余地があると考える。なお、住民の情報管理は自治体固有の事務という性格もあり、また、住民から将来情報管理の齟齬について区が被告として損害賠償請求等をされる可能性もあり、そうした主観的に不利益な地位に立つという不利益を回避することに、主観的利益を見いだすことは可能である。

3-3　地方公共団体の出訴資格

――〈研究座談会〉記録へのコメント――

塩　野　　　宏

は し が き

　私は、杉並区住基ネット訴訟「法律上の争訟」部門研究座談会（以下、〈研究座談会〉と略す）に紙上参加の依頼を受けたが、研究会記録を閲したところ、極めて濃密な議論が展開されており、間に口をさしはさむことははばかられた。そこで、〈研究座談会〉記録へのコメントを付すことで責めを果たすことを考えたが、研究会出席者には、座談会記録とは別に、列挙された項目ごとに意見を述べることが求められていることでもあるので、私も項目に従い、問題に関する学説に焦点をあてて、コメントを付すこととした。なお、研究座談会の項目として提示されたものに、比較法的・歴史的研究の重要性を加え、杉並区住基ネット訴訟固有の論点は割愛した。

　（文中括弧書きの中の氏は、〈研究座談会〉の発言者、数字は、座談会記録のページ数を指す）

1．比較法的・歴史的研究の重要性

　研究座談会のテーマである自治体の出訴資格に関しては、日本国憲法に明示的定めがない。制定法（法律）のあり方から司法権の範囲につき一定の結論を導き出す方法も模索されているが、制定法のあり方から結論を導き出すのは、事柄が憲法上の概念の解釈に関わっているので、逆立ちした議論のそしりを免れない。

　そこで、このように憲法、制定法に特段の手がかりが見出せないときには、学説のレベルでは、それぞれのよって立つドグマーティクから結論が導き出されることとなる。その際に陥りがちな主観性、独断性を排除するには、比較法的研究と歴史的研究の成果の活用が重要である。この点につき、研究座談会は、比較法的研究については、これまでの研究にさらに新たな情報を加えるなどして、説得力ある見解が示されている。他方、明治期におけるわが国のこの問題

3 自治権侵害に対する自治体の出訴適格

に関する学説史的、制度史的研究については、これまでも蓄積が少なかったこともあるが、研究座談会においても新たな知見の提示が見受けられないのは残念である。以下、この点につき、確認的なコメントを加えておく。

　ア　比較法的研究

　現今の日本における比較法研究の意義は、いずれの国の法制がより進んでいるか、或いは、いずれの国の制度をモデルにすべきかではなく、各国の法制が追求している価値の共通性を見出すとともに、その価値実現の法的技術の違いを分析し、その結果を日本法の解釈論、立法論に活用することにある。

　ところで、自治体の出訴資格に関する外国法制については、研究座談会でもふれられているようにすでに研究が進んでおり[1]、それによるとそれぞれの国の法制度を背景として法技術的説明の仕方は異なるが、英米法系のアメリカでも、大陸法に属するドイツ・フランスでも自治体の出訴資格を認める方向にあること、しかも、それが、個別法律による立法的措置を必ずしも介在させることなく、憲法の枠内での法解釈的操作によってなされているという点に共通性がある。その際、憲法自体には自治体の出訴資格についての明示的条文があるわけではないことにも留意する必要がある。

　このように、比較法的研究の格好の素材が自治体の出訴資格について提示されているわけであって、わが国において、法律上に出訴資格についての明示的規定がないからといって、漫然と地方公共団体の出訴資格を否定することができないのは明らかである。むしろ、この問題を積極的に解することができない法技術的特段の事情がない限り、出訴資格を認めるべしとするのが比較法的には素直な理解である。あるいは、そこまで徹底せずとも、出訴資格を認める法的理屈がなりたつかどうかを、まずもって不当な前提に立たずに虚心に検討することが理論及び実務に課せられているのである。

　研究座談会も、方法論的にはこのような見解を基礎としていると解される。

　イ　歴史的研究

　自治体の出訴資格について明治憲法時代の学説・判例に触れた文献はこれまでもないわけではない。しかし、なお不十分なものにとどまっていた。これは、明治憲法の下では地方自治の憲法的保障が欠けていたこと、行政事件訴訟に関しては列挙主義が採用されていたこと、戦後明治憲法時代の地方自治は極めて貧しいものであるという評価が学説上固定化していたことなどから、現在の問

題を考えるに際して、明治時代の制定法のあり方は参考にならず、ひいては学説も参照する価値が乏しいという前提があったものと思われる。しかし、近年、垣見隆禎氏の研究が公にされ、明治憲法における学説・行政裁判所判例の分析が加えられ、新たな重要な知見が加えられた。垣見隆禎「明治憲法下の自治体の行政訴訟」行政社会論集 14 巻 2 号（2001 年）102 頁以下（以下、本稿では、垣見①として引用）、垣見隆禎「『行政裁判所判決録』にみる戦前日本の国と自治体」行政社会論集 15 巻 2 号（2003 年）47 頁以下（以下、本稿では、垣見②として引用）、垣見隆禎「地方分権改革の検証」日本地方自治学会・自治体二層制と地方自治（地方自治叢書 19）(2006 年) 79 頁以下（以下本稿では垣見③として引用）がそれで、この問題を論ずるには、改めて明治憲法時代における状況についても検討をすることが欠かせないので、以下の個別項目へのコメントをする際に、筆者なりの見方を提示することとしたい。

2．司法権の概念と法律上の争訟性解釈について

　明治憲法の下で司法権とは、民事・刑事の裁判権を指していた[2]。このことから、日本国憲法が司法権という従前からの言葉を用いているゆえ、それは民事・刑事の裁判権を意味するという見解が主張されたのに対し、新憲法の下では、司法権は民事・刑事の裁判権のみならず行政事件に関する裁判もこれに含まれるとする解釈が通説となり、現在に引き継がれているという事情がある[3]。この点は、法律上の争訟の内容的判断に際しても留意すべきである（後出 3．ア(3)）。

　司法権の概念については、そもそも、憲法上当然に含まれている部分と法律及び制定法により付加される部分があるという指摘が、アメリカ法に示唆を受けてなされることがある（常岡・55）[4]。そのような法制度の存在をアメリカ以外にも求めることの可能性を否定するものではないが、日本法における現在のここでの問題は憲法上直ちに自治体の出訴資格が認められる（場合がある）かどうかであって、制定法乃至判決による付加の可能性の範囲としての司法権概念を論ずることは議論を混乱させるおそれがあるので、本稿では直接取り上げることをしない。

　ところで、司法権の概念に当然含まれる部分、すなわちその中核が裁判所法3 条に定める法律上の争訟であることは異論のないところであるので、ここで

3 自治権侵害に対する自治体の出訴適格

の問題は法律上の争訟の内容をどのように把握するかにある。この点に関しては、憲法学上に種々議論のあるところであるが、現段階においては、いわゆる板まんだら事件における「権利義務ないし法律関係」という最高裁判所の定式（最判昭和56年4月7日民集35巻3号443頁）を前提とするのが学説の大勢であると思われるし（棟居他・51以下）(5)、筆者自身としてもこれに代わるものを用意していない。

ただ、法律上の文言としての「法律上の争訟」であれ、最高裁判所の定式としての「権利義務関係ないし法律関係」であれ、解釈の幅は残る。これは、板まんだら事件がそうであるように民事関係でもありうるところであるが、国や自治体などの行政主体相互の関係については、後述するように、もともと司法権の範囲に入らない、ひいては法律上の争訟に当たらないという理解の下に、自治体の出訴資格が論ぜられていることに留意する必要がある。つまり、法律上の争訟に当たらないから司法裁判所の管轄外となるという論理と、司法権の概念にはもともと限界があり、その限界を超える争いは法律上の争訟に当たらないという論理が絡み合っているのである。

3．地方自治権と自治体の出訴資格について

ア 比較法的視点・歴史的視点

この問題にアプローチするには、先に指摘したように比較法的視点・歴史的視点・制度的視点が重要である。

（1）**比較法的視点** 改めて確認しておくが、ドイツ、フランス、アメリカ各国において、自治体の出訴資格について、それが行政主体としての地位にある場合であっても、憲法上の明文の定めがなくとも認められていることがある。その理屈付けは必ずしも一様ではないが、ドイツは制度的保障の一内容としての理解、基本法の自治権保障規定からの導出、アメリカでは、ホームルールなどの自治体の独立の地位の保障からの導出、住民代表的構成、フランスでは制定法解釈論の展開という具合である。その際、自治体の出訴資格が認められるに至るのは決して平坦な道ではないが、いたずらに制定法の整備に待つのではなく、判例・学説が大きな寄与をなしていることも共通している点が注目される(6)。

この点は客観的な認識上の問題であって、わが国の憲法解釈として自治体の

出訴資格を限定することを主張する者もこのこと自体を否定することはできない。ありうる主張は、わが国の司法権と行政権に関する憲法体制が、これらの国々と異なるという点に求める以外にないが、まだ、説得的な論証に遭遇していない。ドイツ・フランスが行政裁判制度を採っていることが日本との比較上問題とはなるが、自治体の出訴資格を認めるアメリカが行政裁判制度を採用していないので、行政裁判権の有無の指摘だけでは、論証したことにならない。日本の裁判所では、裁判判決の中の理由付けで外国法の状況に詳細に触れることは困難かも知れないが、審理段階で比較法的状況に目をつぶることは許されないし、その後の解説等で日本の司法権の特異性を明らかにすることは可能であろう。

（2）　歴史的視点——明治憲法下の自治権保障　　歴史的視点としては、明治憲法の下で、自治体の出訴資格について、どのような位置づけが与えられてきたかが問題となる。それにもいろいろの局面があるが、自治体に対する国家監督の面においては、学説は自治体の自治権という権利の存在を認めた上で、行政訴訟事項列記主義の下での救済の実定法上のあり方を祖述してきたということができる。いいかえれば、国家監督に対する不服は、まさに、個別自治体の権利毀損を基礎と考えている点に共通性が見られる。この点につき、私はかねて美濃部理論の紹介という形で取り上げてきたところであるが（塩野宏・行政法Ⅲ（2006年）226頁）、明治憲法下における学説、判例（行政裁判所）実務の状況につき、垣見①、垣見②が詳細に論じている。同論文の示唆を受けたうえで、私自身の見方を敷衍すれば、次のとおりである。

　①　垣見①92頁以下は、一方で、織田萬・日本行政法論（1900年）949頁以下が法律に定めのある場合を除き公法上の法人は行政訴訟の訴権を有しないとしていることを紹介するとともに、他方で、美濃部達吉・日本行政法上巻（1936年）136頁は国と自治体の実体法上の関係を特別監督関係と規定して、当該監督関係においては法律が特に指定している事件についてのみ行政裁判所に出訴しうる（同621頁）としつつも、道路法（58条）、都市計画法26条の定める権利毀損の訴えにつき自治体の出訴資格を認めており（美濃部達吉・行政裁判法（1929年）129頁）、そうだとすると一般法（法律第106号）においても出訴できるはずで、この点美濃部の立論は一貫性を欠くものとして疑念を呈し、結論的に「学説の次元では、自治体が私人と同様に一般法あるいは個別法により権利侵害を理由として出訴しうるかという点については概ね否定的であると考

3　自治権侵害に対する自治体の出訴適格

えられる」としている。

　2つの異なった学説のみを基礎として一般的にかかる結論を導き出すことには疑問の存する所であるが、それはともかく、美濃部は、特別権力関係だからといって、一様に、官の監督を受け、救済の道が閉ざされているとしているわけではないことに注意する必要がある。すなわち、地方公共団体に対する監督は、私人（地方公共団体がこれと同様の地位に立つ場合を含む）に対する場合と異なるが、「それは国の行政機関の内部の関係とは異なり、法人格を有する団体の自治権を拘束するものであるから、法律の根拠を要することを原則とする」（美濃部・日本行政法上巻614頁）のである。かかる監督権の法律の留保論と対応して、特別の監督関係における出訴を認める制度を一般法（法律第106号）に対する特別法として権利毀損による抗告訴訟の類型の1つに位置づけ、市制（163条）、町村制（143条）を例示として掲げているのであって（美濃部・日本行政法912頁）、一般法であれ、個別法であれ、自治体の出訴資格に関する法的根拠論に関する限りでは美濃部理論は一貫しているのである[7]。この点で、自治体への権力発動については、特別監督関係ではあるが、法治主義の基本原理はここにも妥当しているとされていたのであって、戦後に築かれた特別権力関係論と法治主義の図式[8]をここに機械的に当てはめることは適切でない。

　②　以上の限りでは美濃部理論の分析にとどまるが、戦前における行政事件訴訟制度論の集大成と見られる臨時法制審議会答申書（昭和3年）においても、「行政庁ノ処分ニヨリ権利ヲ傷害セラレタリトスル訴訟」の列挙事項の一つに、公共団体その他国の特別の監督に服する法人に対する監督が含まれているのである。すなわち、行政裁判法改正綱領は、

　一　行政庁の違法処分に依り権利を傷害セラレタリトスル訴訟ハ左ノ各種ノ事項ニ付之ヲ提起シ得ルモノトスルコト
　　　（イ）　国又ハ公共団体ニ於イテ課スル金銭、物品又ハ労役ノ負担及其ノ標準又ハ担保ニ関スル件
　　　（略）
　　　（ネ）　公共団体其ノ他国ノ特別ノ監督ニ服スル、法人、宗教団体又ハ此等ノ職員ニ対スル監督ニ関シ法律勅令ニ依リ行政訴訟ヲ提起シ得ルモノト定メタル件

としている[9]。

　この特別の監督に関しては、その他の権利傷害事項が概括的訴訟事項とされ

たのに対し、別に法律勅令により行政訴訟の提起ができるもの、つまり、個別列挙事項とされたのであるが、これが自治監督への不服がカテゴリーとして権利毀損の訴訟として位置づけられたことを否定するものではないことに、注意する必要がある。別の法律事項とされた理由も、他の権利との本質的な性質上の差異にあるのではなく、当該関係の秩序維持という政策的判断によるものである(10)。なお、この改正綱領を基にして、後に、行政裁判法及訴願法改正委員会が設置され、同委員会は行政裁判所法案及行政訴訟法案を作成して政府に答申したが、行政訴訟法案においては、前掲（ネ）号に相当する規定は盛り込まれていない(11)。その趣旨は明らかではないが、一般法において他の法律に委ねる条項を置くことの法制技術上の問題から、法案の段階ではこれを置かないものとしたと推測される。いいかえれば、自治体に対する国の監督処分への訴訟が権利毀損に係る訴訟であることが否定された結果の措置ではないと解される。美濃部のこの問題に関する理解は、改正綱領から行政訴訟法案を経た後でも変化がない。

③　要するに、自治体の自治権は明治憲法時代のわが国においても権利としての位置づけをすでに与えられ、かつ、それが公権力の行使による侵害との関係で、他の私人の権利と性質を異にするといったようなドグマーティクは、学説上も法制上もとられていなかったということが出来るように思われる(12)。

これに対して織田萬・前掲書92頁以下は、行政機関間の監督と自治体に対する監督を区別せずに論じ、他の学説と異なる見方をしており、当時の学説の状況からすれば、織田説は一方の極にあると見られる。もっとも、美濃部以外の学説は、一般法であれ特別法であれ、自治体の出訴資格に関する法技術的解釈論にまで立ち至っていないので、垣見①の見解については、私自身もこれを誤りであると断定するだけの資料を持ち合わせていない。ただ、憲法上の保障がなく、行政訴訟事項の列挙主義が妥当していた時代において、地方公共団体の自治権、これへの侵害に対する法律の留保、その救済の必要性が学説上に広く説かれていたことに、その意味では、国と地方公共団体の間にも法治主義の原則が妥当するものと解されていたことに、自治権の憲法上の保障が認められている現時点の解釈論議として思いをいたさなければならないと考えるのである。

④　垣見①及び垣見②は、明治憲法時代における国と自治体間の行政訴訟に関する広範にして詳細な分析である。本稿において、資料的にこの研究に付け

3 自治権侵害に対する自治体の出訴適格

加えるべきものはないが、その分析の結果について、コメントをしておく。

第一に、垣見①、垣見②で示されたデータは、明治憲法下における地方自治に関する負の固定イメージを覆すもので、今後のわが国における地方自治制度発展史にとり重要な資料を提供するものであるし、同時に、垣見③における国地方係争処理制度の批判的分析に説得力を与えるものとなっている。

第二に、法解釈論の対象としての自治体の出訴資格について、垣見①は研究の成果を次のようにまとめている。まず、国の監督処分に対する自治体の訴訟がありその中には水利土木工事のような事実行為も「行政処分」として解されていた点に留意すると、公権力の行使としての原告適格が認める例があったと認めることも可能である。次に、自治体の公権力性がより明確な裁定的関与であるが、この点については、市制町村制の下で、市長、町村長の出訴資格が法定されたが、これは機関訴訟として認められたもので、権利侵害を理由として、明示的に出訴権が保障されていない場合に訴えが受理されたとしても、それは私人に近い事業主体としての立場で出訴した場合に限定されていたと考えられる。最後に、行政処分の第三者として提起する取消訴訟については、市町村が自治権を主張した場合に原告適格が認められる場合があり、この類型の訴訟に関する限り、自治権の憲法上の保障がなかったにもかかわらず出訴が認められていたケースと評価することができる（もっとも、若干の留保が付されている）。

ところで、自治体の出訴資格の有無という法解釈論は、実際に提起された訴訟の類別、その数等の統計的資料とは、直接の関係を有しない。たった一つの訴訟であっても、後に覆されていない限り、先例あるいは判例としての価値を有するものである。また、自治体の出訴資格は、当時の行政訴訟事項列挙主義の下で当該列挙事項該当性ないし非該当性が解釈されることになる。いわば、もともと狭い針の穴を通す作業が要求されるのである。このような観点から、垣見①において整理された点をみると、自治権を基礎とする自治体の訴訟が行政裁判所判例で存在していたことはその数の多少とは別に重要な事実と思われる。

第三に、自治権の救済を体系的・抽象的な形で主張する学説と異なり、具体の事件における判決では、出訴資格の否定あるいは肯定につき、必ずしも明確な判断を示していないことは、垣見①の指摘する通りである。さらに、自治体の出訴資格を認める事項自体が極めて少ないという状況からすれば、以上の状況をもって、明治憲法の下で、すでに地方自治の制度的保障の一環としての救

済制度が確立していたということは出来ない。しかし、制定法による狭い範囲であり、学説のように体系的ではないが、行政裁判所判例においても、自治体の権利の裁判的救済の理がその場をもっていたことまでも否定することはできないし、そのことが学説の支えともなっていたと見られる。

（3）歴史的視点―憲法制度的条件　日本国憲法における地方自治の保障はいわゆる固有権を前提としたものでなく、地方自治制度を憲法上の制度として保障したものと考えられる。いわゆる制度的保障という言葉を用いるかどうかはともかく、この理はアメリカでもドイツでも承認されているところである[13]。その際、地方自治という制度そのものではなく、地方自治を侵害する国家の個別行為的行為に対しても個別自治体に保障が及ぶものと解される。そうでなければ、制度的保障は形骸化するからである。その意味で、自治権は、明治憲法とは異なり、憲法上の権利として認められたことになる（内野他・73以下）。

一方、明治憲法の下では、司法権の範囲に入れられていなかった行政事件訴訟は、民事事件と等しく、司法裁判所の管轄に属するものとされた。もっとも、この点については、行政裁判は司法権に属さないとする美濃部達吉説があり、これに対し田中二郎が異論を呈し、結果的には司法権の中に行政裁判が含まれるという見解が多数を占め、現在に至っているのは、周知のところである[14]。

ここで、その論議の詳細にわたることは避けるが、本稿との関係で次の点を指摘しておく。

第一に、司法権の中に行政裁判が含まれるか否かは、本来は憲法制定過程で論ぜられるべき重要な問題である。にもかかわらず、美濃部が憲法制定後に制定過程における論議を参照することなく自説を展開し、田中もこれに対する反論で憲法制定史に触れることがなかった。このことは、なお、実証的な検討が必要であるが、憲法制定過程では、この問題は議論の対象にならなかった、或いは、問題視されることがなかったということが出来る。自治体の出訴資格についても同様と推測される。

第二に、行政裁判の位置づけに関する学説上の論議の過程においても、自治体の出訴資格は正面からは問題とされていない。そこでは、かつての行政事件訴訟を分けて、私人対国家によるものと、自治体対国家によるものとするなどの議論は交わされていない。確かに、行政事件の裁判を司法権に属せしめることについての根拠の一つとして、基本的人権尊重と、憲法32条に定める裁判

3 自治権侵害に対する自治体の出訴適格

を受ける権利が掲げられたが、そのことから、国・地方関係の争いが司法権の枠の外に置かれるかどうかという、当面の重要課題からすると派生的（地方自治法制度論からすると中核的）な問題には触れられていなかったのである[15]。

このように、憲法制定当初の論議の過程では、この問題は開かれたままで、後の解釈論に委ねられたということが出来よう。

（4）**中間的まとめ**　以上の知見を前提とするならば、明治憲法61条の軛から放たれ、かつ、地方自治が憲法上の制度となった日本国憲法の下では、自治権侵害訴訟が行政事件として特別の法律上の根拠なく認められるのは、ごく自然な帰結のように思われる。

イ　統治団体と司法権

以上の結論は、しかしながら、我が国において必ずしも異論なく認められているわけではない。それにもいろいろのアプローチがあると思われるが、そのうちの最も基本的なのは、司法権乃至は裁判は、少なくとも一方当事者を個人又はその団体であることを要素とする見解であって、これを厳格に解すれば、統治団体としての地方公共団体と国との間の裁判的紛争解決は司法には属さないことになる可能性がある。

すなわち、裁判法の開拓者である兼子一は、日本国憲法にいう司法権は大陸法のそれではなくアメリカ法によるものとして、行政活動も司法の対象となるとしつつも、一方当事者は、個人またはその団体であるとする。その理由は「人民に対する国家権力の行使としての司法が、行政から分離独立するに至ったのは、……人民の個人としての基本的な自由や権利を保障する要求に基くものであって、決して単に、抽象的な法規を制定する立法がある以上、これを具体的に適用する司法がなければならないというような形式論理的な要求に出ているのではない」というのである。この限りでは、個人の範囲は必ずしも明確でないが、法主体に関しても一定の限定が加えられており、「主体間の紛争、利害の衝突事件と見え、それが法律的判断で解決されるものであっても、個人の自由や権利に関係しない場合は、法律上の争訟として、司法の固有の権限に属するとはいえない。法治国家においても、直接に個人の市民的な権利・利益と関係のない公的機関の組織や権限の問題は、必ずしも裁判所を唯一最終の解決調整機関とするには及ばない」とされるのである。その具体的例示においては、上級・下級の行政機関相互の関係とか、各省間の権限争議のようなもので、

行政主体としての地方公共団体と国の関係には直接触れるところがないが、市民的権利・利益を文字通りに解するならば、地方公共団体に対する国家関与法制における紛争の処理は司法権に本来的に属するものではないという結論に至るものといえよう[16]。

　この見解は、論者自ら認めるように、一方において、立憲国家、民主国家という比較法的、歴史的視点を基礎とした立論であって、理論的司法概念によるものではなく、歴史性を背負ったものである。その点で、市民ではない地方公共団体と国家との紛争も、裁判所（通常裁判所、行政裁判所の別はあるが）の権限に属しているというこれまた各国の発展過程を見通していない憾みがある。その意味で、統治団体たる地位にかかる自治権紛争はそもそも司法権ないしは裁判権の範囲に入らないとするのは、わが国独自の司法権観ということになろう（もっとも、論者も必ずしも断定しているわけではない。一方において主体の権利性を説いているに過ぎないともいえる）。

　司法権＝個人の自由・権利の保障という定式は、その後の理論（の一部）・実務に大きな影響を与えている。すなわち、裁判法学の領域ではこの定式はそのまま維持された[17]。国及び自治体の訴訟資格を限定的に解する一連の最高裁判所判決は、この考えを共有しているものと推測される。

　行政法学においても明確な引用の形式はとっていないけれども小早川光郎による以下の見解は、先の定式を継承したものといえる。すなわち、戦後の司法制度改革においては「行政主体としての自治体の自治権を主張するという、一般私人の権利利益の主張の訴訟とは基本的に性格を異にするものを、裁判所の本来的な任務・権限の一部として新たに組み込むことが積極的に意図されていたと解すべき根拠はない。……むしろ、現行憲法の理解として、司法ないし司法権の観念は、基本的人権などの個人の権利に対する尊重の理念と深く結びついたものとして捉えられるべきである。そこでは、司法的権利保護、すなわち個人の権利を確保するための裁判所の介入が保障される（憲法76条、32条）。しかし、自治体の自治権に関しては、憲法は、裁判所による保護……を憲法自体で保障するのではなく、地方自治の本旨に即しつつ裁判所の介入をいかなる程度と態様において制度化すべきかの決定を法律に委ねている（憲法92条）と解するのが相当であろう」というのである[18]。

3 自治権侵害に対する自治体の出訴適格

ウ 総 括

以上を前提として、次の点を指摘しておく。

第一に、統治団体論について付言すると、地方公共団体は国法上、各種の地位を有し、日本国憲法の下で統治団体としての資格を強めている[19]。ただ、狭い範囲ではあるが、明治憲法の下でも、自治体は住民に対する公権力行使の主体で、自治監督の対象には自治体の公権力の行使も含まれていたところであり、このことを前提として学説は違法な自治監督に対する抗告訴訟を権利毀損の訴訟のカテゴリーに入れていたのである（前出 3. ア(2)）。したがって、統治団体としての自治体と国との関係は性質上当然に訴訟の適格性を欠くということは、外国法のみならず日本法の発展史としても根拠を持たないものである。

第二に、司法権＝個人の自由・権利の保障という等式は一方において個人の権利利益の裁判による保障に重点を置くが、そのことが、なぜ、自治権の保障に及ばないかについては、積極的な根拠を提示していない。司法権の歴史性が説かれているが、外国法においては司法権（裁判権）はそれほど狭隘なものでないことは立証済みである。この点は国法上行政事件というカテゴリーを認めるかどうかにかかわりがない。個人の権利利益の保障と自治権の保障が基本的性格を異にするからといって、自治権には裁判的保障が及ばないという結論を導き出すことは論理上も必然性がないし、外国実定法制上も手がかりはない。我が国憲法の解釈に際してのみかかるドグマーティクを翳して、挙証責任の転換を図るのは実証性を欠くものである。さらに、この定式においても別途法律で自治権の保障制度を認める趣旨であるが（前出）、本来の争訟と質的に異なる権利に裁判的保障を与えることを法律に全面的に委ねることが憲法上に認められるかどうかの問題も生ずるところである。かかる疑問に対して、このことを憲法自体（92条）が認めているとされるが（前出・小早川説）、地方自治の制度的保障からすると、憲法は、裁判的保障の具体的あり方についてはともかく、保障制度の与奪まで立法権者に認めるものではないとの反論が成り立つ。

第三に、右の点と関連するが、日本国憲法32条に定める裁判を受ける権利との関係も論点の一つとなりうる。すなわち、裁判を受ける権利の主観的範囲の中には、統治団体としての地方公共団体が含まれないとなれば、法律上の別段の定めがない限り、自治体は出訴資格がないという結論が導き出される。さらに、裁判を受ける権利と司法権の範囲が裏腹の関係にあるとすれば[20]、裁判を受ける範囲論は、自治体の出訴資格論に決定的な意味を持つことになる。い

いかえれば、憲法32条は、自治権の裁判的保障への排除効果を持つことになる。ただ、裁判を受ける権利に係る憲法の条項は人権保障の歴史を背景にした歴史的、普遍的条項で、これが明治憲法と同様に日本国憲法にも規定されるときにこのような排除効果を持つことにまで憲法制定権者が思いを致し、それを承知の上で、自治権保証については明文の規定を置かなかったという憲法制定史上の実証的根拠の提示を知らない。

その意味で憲法解釈論としては裁判を受ける権利条項は自治体の出訴資格に関しては中立で、自治権の保障を法人としての自治体の裁判を受ける権利に拡大するか、司法権の範囲論は裁判を受ける権利とは別のものとして捉え、司法権を機能的に理解するかの選択は残されているものと考える。

第四に、自治体の出訴資格につき、限定的あるいは消極的として紹介されることのある、行政法学上の有力学説も自治体の出訴資格、とりわけ国の公権力の行使に対する抗告訴訟の提起可能性については、必ずしも断定的な否定論を述べているのではなく、積極論に対する疑問を提示したり、結論を留保しているにとどまることに留意する必要がある（機関訴訟論を含めて、高木他・71）。

すなわち、田中二郎は行政組織の一般理論を展開し、行政組織法を各行政主体相互間の機能の分担及び各行政主体の機関相互の権限の分配に関する定めと規定し、行政主体相互の関係も行政組織の内部の問題として自主的に処理されるべきものであるという趣旨のことを述べている。ただ、内部性を具体的に論ずるときには、「その権限の行使やこれに関する指揮・監督について、機関相互の間に解釈上の問題が生じ、見解の対立や紛争が生じた場合においても、それは、行政組織の内部の問題として、原則としては、上級行政庁の判断と決定にまつべきものとされ、司法権の介入は許されないのである」という。これを素直に解する限りでは、文言上は、一の行政主体内部の関係に着目した叙述とみることができる。いいかえれば、ここでそれぞれ異なった行政主体の行政機関相互と読むのは無理がある。さらに、これを認めるにしても、上級行政庁という行政官庁概念をもって、行政主体相互の関係を論ずることは、少なくとも、国・地方公共団体の関係においては、かつての機関委任事務制度外では考えられないところである。その意味で、ここにおける行政組織法一般理論の意義は、行政作用法と異なり行政主体相互の機能分担に係るものであること、行政主体における機関相互の関係の内部性を語ることにあると見るべきものである。いいかえれば、行政主体相互の法解釈論的関係はここでは正面からは触れられて

3 自治権侵害に対する自治体の出訴適格

いないのである。だからこそ、田中が、特殊行政組織法のカテゴリーの下で、独立行政法人の概念（現行法の独立行政法人とは異なる）をたて、その法的特色を論じ、そのなかで、政府の監督に対する法人の抗告訴訟の提起を論ずる体系的・実用的必然性が見出されるのである[21]。これに対して、地方公共団体は独立行政法人には属さないので、これに対する関与（監督といってもよい）については、抗告訴訟否定論は及ばないと見るのが、一方において地方自治を一貫して強調してきた田中理論と整合的であると解される。

田中の行政組織法ドグマーティクと直接の関係に立つものではないが、雄川一郎は、国の地方公共団体の公行政に対する監督ないし関与の処分に対する地方公共団体の出訴について、下記の二つのアプローチの可能性を示している。一つは、「地方公共団体も、国の下にあるとは言え、別個の人格であることを強調し、監督や関与も別個の人格者相互の人格者間の法律関係であるというように把握すれば、これらの処分についても出訴を認めない理由はないように思える」。いま一つは、「国の行政と地方公共団体の行政とが一応分かれ、地方自治の保障を認めつつも、両者の有機的な連関の保持を強調すれば、国の監督ないし関与はその目的のための手段であるから、その制度が地方自治の本旨に反し、地方自治の保障を破らない限り、地方公共団体はこれに服従すべき地位にある」[22]。雄川はこのいずれを取るかについては断定を避けている。ただ、国と地方自治の機能分担論を克服した役割分担論からすると、第一の立論が当然に導かれるものと思われる（機関訴訟との関係ついては、後述4.参照）。

田中の行政組織法ドグマーティクを参照した上で、藤田宙靖は、内部関係・外部関係、外部行為・内部行為、主観法的関係・客観法的関係というカテゴリーをたて、行政主体（この中には地方公共団体も含まれる）が固有の資格に立つ場合には、国との関係は内部関係に立つという理解の下に、他の行政主体とは別に地方公共団体について特に言及し検討を加えた上で、「基本的に言うならば、「地方自治の本旨」そして普通地方公共団体の固有の「自治権」が単なる事業主体の権利としてではなく、地域的な統治団体の「統治権」の一種として登場する限りにおいては、これらが当然に主観法的な権利保護システムの下に置かれるとすることには、現行法上、いささか困難が伴うものというべきであろう」[23]というのである。

藤田の立論は右に引用したように、必ずしも自身の断定的結論を述べたものでないという意味での限定があるとともに、論者の関心の焦点は住民に対する

自治体の公権力の行使つき国が権力的に介入する場合における自治体の出訴資格に限定されているという意味で、対象の範囲にも限定があること[24]にも留意する必要がある。

　なお付言すれば、地方公共団体の処分（侵害）の相手方の利益を考慮すべしという点は、兼子・小早川の見解に通ずるものがあるが、自治体の処分には、複効的なものもあるので、解釈論として一律にことを処理するのは適当でない。その意味では、法律上別段の定めがない限りは、通常の関与であれ、裁定的関与であれ、自治体の出訴資格を認め、これにより私人の利益保護に重大な障害が生ずる場合には、個別法、又は一般法で、自治体の出訴資格の制限を私人の権利利益の保護と自治権の保障につき調整をする事が法律で可能かどうかの検討がなされるべきであると考える。

エ　〈注記〉——自治権侵害訴訟の諸相

　以上の検討は主として、自治体に対する国の権力的関与をめぐる争訟についてである。つまり、国を相手とする自治権侵害排除訴訟である。これ以外の場面で、自治体が事務処理の遂行に当たり、その実効性を確保するために、自治権を主張して如何なる主体を相手に如何なる訴訟を提起できるかは、上述の考えを中核として、応用問題として考察を進めることになる。

　なお、国立大学法人を除く、独立行政法人等の憲法上固有に自治権を保障されていない法人の国の監督権に対する、法人の出訴資格という問題があるが、これについてはここでは論じない。いいかえれば、自治体の出訴資格はあえて論ずるまでもない、というのが本稿の基本的立場である[25]。

4．機関訴訟と行政主体間訴訟の関係について

　機関訴訟の観念は、行政事件訴訟法（昭和 37 年）によって、制定法上はじめて導入されたものであるが、その文言どおりにこれを解するならば極めて割り切れた制度である（阿部他・68）。すなわち機関訴訟は、同一行政主体であると異なった行政主体であるとを問わず、行政機関に割り当てられた権限についての行政機関相互の争いを指し、この種の争いは、法律の定めのある場合にのみ、行政事件訴訟法所定の規律が準用されるというものである。

　もっとも、このような形式的理解とは別に、雄川一郎は、機関訴訟概念の実

3　自治権侵害に対する自治体の出訴適格

質的理解あるいは機関訴訟の相対性論を主張している[26]。ここでは、雄川は明瞭に兼子の定式に依拠しつつ、さらに田中の外部と内部の区別に先行した立論の下ではあるが、機関訴訟を形式的に理解するのではなく、出訴した者が人格を有する公共団体であってもそれらが実質的に行政組織に組み入れられている場合は、当該訴訟は機関訴訟であるというのである。逆に、形式的には機関の訴えであっても、裁判的保護を受け得べき場合があることになる。ただし、この立論においても、制定法が法人格を付与しているときには、実質的にも権利主体としての地位を認める趣旨であるという意味での一種の推定はあり得るともされている[27]。この点からすると、自治体はまさに憲法上にも地方自治上にも国との関係で権利主体としての地位を与えられていることになろう。

一般的にいって、法概念は、適用上、排除効果を持つ（棟居・51。塩野宏「行政事件訴訟法改正と行政法学」民商法雑誌130巻4・5号（2004年）611頁参照）。ここでの問題に関していえば、機関訴訟はもともと法律上の争訟に当らない紛争に付き、法律上出訴を許す特段の定めのある場合の適用条文を予め定めて置くに過ぎない。しかし、一度これが制定法上の法概念として定められると、ある紛争が典型的にこれに当てはまる場合はともかく、そうでないものもこれに該当するという論理操作を行うことによって、裁判上の救済ルートから排除するのである。

しかし、実効的権利・利益の救済を目途とする現行憲法の下では、かかる排除効果を認めるに付いては、格段の慎重さを必要とすると思われる。

5．宝塚条例事件判決の評価とその射程範囲について

宝塚条例事件判決自体に関しては、筆者は消極的意見をもっているが[28]、最高裁判所判決の射程範囲一般論の見地も加えて、コメントすることとする。

宝塚条例事件判決は、地方公共団体の処分で生じた権利関係の実現を当該自治体が民事訴訟によってはかることを得ないとするものである。ただ、当該関係自体が法律関係としての側面を有していることまでも否定するものではない。もしそうであれば、特別の法律がない限り当該地方公共団体のなした処分を取消訴訟で争うことができないという結果をもたらすもので、これでは、明治憲法時代へ列挙主義への逆戻りとなってしまい、到底容認することはできない。

したがって、本判決の射程範囲は、本来狭いものである。いいかえれば、国

の公権力の行使に対して、それが自治権の侵害であるとして自治体がこれを争う場合についてまで宝塚条例判決の射程が及ぶものと解することはできないように思われる。

　もっとも、宝塚条例事件判決は、公権力の主体は如何なる場面でもその地位に由来する権限を訴訟によって主張できないというドグマーティクに依拠していると解することもできないわけではない。しかし、かかるドグマーティクが、日本国憲法の下で通用するかどうかは、まさに、わが国の統治構造の根本にかかわるものであるので、一小法廷の判断によって確定されるべきものではない。

　その意味において、この判決の射程範囲は狭く捉えていくのが、判例法の合理的形成という観点からしても、適切ではないかと私も考える（高木・90）。

（1）　外国法制研究論文については、注（6）参照。

（2）　司法権の概念については、ここでの問題は、抽象的な理論的概念にかかるものではなく、もっぱら、特定の国における技術上の概念として捉えられている。法概念における理論的概念と技術的概念の区別は、かつて公法と私法の区別を論ずる際に宮澤俊義により提示されたものである（塩野宏・公法と私法（1989年）57頁以下）。この点は、公法・私法のみならず、司法権・立法権・行政権の区別においても妥当するものであって、行政法解釈学にとっては当然の前提であるが、研究座談会で憲法学からの確認的発言があったので（内野・49）付け加えておく。

（3）　参照、田中二郎・行政法上巻〔全訂第2版〕（1974年）10頁、塩野宏・行政法Ⅰ〔第5版〕（2009年）24頁。

（4）　常岡孝好「自治体による住基ネット接続義務確認訴訟と司法権」判例評論580号・判例時報1926号（2007年）166頁以下、ならびに同判例評論所掲の論考参照。

（5）　野中＝中村＝高橋＝高見・憲法Ⅱ〔第四版〕（2006年）219頁以下。

（6）　ドイツ法につき、塩野宏「地方公共団体に対する国家関与の法律問題」（1966年）塩野・国と地方公共団体94頁以下、白藤博行「国と地方公共団体との間の紛争処理の仕組み」公法研究62号（2000年）205頁以下、人見剛「地方自治体の自治事務に関する国家の裁定的関与の法的統制」（1995年）人見・分権改革と自治体法理273頁以下、281頁以下、アメリカ法につき、柴田直子「アメリカにおける地方政府の出訴資格」神奈川法学36巻1号（2003年）121頁以下、201頁以下（おわりに）、フランス法に付き、亘理格「フランスにおける国、地方団体、住民」（2）自治研59巻8号（1983年）86頁以下、101頁以下（小括）参照。

3　自治権侵害に対する自治体の出訴適格

（7）　垣見①の指摘との関係で言えば、自治体の出訴資格を認める条文上の根拠について、美濃部の説明は当初の道路法による説明から（美濃部達吉・評釋公法判例大系上巻〔3版〕（1939年）〔初版1933年〕676頁、同・行政裁判法（1929年）129頁）、一般法を根拠とする（美濃部達吉・日本行政法上巻（1936年）972頁）という具合に変動がある。ただ、これは、条文解釈の技術的問題であって、美濃部のドグマーティクの変動を意味するものではないと思われる。

（8）　参照、田中・行政法上巻94頁注（2）。

（9）　以上、美濃部・行政裁判法（付録）1頁以下（ただし、漢字は略字を用いた）。

（10）　参照、美濃部・行政裁判法50頁。

（11）　参照、行政裁判所・行政裁判所五十年史（1941年）436頁。

（12）　国の自治体に関する監督権行使の法律の留保、自治権侵害に対する救済の必要性を説くものとして、ほかに、渡邊宗太郎・自治制度論（1931年）403頁以下（同趣旨、渡邊・日本行政法上（1941年（1941年）529頁、541頁）、岡實・行政法論綱（1902年）421頁以下、484頁以下、田中二郎・行政法講義案上巻（1938年）235頁、238頁がある。さらに、実務家の解説であるが入江俊郎＝古井善實・逐条市制町村制（1937年）は監督権の法律の根拠の必要性を説き（1885頁）、市制163条町村制143条に定める市町村の出訴を認める規定を、「救済」の表題の下に救済方法としての行政訴訟の途を開いたものとしているのである（1943頁。但し、市町村の出訴権は強制予算についてのみ与えられたものと解している）。

（13）　地方自治の法的根拠に関する文献は数多いが、本文に示した私の見解につき、参照、塩野宏・行政法Ⅲ〔第3版〕（2006年）119頁以下。

（14）　美濃部説の紹介を含めて、参照、田中二郎「美濃部先生の行政争訟論」（1948年）田中・行政争訟の法理151頁以下。

（15）　参照、田中・注（14）前掲書157頁。雄川一郎・行政争訟法（1957年）39頁も同趣旨。なお、田中・雄川のいずれも、カテゴリーとして国・地方間関係争訟が司法権に含まれないとする立場をとるものではないことが（後出イ参照）、本文に指摘したことを裏付けるものと思われる。

（16）　以上につき、兼子一・裁判法（1959年）63頁以下。なお、ここに示された司法権観は、かねて兼子の唱えてきたところであって、すでに、兼子「司法権の本質と限界」ジュリスト29号（1953年）兼子・民事法研究第Ⅱ巻159頁以下、167頁以下に同趣旨の意見が開陳されている。

（17）　兼子一＝竹下守夫・裁判法〔第三版〕（1994年）66頁以下。なお、そこでは

新たに法律上の争訟の範囲確定は立法権・行政権の司法による不当な侵害を結果するおそれを防ぐ意味があるとする最高裁事務総局・行政事件訴10年史49頁を引用した上で、「争訟性または事件性の問題は、実際には、争いがどの程度まで個人の具体的権利義務にかかわって来たときに、裁判所が立法行為・行政行為の審査をなすべきか、その局面における司法権の限界付けの問題として意味をもつ」という注釈がつけ加えられた（69頁）。

(18) 小早川光郎「司法権の政府間調整」松下ほか編・自治体の構想2 制度（2002年）67頁以下。
(19) 参照、塩野宏「地方公共団体の法的地位論覚書」（1981年）塩野・国と地方公共団体5頁以下、塩野宏「自治体と権力」（1993年）塩野・法治主義の諸相351頁以下参照。掲記論文公刊後における地方分権、民間化政策のもとで、自治体の権力的活動の範囲が広まるとともに給付行政活動の範囲の縮小が進行することにより、地方公共団体の統治団体的要素は、一層その比重を増している。
(20) 参照、片山智彦・裁判を受ける権利と司法制度（2007年）30頁。ただし、同書では、本稿の直接の対象とする自治体の出訴資格の問題は触れられていない。
(21) 以上につき、田中二郎・行政法中巻（全訂第2版）（1976年）14頁以下、187頁以下参照。
(22) 以上につき、雄川一郎「地方公共団体の行政争訟」（1968年）雄川・行政争訟の理論426頁以下参照。
(23) 以上につき、参照、藤田宙靖・行政組織法（2005年）45頁以下、52頁。
(24) 参照、藤田・注(23)前掲書55頁注(15)。この場面での自治体の出訴資格についても、疑問の提示にとどめてある。
(25) 行政主体にかかる筆者の全般的考察としては、塩野宏・行政法Ⅲ〔第3版〕83頁以下参照。
(26) 参照、雄川一郎「機関訴訟の法理」（1974年）雄川・行政争訟の理論431頁以下。
(27) 雄川・注(26)前掲書465頁以下参照。
(28) 塩野・行政法Ⅰ〔第5版〕225頁、行政法Ⅲ〔第3版〕252頁以下参照。

3-4　司法権・法律上の争訟概念再考
――国と地方公共団体間、地方公共団体間の訴訟は、
財産権をめぐる訴訟に限られるのか――

阿 部 泰 隆

　杉並区が東京都を被告に、希望者のみの住民情報の受信義務があることの確認を求めたいわゆる杉並区住基ネット訴訟が「司法権」の範囲内か、裁判所法3条の「法律上の争訟」に当たるのかについては、すでに2度意見書を提出し、公表した[1]。私見の基本は変わらないが、今回の座談会、塩野宏論文、兼子仁先生のご教示その他から若干再考するところがあった。紙幅が限られているので、特に「司法権」、「法律上の争訟」の概念について、これまでの多くの法律論には、民事法的な発想に囚われた論理的誤謬があることを指摘して、上記の訴訟は司法権の範囲内に入ることを論証する。

1．司法権、法律上の争訟に関する従前の定義

1-1　通説・判例、具体的な事件＝個人の具体的な権利義務だけ？

　憲法76条の定める司法権とは、従来の通説・判例では、「具体的な争訟事件について法を適用し、宣言することによってこれを解決する国家作用である」[2]とされている。

　司法の観念は、歴史的に発展してきたもので、固定的なものではないが、民刑事の裁判のほかに行政裁判も含まれることは今日争いがない。本稿との関係で論点となるのは、この定義の中で、「具体的な争訟性」という要素である。抽象的違憲審査制はドイツでは認められているが、日本では、制度化されていないだけではなく、この定義の中の「具体的な争訟」に当たらないとされている（警察予備隊違憲訴訟最大判昭和27・10・8民集6巻9号783頁）。このことは「具体的」という語義の通常の理解からして、違和感はない。

　なお、抽象的規範統制訴訟、抽象的違憲訴訟の導入が立法者の裁量の範囲内に入るかどうかは、本稿の課題ではない。

　しかし、具体的な争訟という言葉はさらに別の理解がなされている。すなわち、判例では、「行政事件を含む民事事件において裁判所がその固有の権限に基

3 自治権侵害に対する自治体の出訴適格

づいて審判することのできる対象は、裁判所法3条1項にいう『法律上の争訟』、すなわち、①当事者間の具体的な権利義務ないし法律関係の存否に関する紛争であって、かつ、それが②法令の適用により終局的に解決することができるものに限られるとする（板まんだら事件最判昭和56・4・7民集35巻3号443頁）。

宝塚市のパチンコ店等規制条例に関する最高裁判決（平成14・7・9民集56巻6号1134頁）は、この先例に従い、「国又は地方公共団体が提起した訴訟であって、財産権の主体として自己の財産上の権利利益の保護救済を求めるような場合には、法律上の争訟に当たるというべきであるが、国又は地方公共団体が専ら行政権の主体として国民に対して行政上の義務の履行を求める訴訟は、法規の適用の適正ないし一般公益の保護を目的とするものであって、自己の権利利益の保護救済を目的とするものということはできない」とした。

これを見ると、「具体的な争訟事件」という要件の中に、個人の権利義務に関する個人の主観訴訟だけを読み込んでしまい、司法権＝法律上の争訟＝主観訴訟の等式が当然に成り立つとされているようである。

1-2　国と地方公共団体の間の訴訟は具体的な権利義務に関わらない？

さらに、杉並住基ネット訴訟において、東京地判（平成18・3・24判時1938号37頁）、東京高判（平成19・11・29判例自治299号41頁）は、この訴訟は、権利義務を主張しているのではなく、行政の適正を求めるのであるから、「法律上の争訟」ではないとして却下した。最判の射程範囲は、行政上の義務の民事執行に限定されないというのである（最高裁第三小法廷は平成20・7・8杉並区の上告・上告受理申立てを棄却・不受理とした）。

那覇市情報公開事件においては、建築確認のために市が取得した国の防衛情報を情報公開条例に基づき公開するという那覇市の決定に対して、国が防衛上の秘密を理由に取消訴訟を提起したところ、1、2審とも、「法律上の争訟」に当たらないとした。最高裁（平成13・7・13判例自治223号22頁）は、本件建物の所有者として有する固有の利益が侵害されることに注目して、かろうじて、本件訴えは、「法律上の争訟」に当たるとした。

このように、判例は、国と地方公共団体、地方公共団体の間の訴訟は、財産権をめぐるものを除いて、権利義務を主張するものではなく、法律上の争訟に当たらないとしているのである。

1-3 では、いわゆる客観訴訟は司法権の範囲外なのになぜ認められるのか

（1） 住民訴訟、選挙訴訟、機関訴訟等は自己の法律上の利益にかかわらないので、いちいち引用するまでもなく一般に、この通説判例を前提として、いわゆる客観訴訟とされ、事件性・争訟性の要件を満たさないとされている。

そうすると、それは司法権の範囲外となるはずであるが、それにもかかわらず、実定法上認められている。そこで、立法者は、憲法上の司法権に含まれない、客観訴訟の権限をなぜ司法権に与えることができるのかという問題が提起されている。そして、もし、客観訴訟は、事件性・争訟性の要件を満たさないが、政策的に定められた訴訟類型であるとすれば、それは行政作用であるから、裁判所が行政作用を担うことが憲法上許されるのかという問題が生ずる。

これについて論者は種々説明しようとしているが、的をはずれているとの感を抱く。これを以下に述べる。

（2） 佐藤幸治[3]は、事件性・争訟性がなくても、司法権の核の部分ではない、その周辺については、法政策的に決定されるべき領域があり、客観訴訟や非訟事件の裁判はその例であるとする。しかし、周辺部分ならなぜ立法裁量に任されるのか、不明である。

（3） 高橋和之[4]は、司法権を「適法な提訴を待って、法律の解釈・適用に関する争いを、適切な手続の下に、終局的に裁定する作用」と定義した。これは、その定義から具体的争訟性を排除することで有名である。その理由は、司法の観念はその法的性格から捉えるべきであり、その作用の及ぶ対象の問題は別個の問題として捉える方が混乱を避けるという趣旨である。

そして、違憲審査制について、憲法裁判所型と司法審査型の違いは、独立審査と付随審査の違いにあるのであって、付随審査制においては「事件」の存在が前提となる。しかし、ここにいう「事件」とは具体的事件に限定されない。司法裁判所に適法に係属した事件なら、「抽象的」訴訟も含まれるという。その次、「行政法学上民衆訴訟、客観訴訟と呼ばれているものも含まれる」として、民衆訴訟、客観訴訟は事件性を欠くことを前提としている。さらに、事件性要件を外したことで、行政法上の民衆訴訟は司法に含まれるかという問題に1つの解答を与えたということである。民衆訴訟は事件性を満たすかどうかに関係なく、当然に司法に含まれ、法律で創設しても、司法権以外の権限を授権したことにならない。

3　自治権侵害に対する自治体の出訴適格

　これは、あるいは、地方公共団体間の訴訟を適法視しようとする私見にとって援軍かとも見えるが、そこまでの言及はない。

　また、司法の定義をその性格から行い、その対象の問題を外したというだけでは、司法の対象は具体性を要しないのかという問題が残る。それよりも、この定義では、民衆訴訟は事件性を満たさないとの前提が採られていることに賛成できない。

　（4）　山岸敬子[5]は、行政主体が私益保護規定に違反した場合、原告は、私益の保護を制度目的とする主観訴訟を選択するが、客観訴訟は行政主体の公益規定の遵守を求めて利用される、客観訴訟は権利を前提とする訴訟ではない、客観訴訟においては訴訟手続上誰に原告としての資格を与えるかは、訴訟政策的考慮の問題である、客観訴訟は、裁判所が有する権限である「一切の法律上の争訟を裁判する」権限の範囲内に納まる作用ではなく、「その他法律において特に定める権限」を必要とし、いわゆる事件性又は争訟性を離れた紛争解決が含まれる、それは通説的見解が説くところの事件性又は争訟性すなわち「法主体間の具体的権利義務に関する争い」を離れうる紛争解決であり、行政作用たる裁判となる可能性もあるとする。

　この説では、客観訴訟は事件性又は争訟性を持たないとの前提に立っているが、私益の保護ではなく公益の遵守を求める訴訟であることと、具体的な争訟性とは別個のことではないか。また、事件性又は争訟性を「法主体間の具体的権利義務に関する争い」を等値するのも、伝統的な発想に囚われているのではないか。

　（5）　野坂泰司[6]は、「事件性」の再定義として、「具体的な争い」を司法の概念要素として入れつつ、それは「法律上の争い」を中核としつつ、それ以外の争い（たとえば、個人の権利義務に直接かかわらない権限争議のごときものまで）を含むと解するのであるとする。現行の客観訴訟のような訴訟類型は、そこに具体的な公権力の行為があり、それをめぐって争いが生じていることからして、司法権に含まれるのである。したがって、議員定数不均衡訴訟を直接認めた法律の規定がないのもかかわらず裁判所が公選法の選挙無効の規定を借りて訴えを適法としたことには十分憲法上の根拠があったという。

　これは私見として一番納得できる見解であるが、結論が突如示され、必ずしも理論的な説明がない。以下、私見を述べる。

2．民事法的な意味での主観訴訟性は不要

2-1　民事法的発想による論理的間違い

「具体的な争訟事件」を個々人の具体的な権利義務又は法律関係に関する紛争として把握し、主観訴訟と等値している上記の伝統的な司法権の定義は、民事上の紛争を念頭において、法律上の争訟＝「当事者間の権利義務」という定義をおき、行政上の権限行使は権利義務に当てはまらないから、法律上の争訟に当たらないとするものであり、前提を先取りし、何ら説明を行っていない非論理的な説明である。個々人の具体的な権利義務又は法律関係に関する紛争は、司法権の概念のコアの部分であるが、司法権をそれに限定する理由は何ら示されていない。

2-2　行政事件を審理する裁判所における法律上の争訟の観念

裁判所が、行政事件を審理するようになった戦後の司法国家では、裁判所は、大審院とは異なって、行政裁判権、違憲立法審査権を獲得して、三権の１つに昇格した。この制度のもとでは、法律上の争訟も、行政裁判権、違憲立法審査権をふまえて解釈しなければならない。

行政法の領域では、個々人の具体的な権利義務とは言えなくても、行政の権限なり、私人と行政との間の紛争がある。それも「具体的な法的紛争」なのであるから、司法権の定義における「具体的な争訟事件」に入れるべきである。こうした行政特有の法的紛争を司法から放逐するのは、民事法的な発想、つまりは、もともと司法の権限が民事刑事に限定されていた戦前の裁判の発想であり、今日とうてい取りえないのである。

もっとも、美濃部達吉[7]は、民事裁判は私権の問題について、裁判所が、双方の主張を聴き、争いとなった具体的事件について何が法であるかを公の権威を持って宣告する行為であるのに対して、刑事事件では、原告と被告の対立があるのではなく、もとより権利の争いがあるわけではなく、両者に共通するのは、「具体的事件に関する法の宣告」である。そして、行政裁判は、「行政法規の適用を具体的事件につき判断し宣告する作用」であるという。

ここでは、権利義務に関する争いという言葉は入っていないのである。戦前でさえ、裁判の定義に「具体的な権利義務」といった要素を入れることをしていなかったのである。戦後、司法権の定義に際してこれを忘れて、民事訴訟だけを念頭においたのが躓きの石である。

3 自治権侵害に対する自治体の出訴適格

したがって、司法権という概念は、法の定立を行う立法と法の適用に関する行政と比較すれば、法の支配ないし法治国家の観点から、具体的な紛争が存在する場合に、適法な提訴を前提に、事実認定と法の解釈適用を終局的に権力を持って判断する作用とすれば十分である。それだけで「法律上の争訟」とか、「事件」ということができよう。そこには主観訴訟と客観訴訟の区別はなく、少なくとも個人の権利義務に関する争いに限定する理由がない。

なお、「法律上の争訟」の概念は、アメリカ法の「cases and controversies」("事件・争訟")に相当すると思われるが、アメリカでは行政上の義務の民事執行が認められている[8]。

3．国と地方公共団体の間の訴訟は法律上の争訟

3-1 行政主体間の争いは法律上の争訟

国と地方公共団体の関係は、もともと地方自治の本旨（憲法92条）から、遅くとも、2000年の地方分権改革により、同一団体の内部関係ではなく、法治国家的に構成されている。その間の争いは、民事法的な意味での当事者間の権利義務に関するものではないが、行政主体間の権限行使の争いであり、法律関係が生じ、それぞれの団体にはそれなりの利害関係があり、具体的な法的紛争である以上は、法律上の争訟と理解すべきである。

そのように解しないと、国と地方公共団体の関係は、財産上の関係でなければ、行政上の契約でも、破棄自由ということになり、地方公共団体は国の末端の行政機関にすぎないという、およそアクロバットな古い制度に戻ることになるだろう。

前記那覇市情報公開事件においては、国と那覇市という別個の対等な法主体間で具体的な法律解釈の紛争が生じているのであるし、地方公共団体が国家機密を守らない場合、それが非財産的な利益であるというだけで、国として争う方法がないということでよいわけはないので、法律上の争訟と見るべきである。

3-2 機関訴訟の理解

機関訴訟というのは、同じ行政主体の間の機関同士の争いであるから、本来はその内部で解決されるべきであるが、例外として、特に裁判による解決が妥当であるとして、立法的に訴訟を認めたものに限られる。その例としては、2000年の地方自治法の改正前に存在した職務執行命令訴訟、現在は地方公共

団体の議会と首長の間の争い（自治176条、177条）がある。

なお、機関訴訟は、権利主体相互の争いでないために特別に規定がおかれているだけで、争うための法的な利益は必要であるから、主観訴訟に対する客観訴訟と分類するのは適当ではない。

3-3　住基ネット訴訟は機関訴訟ではない

裁判所は住基ネット訴訟を機関訴訟と見ている（東京地判平成18・3・24判時1938号37頁、東京高判平成19・11・29判例自治299号41頁）。しかし、区は都とは別の独立した法主体であるから、機関訴訟ではありえない。この地裁判決は、市町村の境界確定の訴え（自治9条9項）、課税権の帰属に関する訴え（地方税法8条10項）、住民の住所の認定に関する訴え（住基法33条4項）は地方公共団体又はその首長が行政権主体として提起する訴えであるが、これらは法律上の争訟に当たらないものの裁判所が審判することができるものであって、一般に機関訴訟の例とされているとして、機関訴訟は、別法人相互間の紛争も含むとする。しかし、これらを機関訴訟と見たのは地方分権が進展する前の発想であって、今日では、これらはすべて対等独立の法主体間の紛争であるから、法律上の争訟と解すべきである。

3-4　国家関与に関する訴訟の性格

国の関与に対する地方公共団体の訴え（自治251条の5以下）は、機関相互の争いではないが、法律で特別に規定をおいており、立法者はこれを機関訴訟と理解した可能性もある（同251条の5第8、9項、252条4、5項参照）。

しかし、それは地方公共団体が国の内部機関と見られたかつての発想である。

国と地方公共団体間又は地方公共団体間においても、行政訴訟は一般に認められるが、典型的なものについて、特別の制限をおいたもの（国地方係争処理委員会、高裁管轄）と解すべきである[9]。

分権改革後に職務執行命令訴訟の後継者とされている、法定受託事務に関する代執行の司法的執行（自治245条の8）は、行政主体間の争いであるから、機関訴訟ではなく、行訴法の訴訟類型には当てはまらない特別の訴訟というべきである。

なお、総務大臣は、都に対して、住基ネットへの参加を拒否している国立市に対して是正要求を出すように指示した。総務省が個別の市町村に対する是正要求を指示するのは、1999年の地方分権一括法成立以来初めてという（日経2009年2月13日）。それなら、国立市は国地方係争処理委員会において争うこ

3　自治権侵害に対する自治体の出訴適格

とができるから、法治国家である。杉並区－東京都の争いについて、都が法的な手段を講じないで、裁判の場を避けることはこれからみても許されないことが分かる。

3-5　住基ネット訴訟における国家賠償訴訟との齟齬

　この住基ネット訴訟では、杉並区から東京都、国への国家賠償請求訴訟も併合提起されていた。1審では、行政訴訟は法律上の争訟ではないが、国家賠償訴訟は、権利義務に関するとして、本案審理をした。高裁では、さらに加えて、東京都が全住民の分を送信すべきであると区に対して主張し、希望者のみの情報受信を拒否したのは適法であるとしたほか、住基ネットシステムは全国画一的に実施するものであるから、個々の住民が訴えるのはともかく、市町村、都道府県、国の行政機関は、法律が違憲であると考えても、国会が制定した法律を誠実に執行しなければならないとした。

　しかし、この最後の点は、地方自治権に基づく地方公共団体と、単なる行政機関を混同しているものである。杉並区は、行政機関として、法律を違憲と主張しているのではなく、地方自治体として、国と対等に、法律の違憲を主張しているのであるから、それを裁判で主張する場がなければ、地方公共団体は違憲の法律によりその行政運用が阻害されても争えず、憲法で保障された自治権を発揮できないことになる。

4．では、客観訴訟をどう理解する？

4-1　客観訴訟も事件性、争訟性があること

　これまで、住民訴訟、選挙訴訟、機関訴訟等はいわゆる客観訴訟とされ、「個々人の具体的な権利義務又は法律関係に関する紛争」ではないとされてきたため、事件性・争訟性の要件を満たさないとされている。

　しかし、事件性と原告適格の問題は区別すべきである。主観的な権利にかかわらなければ、特別の規定がなければ原告適格は認められないが、それと事件性は別なのである。具体的な案件において法解釈上の紛争があるなら、「事件性、争訟性」があるというべきであり、法律上の争訟性を認めるべきである。かりに、権利義務関係はないと仮定しても、法律関係はあるのである。

4-2　法律で客観訴訟を限定するのは下克上的解釈

　そもそも、客観訴訟、主観訴訟という区別は、学説上のものであり、行訴法

はこれを前提としたものであろうが、司法権という憲法レベルの理論ではない。行政法の学説や行訴法の法律段階で、客観訴訟という範疇を作って、憲法で定める司法権の範囲に入る訴訟を、司法権の外に放逐することは許されない[10]。司法権の範囲を考えるとき、行訴法の定めに左右されるのは、下克上的解釈である（棟居快行的用語で言えば、客観訴訟先占論か）。

むしろ、住民訴訟、選挙訴訟などを、客観訴訟として位置づけ、法律で定める場合において、法律に定める者に限り提起することができるとしている行訴法42条は司法権の範囲を法律で限定しているもので、違憲の疑いさえあるのである。現に、アメリカ、フランスでは住民訴訟が認められているが、これを客観訴訟として整理することはなく、原告適格の要件を緩和しただけであるから、そもそも客観訴訟という枠組み自体に問題があるのである。

5．司法権の範囲と裁判を受ける権利、法治国家

5-1　個人では裁判を受ける権利

では、逆に、立法者としては、司法権の権限に入ることをすべて、裁判所の権限として現実に訴訟を提起できるようにする義務を負うのか。そのようになっていない現行法は違憲か。

現実に訴訟を提起できるように保障するかどうかは、個人に関しては、憲法32条の「裁判を受ける権利」の問題である。そして、個々人の具体的な権利義務に関する紛争においては、裁判を受ける権利の保障の観点から、裁判制度を設置することが憲法上の要請であるが、個々人の具体的な権利義務に関しない紛争について裁判制度を設置するかどうかは立法者の裁量である。そうすると、住民訴訟、機関訴訟、国民訴訟、市民訴訟を法制度化するかどうか、するとして、どのように設計するかは、ある程度まで立法者の裁量である（その廃止も違憲ではない）。

選挙訴訟も客観訴訟とされているが、選挙権・被選挙権の侵害を理由とする主観訴訟と構成することも可能である。現に、情報公開訴訟は誰でも提起できるが、誰にでも情報公開請求権を付与するという実体法的構成によるので、主観訴訟とされている。客観訴訟とされるのは実体法上の権利はないが、訴訟法上出訴権が認められたものである。主観訴訟と客観訴訟の違いは、このような出訴権の理論構成だけの問題にある。すなわち、主観訴訟では、原告に法律上

3 自治権侵害に対する自治体の出訴適格

の権利を与え、客観訴訟では、法律上の権利のない者に出訴権を与えるという立法者の選択の問題にすぎない。それにもかかわらず、後者が司法権の範囲外になるのは不合理である[(11)]。

そもそも、選挙が適法に行われることは民主主義の基本であるから、選挙訴訟の原告適格は、選挙権と裁判を受ける権利から導かれると考えると、立法によってこれを廃止することはできない。

5-2 地方公共団体間の訴訟も法治国家における主観訴訟

地方公共団体の間の訴訟、国と地方公共団体の間の訴訟は、個人の裁判を受ける権利の問題ではないが、それが具体的な争いになっており、法律の解釈で解決できる限り、法治国家では、機関訴訟の問題ではなく、権利主体間の紛争である。それは、財産上の争いでなくても、何らかの主観的な利益をめぐっての争い（情報管理権、国家秘密防御権など）であるから、これを客観訴訟として把握するのは不適当であり、司法権による解決が求められる。そして、これについて、特別の訴訟制度がなければ、行訴法がその受け皿となるものであり、特別の規定がなくても、抗告訴訟、当事者訴訟が活用できるものである。

立法も司法も、地方自治における法治国家を阻害している現状は嘆かわしい。

（1） 阿部泰隆「区と都の間の訴訟（特に住基ネット訴訟）は法律上の争訟に当たらないか」自治研究82巻12号～83巻3号、2006年12月号～2007年3月号。控訴審の意見書は本書5（資料編）に掲載。

（2） 清宮四郎『憲法Ⅰ〔第三版〕』（有斐閣・1979年）335頁、佐藤幸治『現代国家と司法権』（有斐閣・1988年）67頁以下、同『憲法〔第3版〕』（青林書院・1995年）293頁以下等無数。

（3） 佐藤幸治・前掲『現代国家と司法権』126頁。本文に述べたほか、野坂泰司「憲法上の司法権の捉え方をめぐって」法教246号（2001年）42頁、長尾一紘「司法権の観念について」法教223号（1999年）4頁以下の批判も参照。

（4） 高橋和之「司法権の観念」樋口陽一編著『講座憲法学6 権力の分立（2）』（日本評論社・1995年）21頁以下、「司法制度の憲法的枠組み」公法研究63号（2001年）9頁以下、ともに『現代立憲主義の制度構想』（有斐閣、平成18年）150頁以下、174頁以下。本文の引用は、151頁、175頁。本文で述べたことのほか、高橋説への疑問については、高見勝利「芦部憲法講義ノート拾遺9―『司法編』」法教257号68頁以下特に72、73頁、長尾「前掲」、野坂「前掲」参照。

（5） 山岸敬子『客観訴訟の法理』（勁草書房・2004年）38～39頁、144頁。

（6）　野坂「前掲」47頁。
（7）　美濃部達吉『行政裁判法』（千倉書房・昭和4年）1頁以下。
（8）　中川丈久「行政訴訟に関する外国法制調査―アメリカ（上）」ジュリ1240号100頁。
（9）　小早川光郎も、これに近い考え方をする。すなわち、「公的主体の活動と行政庁の行為の関係が、単に、何か共通の行政目的のためにそれぞれ一定の役割を分担するという関係にとどまるのであれば、行政庁の当該行為は、行政組織外の一般私人に対してその法律関係を規律するものとしての、理論的な意味での"処分"ないし"行政処分"の概念とは懸け離れたものであり、したがって、一般には取消訴訟等の対象としての制度的意味での"処分"に当たらないことになる。……そこでの対立は機関訴訟であって法律上の争訟にはあたらないことになる」という。そして、このことは立法によって決せられるべきとして、立法裁量の問題と見ている。小早川光郎『行政法下Ⅲ』（弘文堂・平成19年）276～277頁。これは小早川光郎説でも、法律の解釈問題ではあるが、
　　「何か共通の行政目的のためにそれぞれ一定の役割を分担するという関係」が法律で設定されたと言うだけで、機関訴訟と見るのは、いかにも法治国家と自治権を軽視すると思われる。
（10）　アメリカ法では主観訴訟と客観訴訟の区別はない。中川丈久「行政訴訟に関する外国法制調査――アメリカ（上）」ジュリ1240号95頁参照。
（11）　なお、この点では、野中俊彦「司法の観念についての覚え書き」『二一世紀の立憲主義―杉原泰雄先生古稀記念』（勁草書房・2000年）425頁参照。

　以上引用したもののほか、適切に引用できなかったが、中谷実「司法権の観念――抽象的違憲審査、客観訴訟、将来効判決、実質的証拠法則との関係」法教121号（1990年）104頁、藤井俊夫『事件性と司法権の限界』（成文堂・1992年）小早川光郎「非主観的訴訟と司法権」法教158号（1993年）、大貫裕之「行政訴訟による国民の"権利保護"」公法研究59号（1997年）203頁以下、安念潤司「司法権の概念」憲法の争点（第三版・1999年）224頁、片山智彦「客観訴訟の限界」笹田栄司ほか『司法制度の現在と未来』（信山社・2000年）80頁以下、長谷部恭男「司法権の概念と裁判のあり方（特集　日本国憲法と新世紀の航路）――（統治機構論の課題）」ジュリ1222号140頁（2002年）、常岡孝好「判批」判時1962号164頁（2007年）参照。

4 住基ネット法制における人権憲法問題に関する検討

4-1 〈研究座談会(その2)〉要点記録

    座談会開催日 2008(平成20)年6月29日
    要録作成日   同年8月31日

   兼子 仁(東京都立大学名誉教授、司会・作成責任者)
   内野 正幸(中央大学教授)   中島 徹(早稲田大学教授)
   棟居 快行(大阪大学教授)   野村 武司(姫路獨協大学教授)
   平松 毅(姫路獨協大学教授) (発言順)

Ⅰ．本〈研究座談会〉の主旨

(1)　いわゆる杉並区住基ネット訴訟(以下、杉並区訴訟ないし本訴)は、東京高等裁判所第10民事部平成19年11月29日判決に対して杉並区が上告し、最高裁判所第三小法廷に係属していた。そして、他の住基ネット訴訟とは異なる固有の新たな争点として、地方自治権の侵害に対する自治体(地方公共団体)の出訴適格という憲法問題を擁し、これに関しては、別立ての研究座談会に基づく記録が作成された。

　それに対し、本研究座談会の研究課題である「住基ネット法制における人権憲法問題の検討」は、いわゆる住基ネット差止訴訟に関する最高裁判所第一小法廷平成20年3月6日判決において一応判示された事項と多分に重複してはいた。しかし今回、本研究座談会に参画した私ども公法研究者6名は、同第一小法廷判決にあっては憲法13条と「自己情報コントロール権」の憲法的保障をめぐり十分な人権憲法論的判断がなされていないという批判的見地を有すると共に、上記差止訴訟の上告審に提出された研究座談会要録(平成19年4月29日付)を超え出る内容の研究を今日的になしえたものと考えるので、杉並区訴訟に対する第三小法廷の審理の参考にしてもらうことを期待する研究発表として、本研究座談会の要録を作成することとした。そして、本研究座談会の結果、

4 住基ネット法制における人権憲法問題に関する検討

私どもは、住基ネットにかかる人権憲法問題は、憲法13条解釈に関する新判例につながるべきところとして、大法廷に回付されて審判されることが適切であったと思料するものである。

（2） 本研究座談会において住基ネット人権憲法問題を検討した次第（その要旨）は、次の目次の通りである。

1 憲法13条は自己情報コントロール権を保障していないのか
　1-1 はじめに——"新しい人権"としての自己情報コントロール権
　1-2 最高裁判所による憲法13条・プライバシー人権解釈の判例状況と問題点
　1-3 憲法学説における「自己情報コントロール権」の保障解釈の通説的状況について
2 「自己情報コントロール権」という人権の特質について
　2-1 「自己情報コントロール権」という情報プライバシー権は、私生活プライバシー（本来の「私生活上の自由」）と人権としていかに異なるか
　2-2 個人情報の中核（固有）情報と外延（周縁）情報との区別は、人権保障上いかなる意味合いであると解すべきか——「本人確認情報」の要保護性にかかわらせて
　2-3 憲法13条が自己情報コントロール権を保障する効力の如何——法律の憲法適合解釈の指針としての効力について
3 住基ネット利用事務の法定主義・議会制民主主義は、憲法上、本人同意に代わる自己情報コントロール権の保障たりうるか
　3-1 個人情報保護法制における本人同意原則に照らすとき、利用事務法定主義の議会政治的多数決・間接民主制はいかに判断されるべきか
　3-2 住基ネット利用事務を政策的に増加させる法令の立案ないし運用をコントロールする第三者機関の必要性について
4 住基ネットの現行法制におけるデータマッチング（名寄せなど多面情報結合）の制度的危険性は、憲法13条による自己情報コントロール権・情報プライバシー保護にかかわっていかに判断されるべきか
5 住基ネットへの住民接続を決することにつき、憲法92条「地方自治の

4-1 〈研究座談会（その2）〉要点記録

本旨」に基づく地方自治体の自治権はいかにかかわると解されるか

Ⅱ. 本〈研究座談会〉における人権憲法問題の検討結果（要旨）

1　憲法 13 条は自己情報コントロール権を保障していないのか

1-1　はじめに——"新しい人権"としての自己情報コントロール権

日本国憲法が保障する国民の人権は、第三章に個別規定されたほか、1960 年代以降における"新しい人権"を含み、その包括的な根拠条項として「幸福追求権」を書く 13 条があると解するのが、今日の憲法学の通説である。"新しい人権"は、西欧系先進社会が 1960 年代以降に、高度技術化から高度情報・ＩＴ化およびグローバル化のなかでの格差拡大という大きな変動を経たことに対する、人権憲法の実定法的対応として憲法解釈されたものであって、主に憲法 13 条に基づくそれとして、プライバシーの権利、知る権利、環境権、子ども・高齢者・障害者・外国人の人権などが、憲法学上認知されている（芦部信喜『憲法〔新版〕』（岩波書店・1997 年）114 〜 117 頁など参照）。

これら新しい人権に関する最高裁判所の判例は、形成途上にあると目されるが、包括的人権条項である憲法 13 条が実定法的な人権保障の根拠たりうることが、すでに大法廷判例となっていることは公知であり、ただ、情報プライバシー権としての「自己情報コントロール権」（自己情報管理権、自己情報決定権、個人情報本人チェック権）が憲法 13 条により保障されているかどうかは未決であって、杉並区訴訟の第三小法廷審理はまさしくそこにかかわっていた。

1-2　最高裁判所による憲法 13 条・プライバシー人権解釈の判例状況と問題点

兼子（司会）　憲法 13 条による人権保障に関して最高裁判所の判例は、これまで「私生活上の自由」の保障であると解し、それによって、いわゆる肖像権の警察権行使に対する保障を裏付け（昭 44・12・24 大法廷）、名誉毀損的記事の出版差止事件に関し「個人の名誉の保護」が憲法 13 条にかかわることを示し（昭 61・6・11 大法廷）、また、外国人に対する指紋押なつ強制が理由の如何によりその侵害となりうる旨を判示してきている（平 7・12・15 第三小法廷）。

もっとも、いわゆる情報プライバシーに関して最高裁の判例は、憲法 13 条にはふれずに、犯罪歴情報の自治体回答を違法と解し（昭 56・4・14 第三小法廷）、また、私立大学内講演会参加者名簿の本人同意外警察提供をプライバシー侵害であると判示して

4 住基ネット法制における人権憲法問題に関する検討

いた（平15・9・12第二小法廷。いわゆる江沢民講演事件）。

それに対して今般、住基ネット根拠法律を合憲とした判決（平20・3・6第一小法廷。以下「3・6判決」という）は、憲法13条は「私生活上の自由」の保障条項であるという上記大法廷判例の枠内で解釈し、「個人情報をみだりに第三者に開示・公表されない自由」のみを語っている。

こうした、憲法13条をめぐる最高裁判所の判例状況は、憲法学説の見地からどう目されるであろうか。

内野 このあと論じられる憲法学上の「自己情報コントロール権」に最高裁の判決がふれていないのは、これまで長い間、情報プライバシーに関する適切なケースが生じていなかったからと目される。もっとも、下級審裁判例としては若干のものが注目されるが（佐藤幸治『現代国家と人権』（有斐閣、2008年）497頁など参照）、その点では、住基ネット憲法訴訟事件は、自己情報を能動的にチェックしたいという国民の情報プライバシーにかかわるので、伝統的な「私生活上の自由」問題を超えているはずで、今般の3・6第一小法廷判決の取り上げ方では憲法13条裁判として十分でないと考える。

中島 これまでの最高裁の憲法13条解釈にあっては、個人情報の本人コントロールといったことは、「公共の福祉」との関係で大それたことのように考えられてきたのではないか。しかし、それでは「自己情報コントロール権」を憲法13条に基づく現代的人権の中核を成していると解する憲法学の通説とかけ離れているといわざるをえない。第三小法廷の本訴審理では、第一小法廷3・6判決を見直す憲法的視点が求められていたはずである。

棟居 たしかに、住基ネット問題を憲法13条に照らして捉える場合、3・6判決のような、個人情報を公権力によって第三者にみだりに開示されない自由といった自由権的構成には、一定の意義が担われている。しかしすでに憲法学の方では、自己情報の公権力による取扱いを本人が積極的にコントロールするという請求権的側面も、たんなるプログラム説でなく憲法13条解釈に内在させることになっている。

しかも、実は最高裁の判例でも、情報プライバシーの手続的保障の面では、憲法13条にはふれずに実質的に本人の自律権を尊重しているように解されている（前述された指紋押なつ事件、江沢民講演事件のほか、エホバ証人輸血拒否事件の平12・2・29第三小法廷）。したがって、3・6第一小法廷判決は異例に形式的にすぎたのではないか。

野村 とくに江沢民講演会事件の第二小法廷判決は、本人同意なき参加学生名簿の警察提供をプライバシー情報侵害としたもので、憲法判例的な実質を有していると見

られる。

1-3 憲法学説における「自己情報コントロール権」の保障解釈の通説的状況について

兼子(司会) 日本の憲法学界で大多数説という意味での通説が、憲法13条による現代的な人権保障として「自己情報コントロール権」が存すると解釈していることは、この研究座談会で一般的に確認できよう。

その代表的な学説表示とみられるのが、芦部信喜教授の『憲法〔新版〕』(岩波書店、1997年第1刷118頁、2002年補訂版同頁)であり、現代憲法上の「新しい人権」として、「プライバシーの保護を公権力に対して積極的に請求していくという側面が重視され」て、憲法13条により「情報プライバシー権」として自己情報コントロール権が保障されるべきものとされている、と明記されている。この芦部憲法学説は今日どう位置づけられるべきか。

棟居 これは、佐藤幸治(京都大学名誉教授)説(『憲法〔第3版〕』1995年、青林書院、453〜454頁)を受け入れた憲法13条解釈として、通説になったものと見られる。佐藤説では、個人の「人格的利益」にかかわる憲法13条の人権としては、「自己情報コントロール権」こそがプライバシー人権であって、それが私的事項の「自己決定権」と並ぶとされる。

それに対し芦部説では、「私生活上の自由」である私的事項の自己決定権も広義のプライバシー権を成すとするが、やはり情報プライバシー権が「私生活上の自由」を超えて重視されている。

いずれにせよ憲法学では早くから、憲法13条に関して伝統的な「私生活上の自由」にこだわり続けてはいない。

中島 憲法13条に基づくプライバシーの権利のなかで、自己決定権と情報プライバシー権・自己情報コントロール権とを峻別することには疑問があり、憲法学の通説は、「私生活上の自由」と自己情報コントロール権とは現代的なプライバシー人権としては重複する部分があると考えられているはずである。

2 「自己情報コントロール権」という人権の特質について

2-1 「自己情報コントロール権」という情報プライバシー権は、私生活プライバシー(本来の「私生活上の自由」)と人権としていかに異なるか

兼子(司会) 標記の問いが憲法学説の見地からは自然に出てくるが、どうか。

4 住基ネット法制における人権憲法問題に関する検討

内野 「私生活上の自由」は憲法13条に基づく公権力への不作為請求権だが、「自己情報コントロール権」は公権力に対する作為請求権だろう。

棟居 公権力への作為請求権はほんらい生存権的であって、憲法13条はやはり自由権的側面が本質だろう。住基ネットの場合も、憲法13条は、公権力が安易につなごうとすることを自由権的に禁ずるはずである。

中島 自己情報コントロール権も、情報プライバシーの防御権であることがその本質と解される。つまり、「私生活上の自由」ともかかわり、"放っておかれるために、個人情報の出し入れを自分でコントロールしなければならない"ということで、"個人情報の出し入れの自己決定権"を憲法13条は保障している。

平松 私は、米国憲法の領域に発して社会権的に理解される可能性が高い「自己情報コントロール権」よりも、ドイツ連邦憲法裁判所の判例用語である「自己情報決定権・情報自己決定権」(Recht auf informationelle Selbstbestimmung) の方が、日本国憲法13条の解釈用語として適しているという考え方である。

ドイツの連邦憲法裁判所判決（1983年12月15日）は、国勢調査法を違憲と判断した際に、基本法1条1項の「人間の尊厳」と基本法1条2項の「人格の自由な発展の権利」に基づいて憲法上保障される「自己情報決定権・情報自己決定権」を、公権力に対して請求できる防御権（自由権）だと判示している。

日本の憲法でも、第13条の幸福追求権は、一般的行動の自由ではなく、個人の人格的生存に不可欠な利益を保障していると解すれば、第13条から同様の結論をひきだすことができる。

しかし、この権利を「自己情報コントロール権」と解し、その概念に含まれている諸権利の統合と解した場合には、その核心部分が、立法措置を待たないで確定できる自由権としての内実を有するか否かに疑問がある。なぜなら、この説の主唱者である佐藤幸治教授が使用している、「道徳的自律」「善の追及」「自己の存在にかかわる情報」という概念はあまりにも抽象的で、これにより裁判上の救済を求めるべき自由権の核心部分を明らかになるとはいえないのでないかとの疑問があるからである。

他方、自己情報決定権の内実は、私生活領域における情報に関する自己決定の自由（自己情報決定権）および社会に自己表現する自由（自己表現権）という私生活上の自由であり、これを保護するために自己に関する個人情報を開示、訂正する作為を主張するのであるから、これが裁判上の救済を求めることができる自由権であることは、恰も名誉を保全するために出版差止などの作為が認められることと同様明らかであり、この理論構成の方が日本の憲法解釈としてより説得力があると思われる。

4-1 〈研究座談会（その2）〉要点記録

2-2 個人情報の中核（固有）情報と外延（周縁）情報との区別は、人権保障上いかなる意味合いであると解すべきか――「本人確認情報」の要保護性にかかわらせて

兼子（司会） 3・6判決は前述した憲法13条における「私生活上の自由」の見地から、プライバシー保護の必要が強いのは、「個人の内面に関わるような秘匿性の高い情報」であって、住基ネット上の「本人確認情報」はそれに当たらないと割り切ってしまっている。

もっとも、自己情報コントロール権の憲法学説にあっても、個人情報の中核・固有情報と外延・周縁情報とで要保護の程度差のありうることが説かれており、かねて多く最高裁判例の対象となっていたのは、肖像・指紋・名誉・犯罪歴といったセンシティブな中核個人情報であったので、それらと比べると住基ネット上の「本人確認情報」は外延情報と見られやすいことを、憲法学的にどう考えるべきか。

内野 「人格的利益」の説に立つ憲法学説では、中核・固有情報の保護を重んじやすいが、最高裁判例の「私生活上の自由」解釈はかえって、プライバシー保護の一般的自由説の憲法学説につながるニュアンスを擁しているとも考えられる。

棟居 中核・固有情報のプライバシー保護を重んずるのは当然として、人格的利益説に立っても、「本人確認情報」は"索引情報"として他の行政目的情報につなげられるという特性から、利用文脈依存的に個人のコミュニケーションの自由を妨げることにつながることが別に重要視されなければならない。

平松 この点では、やはりドイツ連邦憲法裁判所の判決（2008年3月11日、自動車登録番号自動読取装置は違憲）が、同上番号の捜査記録上の利用に関連して、「自己情報決定権に基づく保護範囲は、性質上知られたくない、それ故に基本法上保護されるべき情報に限定されない。それ自体としては些細な意味しか有しない情報であっても、利用の目的及び……結合可能性によれば、該当者の私生活及び自由に基本法上重要な影響を及ぼすことがありうる。現在の電子情報処理技術の下では利用の脈絡と関係なく、全く重要でない個人情報は、もはや存在しない」と判示していることが、比較憲法裁判資料としてきわめて注目されよう。

このことは、自己情報決定権の侵害は、単に知られたくない情報（中核情報）を知られることによってではなく、自己の意思によって他人に与えたそれぞれの個人情報（外延情報）の処理の方法によっても生ずるからである。このことは、例えば、自己の意思で医師、教師、銀行、警察、保険会社、結婚相談所、税務署に与えた情報を相互に結合するだけで、自己情報決定権の侵害が生ずる個人情報処理の特質から説明することができる。個人を特定できるどんな情報であっても、それをキーワードとして

4 住基ネット法制における人権憲法問題に関する検討

他の個人情報を集積する核となりうるし、それによって個人の意思に反する社会的イメージを形成し、個人に不利益を与え、自己決定を反故にするなどの人格権侵害が発生するからである。しかし、自己情報決定権の侵害は、このような具体的な不利益を被らなくても、単に自己と関係をもつ他者が、自己に関してどういう情報を有しているのかを知ることができないことにより、個人に自己の判断に基づいて行動することに不安感を与え、その行動を萎縮させるだけでも生ずることに注意する必要がある。なぜなら、現代の個人情報処理は、秘密警察による監視の対象とされると同様の萎縮効果を与えることにより、個人の人格の発展を妨げると同時に、個人の自律的な自己決定を前提とする民主主義を機能不全に陥らせることにより、公益も妨げるからである。

野村 「本人確認情報」は住民票コードを含めて住基ネット利用のマスターキーであることが法制上の位置づけなのであるから、それ自体の秘匿性を問うことはがんらい無意味で、住基ネット利用による個人の社会的なプロファイルがプライバシーを侵す危険を問題にしなければならないはずである。

中島 「本人確認情報」のなかでも「変更情報」は、別居・離婚などそれ自体に要保護性があると考えられている。変更情報もその機能面、利用のされ方でセンシティヴィティがいっそう高まることが重要だ。

兼子 いずれにしても、3・6判決のように情報項目単位にだけ要保護性を語ること（情報項目保護主義）は、現代の情報プライバシーにとっては大いに疑問で、「本人確認情報」が索引情報として行政利用目的情報とのつながりでセンシティヴィティを生ずることを、憲法13条の人権保障として重んずべきだろう。現に最高裁判例上でも、先述の江沢民講演会事件では、学生氏名等が講演会参加者名簿として本人同意外に警備警察に提供されたという利用脈絡で、プライバシー侵害の判定にいたっていたわけであった。たしかに中核個人情報が「収集」制限をも受けうるのに対して、それ自体は外延的な個人情報も利用脈絡で「利用」制限を受ける、という情報プライバシーの保護が今日のIT国家において肝要と言わなければならない。

2-3 憲法13条が自己情報コントロール権を保障する効力の如何
――法律の憲法適合解釈の指針としての効力について

兼子（司会） 「自己情報コントロール権」を保障する憲法13条が住基ネット法律規定に対していかなる効力を示すかに関して、杉並区訴訟では特に、合憲・違憲審査の根拠よりも（上告人杉並区は制度違憲は主張していない）、法律の合憲法的解釈基準（憲法適合解釈の指針）としての効果が問われている。すなわち、住基ネット法律規定

を憲法13条の原理に適合するように解釈すれば、個人選択的接続を許容する法制でありうるという筋は、憲法学上どう評価されるか。

内野 住基ネット法制が3・6判決によって合憲と判定されているとしても、なお憲法13条に照らした合憲解釈(憲法適合解釈)をして、杉並方式のように区民の個人選択的接続の運用をしようとすることで、完全合憲になりうるものと解する。

棟居 たしかに憲法13条に基づく自己情報コントロール権は、関係法律の解釈に当たっての判断基準たりうる。それと関連して、自己情報コントロール権を法律で合憲的に制限できるのは、「厳格な合理性」基準による比較衡量によると解されるが、たんに行政の効率化といったことでは、人身保護等とちがい制限の合理的理由に当たらないと考えられ、利用目的が関係法律上明確に限定されている必要がある。

平松 利用目的を厳格に限定することを求める憲法上の根拠として、2007年2月23日のドイツ連邦憲法裁判所のビデオ監視違憲判決は、自己情報決定権も、公共の福祉による制限に服するが、その制限は、法治国家原則からひきだされる規範の明確性の原則に適合し、かつ、比例原則に合致した法律にもとづかなければならないと指摘した。なぜなら、市民の自由は、行政の裁量に委ねられてはならないという原則を前提した上で、法律には行政府による裁量の限界を設定する機能がある。それが規範の特定性の原則と規範の明確性の原則であり、それは、行政の活動を限界づけることにより、裁判所による法的統制を確保する機能を有する。従って市民に対する権利侵害の原因、目的および限界は、権限を授権する法律の中で市民が、乱用されるおそれを抱くことがないように、詳細かつ明確に定められなければならないが、バイエルンデータ保護法は、単に必要性に基づく限定を加えているに過ぎないとして、これを違憲とした。我が国においても、憲法13条は、自己情報決定権を制限するには、国民の権利を最大限に尊重する法律上の手続によるべきことを定めているから、日本の憲法からも同様の結論を引き出すことができるのではないか。

3 住基ネット利用事務の法定主義・議会制民主主義は、憲法上、本人同意に代わる自己情報コントロール権の保障たりうるか

3-1 個人情報保護法制における本人同意原則に照らすとき、利用事務法定主義の議会政治的多数決・間接民主制はいかに判断されるべきか

兼子(司会) 3・6判決は、住基ネットによる本人確認情報の管理・利用が「法令等の根拠に基づき」限定されているため(住民基本台帳法30条の30など)、憲法13条「私生活上の自由」を侵害しないものと解している。

そしてたしかに、個人情報保護法制の国際比較においても、OECD原則(1980年、

4 住基ネット法制における人権憲法問題に関する検討

10条b号）やEU指令（1995年、26条1項d号）でも、本人同意のほかに目的外利用・提供の「法令の定め」要件が書かれてはいる。

　この住基ネット利用事務法定制は、無条件にしたら議会政治的多数決になるので、憲法13条に照らしていかに判断されるべきであろうか。

野村　住基ネットの利用事務を定める法律・条例は、行政法治主義にいう議会立法の留保ということではなく、個人情報保護法制において本人同意に代わる目的外利用・提供の特別根拠にほかならない。したがって、法律の規定があれば足りるのでなく、先程の憲法13条原理に適合する解釈基準を満たしていなければならないはずである。3・6判決にいう「正当な行政目的の範囲内」といった要件では足りないと解される。

内野　これまでに日本国憲法の条項との関係では、84条がらみで課税要件明確主義が判例上目立つ程度だったが、憲法13条に基づく"新しい人権"にかかわる情報プライバシーとしては、個人情報の行政利用を定める法律に、利用目的の明確化が憲法上要請されるだろう。

棟居　利用事務法定主義を3・6判決のようにフリーパスさせるわけにはいかない。ドイツ憲法裁判の審査基準に見習って、「明確性」のテストを課する必要があり、3・6判決のようでは明確性テストのバーが低すぎる。

3-2　住基ネット利用事務を政策的に増加させる法令の立案ないし運用をコントロールする第三者機関の必要性について

兼子（司会）　住民基本台帳法の別表第一〜五をはじめとする法定利用事務（2006年5月時点で293事務）は、高度情報通信ネットワーク社会形成基本法に象徴されるIT時代ゆえ、広く行政諸分野にわたるネットワーク利用へと政策的に増大せしめられていく蓋然性がある。

　しかも、そうした行政利用事務の専門的な改正法定は逐一報道されないし、一般国民・住民は不知が普通であるから、立法立案を含めてコントロールできる独立・専門的な"第三者機関"が必須と思えるが、憲法上どうだろうか。

　この点3・6判決では、都道府県審議会と国・地方自治情報センターの保護委員会をもって第三者機関有りとしているが、条例・法律の立案コントロールの権限はなく、憲法13条原理に沿っていないのではないか。

中島　立法コントロールの国家機関を設けることは権力分立の問題をはらむが、住基ネット利用を定めようとする法律案は内閣提出が普通なので、国民の自己情報コントロール権を制限する法律・政令の立案をコントロールするという第三者機関は、内

閣府に独立機関として設置されるべきであろう。

兼子 EU指令(28条)では、加盟国に必置の監視機関(supervisory authority)は議会への権限付託を含む独立機関でなければならないとされている。

私がかつて出張調査したところによると、フランスの個人情報保護法（1978年）が設置した「情報処理・自由国家委員会」(CNIL、クニールと略称）は、国民識別番号づきネットワークを定める政令をはじめとして公的部門の個人ファイルシステムを行政立法で定めることを事前規制する権限を行使している。

平松 ドイツでは、データ処理の根拠法律の有効性を事後的に確定するのは、最終的には連邦憲法裁判所である。しかし、データ処理による権利侵害は、我々の知らないうちに進行するから、裁判による救済が機能しない分野である。そこで権利侵害を事前に予防するためにも、第三者機関の設置が不可欠である。ドイツを含むEU諸国では、末端の官公庁には、必ず、一定の（利益相反せず、専門能力を備えた）資格を有するデータ保護責任者を任命しなければならず、法律違反がある場合、この責任者が第一次的責任を負うと同時に違反を予防するために一定の権限（センシティブなデータの利用に対する事前審査など）が与えられている。

次いで、州のデータ保護法に関しては各州毎に置かれているデータ保護監察官（名称は一定でない）が、連邦ではデータ保護監察官が、データ保護責任者に対する助言を行なうと同時に、職権で各官公庁を巡回して、法律違反を摘発し、改善を指示すると同時に、データ主体(国民)を保護することとしている。

データ処理は、性質上、本人の知らないうちに進行するから司法統制が機能せず、かつ、情報処理の利益を享受する行政機関による内部統制も利益相反により機能しない。従って、EUでは、第三者機関による事前統制の不存在は、違法行為の黙認と解され、第三者機関の設置が義務付けられているのである。

4　住基ネットの現行法制におけるデータマッチング（名寄せなど多面情報結合）の制度的危険性は、憲法13条による自己情報コントロール権・情報プライバシー保護にかかわっていかに判断されるべきか

兼子（司会）　この問題について3・6判決は、データマッチングも個別法定されるはずで、法定外利用は罰則・服務規律づきで禁じられ、かつ現行法制では一元的情報管理機関は存しないので、国民の「私生活上の自由」を侵害する具体的危険性はないと判定しているが、憲法13条解釈としてどうなのか。

平松　ドイツでは、データマッチングが法律で禁止されているというだけでは、合憲とはされない。2008年3月11日連邦憲法裁判所の自動車登録番号標識自動記録装

4 住基ネット法制における人権憲法問題に関する検討

置違憲判決によると、自動車登録番号のように、特定個人を識別できる情報を公然と知ることができると法律で規定されていても、自己情報決定権は、個人情報が他に利用される可能性を有する措置を遂行するために個人情報が蓄積される、自動的な情報収集に際しては、それら個人情報を把握されない利益を保護していると指摘した。具体的には、この装置によって、登録番号以外に、本人、同乗者、走行地点、走行方向なども把握されるし、これを登録番号と連動している身元情報と照合すれば、当事者の当日の行動の詳細が明らかになる。更に、情報処理の秘密性は、個人に一般的な萎縮効果を与える。なぜなら、個人情報が蓄積されているかどうかは、カメラを見ただけではわからない。知らなければ法的措置を求めることもできないからである。

法律が、基本権である自己情報決定権を制限する措置を行政府に授権しているのであれば、その法律は、基本権の制限の内容とその程度に関して明確な決定を行ない、裁判所による効果的な法的統制を確保しなければならない。具体的には、法治国家原則に基づく規範の特定性と明確性の要求を充たす法律により、市民がありうべき不利益に対抗できるように、領域を限定した上で、侵害の理由、目的および比例原則に反しない限界を正確に確定しなければならない。でなければ、収集された個人情報が、蓄積後他の個人情報を結合した上で他の目的のためのデータベースに蓄積されるなど、将来予測できない措置のために利用される原因となると指摘し、このような予防措置を講じていない該当法律は、それ自体違憲であると判断したのである。

棟居 現に住基ネット情報の一元的管理機関が存しないことは問題ではなく、制度的危険性は、今後の行政諸分野にわたるデータマッチング法定の蓋然性の問題だ。法定外利用に対する罰則適用は必ず個人情報流通の後追いになるので、実効性に乏しい。住民票コードを諸行政間で共通番号化させ住基ネットを"悪魔のツール"にしてはならない。

そもそも国家活動における危険と安全性の保障の問題にあっては、具体的危険の立証ではなく、具体的な安全性の立証責任が憲法上国家・政府の方に在ると解すべきものである。

中島 住民票コードなどをキーにして個人情報を使い回すネットワークシステムでは、情報プライバシー侵害となる情報流通は瞬時に、しかも不可逆的に生ずるので、危険性は本質的に抽象的可能性と具体的現実性が一体的なのだと考えなければならない。しかも、国民の目にはそうした住基ネットシステムの危険性は、間接的で見えにくい。

兼子 名寄せデータマッチングが現行の住基ネット上で法定外にも可能なことは、2003年10月からいわゆるアクセスログの本人開示システムが構築され稼働している

ことで知られる。今後の立法上では、生活保護受給者や税滞納者の資産・収入調査の名寄せシステム化も想定されうる。

それ以上に、近い将来の立法動向として、住民票コードの民間流通を含む、年金統一番号としての「社会保障番号」制や「納税者番号」制への動きが公知であり、それによる住基ネットの大規模利用が憲法13条・情報プライバシー権に強大なインパクトをもたらすに違いない。

野村 住基ネットを通ずる多面情報結合による国民個々人のプロファイリングが、本人不知のうちになされうることが最も問題だが、現行の行政機関個人情報保護法（3条1〜3項）の行政目的拘束制はゆるく、たとえば、今後、検診・医療面でのレセプト・データマッチングがシステム化されやすいといった懸念がある。

5　住基ネットへの住民接続を決することにつき、憲法92条「地方自治の本旨」に基づく地方自治体の自治権はいかにかかわると解されるか

兼子（司会）　ここで、憲法13条に照らしてみた住基ネットへの住民接続の法的決定権者は誰かと考えると、3・6第一小法廷判決のように利用事務法定を万能視する立場では、それは立法国家・国会であるとされ、反対に住基ネット差止訴訟の適用違憲判決（同上の原審・大阪高判）では、国民・住民の各個人本人と解されるほか、個人情報保護条例に基づく住民個人の「中止請求」対応としては、各自治体の審査会答申を経た首長決定となり得、さらに、本訴上告人・杉並区の解釈によれば、住民所属自治体の公選首長に住民意向を体した補完的な自治裁量決定権が存する、ということになる。憲法学的にどう整序すべきであろうか。

中島　私見では、住基ネットへの住民接続は、憲法13条に根ざす現行法制解釈として、住民個々人の利用中止請求権に属する事柄である。

内野　憲法解釈としては、学説により差が出るにしても、段階的な解決を考えた見解の分布があり得よう。

憲法13条による自己情報コントロール権の保障に基づく住基ネットの制度違憲・適用違憲を別にするとき、住民所属自治体の憲法92条以下による地方自治の保障が浮かび上がる。その場合に、自治体の自治行政権が憲法94条によって直接保障されているという"憲法伝来説"が重要となろう。住基ネットの大部分は現行法律上も、自治体の「自治事務」と編成されている。

棟居　住基ネットによる憲法13条・プライバシー権の制限に対しては、不同意の国民が自由権的防御を求めうると同時に、同意する国民が住基ネット利用を請求しうる、という二重の意味合いにおいて、本訴で杉並区自治体が区民の権利に代位する権

4 住基ネット法制における人権憲法問題に関する検討

限行使をしていることになろう。こうした国家による代位権限行使の裁判例としては、いわゆる第三者所有物没収事件（最大判昭32・11・28）で私所有権の代替的保障という形で、憲法判例に顔を出している。

平松 自治体首長は、住民全体の利益、いわゆる公益を「代表」していると解されるが、自己情報決定権は、個人の基本的人権なので、これを自治体首長に委任することができると解すると、国に対しても委任することを拒否できないことになるおそれがあるのではないか。

兼子 関連して、本訴原審の東京高裁判決が、住民基本台帳法を執行する自治体首長は「法執行者」として裁量権を有しないとしているが、それでは、いわゆる平成分権改革の「地方分権一括法」で公認された"地方自治体の法令解釈権"がおよそ度外視されてしまっていると言わなければならない。

4−2 〈研究座談会（その2）〉逐語記録

日時・平成20年6月29日（日）14：00〜／
場所・学士会館3階／記録作成日・同年8月31日

兼子　仁（司会）　内野正幸　中島　徹
棟居快行　平松　毅　野村武司（発言順）

1　憲法13条は自己情報コントロール権を保障していないのか

1−1　はじめに――"新しい人権"としての自己情報コントロール権（前掲・要録のみ）

1−2　最高裁判所による憲法13条・プライバシー人権解釈の判例状況と問題点

兼子（司会）　憲法13条に関わりがあると目される最高裁の判決は、つぎのようにリストアップできるようです。

① 昭44・12・24大法廷＝憲法13条「私生活上の自由」と肖像権保障
② 昭61・6・11大法廷＝出版差止めを求める「人格権としての個人の名誉の保護（憲法13条）」
③ 平7・12・15第三小法廷＝憲法13条「私生活上の自由」と外国人指紋押なつ拒否可能性
④ 昭56・4・14第三小法廷＝犯罪歴情報の自治体回答違法
⑤ 平15・9・12第二小法廷＝私立大学内講演会参加学生名簿の警察提供による「プライバシー」侵害判定
⑥ 平20・3・6第一小法廷＝憲法13条「私生活上の自由」に住基ネット法制は適合

総括しますと、これまで最高裁の判例は、憲法13条による「私生活上の自由」の保障を肯認して、肖像権、名誉権、指紋押なつ拒否につきその侵害可能性を判示してきましたが、今次の平成20年3月6日第一小法廷判決（3・6判決）は、そうした「私生活上の自由」という憲法13条大法廷判例の枠内で、住基ネット法制による憲法13条の人権の制限が合憲であるという新判例をつけ加えました。

この3・6判決は、「個人情報をみだりに開示・公表されない自由」と言い、住基ネット上の「本人確認情報」の秘匿性が弱いことを根本理由に憲法13条に反しない

4 住基ネット法制における人権憲法問題に関する検討

としたのですが、ここで改めて、特にデータプライバシー、情報プライバシーについての最高裁の考え方がどうであるかが問題になりましょう。この点、上に挙げたリストで、④は、いわゆる犯歴情報の弁護士会照会に対する自治体回答を違法としましたが、憲法13条にはふれていません。ついで、⑤は憲法学でも重視されているようですが、早稲田大学江沢民講演会事件で参加学生氏名・番号を「プライバシーに係る情報」と言いながら、ただこれは不法行為責任としての判示です。

　ここに6つ最高裁判決を、実質的に憲法13条のプライバシー人権にかかわる判例として取り上げましたが、この全体状況についていかがでしょうか。

　内野　自己情報コントロール権について従来、最高裁は正面から立ち向かうということが少なかったわけですけれども、そのひとつの背景としては、その問題を取り上げるのにふさわしい事例にあまり出合わなかったという問題があると思います。これまで自己情報コントロール権を語るに適切な事件が、そう数多くは起きてこなかったであろうということです。下級審判例として若干のものが注目されましたが。

　中島　その点は、自己情報コントロール権という権利の意味合いとまさに関わるわけです。この権利をどう理解するかによって、適切な事件であるかどうかが決まるのであって、名称だけが一人歩きしても、議論は先に進まないのではないかという気がします。その点、内野先生はどのような意味で自己情報コントロール権を理解されて、それにふさわしい事件がなかったとおっしゃったのでしょうか。

　内野　今回の住基ネット訴訟こそ、自己情報コントロール権にふさわしいわけですけれども、京都府学連肖像権事件の場合ですと、自己情報コントロール権という新しい概念を持ち出すまでもなく、もっと手前の伝統的なプライバシー権概念で勝負し切れるのではないかという趣旨です。

　中島　住基ネットが、自己情報コントロール権を論じるのにふさわしいという場合に、そこでいうコントロールの意味合いがまさに問題となります。コントロールということの意味が、自分に関する情報が誰の手にわたっても、自分の情報を使わせる、使わせない、修正する、削除させるという、ある意味では途方もない権利を想定しているのだとしたら、逆に実際上、実現不可能ということで権利性を否定されるということもありうるので、コントロールということの意味合いをもう少しはっきりさせる必要があるのではないでしょうか。京都府学連がふさわしくないというのは、そのとおりだと思うのですが、今回が自己情報コントロール権を認めるのにふさわしいというのは、いかなる理由なのでしょうか。

　内野　そもそも私は自己情報コントロール権で、コントロールという言葉がかなり強い響きを持った言葉ではないかと前々から思っておりまして、ほかに何か言葉はな

いか。強いて言うと「自己情報チェック権」程度でして、本当にまともにコントロールするなどというのは、そう簡単にできる話ではありませんで、それで今回の住基ネットですと、自己情報を集中され、開示され、利用されるという、ただそれだけではなくて、もう少し先に進んで、自分に関する情報について、能動的にチェックしたいというところまで進んでいる特徴があると思います。

棟居 いまの自己情報コントロール権説のコントロールということの中身が曖昧だから、最高裁もちょっと手を出さないのだろうということも然りですが、それだけではなくコントロール権という場合に、作為請求権ということになり、これはもう抽象的権利説ということに、学説自体も落ち着いている。因みに生存権で言われる抽象的権利説よりは、もっとむしろいわゆるプログラム説寄りです。すべて法律待ち、制度待ちと。こういう権利という名にはふさわしからざる、非常に貧相な内容しか抽象的権利説は実際には持っておりません。そうした理解が自己情報コントロール権というものの場合にはあって、コントロールの中身を仮に明らかにしても、次に法的性質論でまたまた憲法レベルでは具体的に保障していないと。いわば往復びんたを食うような格好になっております。

さて、第一小法廷の3・6判決は、44年大法廷判決を持ち出して「私生活上の自由」ということを言ったわけです。しかし実際にはあれは非常に特殊な局面で、つまり令状主義を及ぼして厳格に考えてくれたという事案だったと思います。

ともあれこの3・6判決では、「何人も個人に関する情報をみだりに第三者に開示または公表されない自由」と、44年大法廷判決を引き取りまして申しているわけです。肖像権というものが直接には警察といった公権力との関係で、みだりに写真撮影をされないということの保障であったはずでありますが、さらにそれが第三者に開示をされるという、そこのところのチェックとして、「私生活上の自由」がいわれ、今回の3・6判決は44年判決に対して、振り返ってそういう意味を与えている。要するに警察という公権力が持つということだけを問題視したのではなく、さらにそれが他に流通する、場合によっては民間に流出するという事態があり得るということでもって、第三者に開示または公表されないということが私生活上の自由という意味でのプライバシー権の保護法益なのだと。要するに公権力が秘密裡に握ること自体ではなく、それがさらにほかに漏れていく可能性が生まれるということを問題視して、『宴のあと』と同じように、公表とか公開ということがプライバシー侵害のいちばんの核心なのだというように、今回の3・6判決は理解しているようであります。

これは自由権的な構成という点では、かすかな救いを感じさせます。これはあくまで自由権ですから。そういう構成を採ってくれている以上は、それに乗れば自己情報

4 住基ネット法制における人権憲法問題に関する検討

コントロール権の作為請求権が抽象的な権利だという、そちらに呑み込まれなくて済むかもしれないということを、感想として付け加えさせていただきます。

中島 先ほど、コントロールという言葉に拘ったのは、後のテーマを先取りしようというつもりではなくて、内野先生のように一連の判決を住基ネットの判決と断絶していると捉えるのか、連続していると捉えるのかに関わるから、問題にさせていただいたわけです。3・6判決に関して言えば、私もいまの棟居先生のご発言に比較的近い意味で、拾えるものもあると考えています。

ただ①判決は、確かにいまご指摘の点もあるとは思うのですが、所詮公共の福祉論なのです。どちらかと言うと、そこに重点があるので、今回の3・6判決も同じ公共の福祉の理屈ですから、自由権的側面におけるプライバシー権を一見すると認めているようでありながら、実は棟居説をガランとひっくり返す構造になっているという点では、実は私はあまり救いを見い出せないでいるのですが。

兼子(司会) 江沢民講演事件で示された第二小法廷判決ですが、実質的にはかなり憲法13条プライバシー権、むしろその中でも自己情報コントロール権的な考えが、第二小法廷判決に実質含まれていたとは言えませんか。

中島 非常に抽象的に捉えると、氏名、学籍番号等々に関して大学側に使われないという点でコントロール権的な意味合いはありますが、あのケースはもともと大学側が名簿に名前を書かせるときに、警察に提出するということを明記していれば済んだ事例であって、そういうことをきちんとやらないという事案の特殊性があり、その上に集会の自由にも関わるという別の問題もあるわけです。集会に参加する人の名簿という点で、自己情報コントロール権保障の側面もないわけではないでしょうが、あの判決は言われるほど氏名等々の索引情報について、権利としてコントロールを認めたと言いにくいのではないかという気もします。これにはご異論があるかもしれませんが。

内野 そもそも裁判実務の側では、憲法13条に言及するまでもなく、私法上のプライバシー権で勝負し切れるという、そういう頭があるのではないかと推察しております。

棟居 江沢民事件について一言申し上げると、これを自己情報コントロール権と結びつけるかあるいは切り離すかは、どちらにも言えると思うのですが、先ほど中島さんがおっしゃったように、「同意を得る手続を取ることなく」、そこを最大のポイントにしていますので、これは手続論ですね。手続論で思い出すのは、エホバの証人の輸血拒否事件です。あれも意思決定の自由を侵害したということで、最高裁は勝たしているわけです。

要するに最高裁は、学説が言う自己決定権という人格的自律といったものと結びついている、実体的、切札的な権利を、単なる手続論に替えると言うか、いわば矮小化して、しかしその限りでは肯定している。輸血拒否訴訟では高裁の自己決定権というネーミングを敢えて、最高裁では「意思決定の自由」というように置き換えています。その同じ発想が江沢民事件の最高裁のこの同意云々にもあるのではないか。

自己情報コントロール権のコントロール権というときには、我々は単なる手続論を言っていたのではなくて、まさに情報自己決定権を言っていたはずなのです。しかしながらそれとは似て非なるものに置き換わっている。しかしそれを敢えてコントロール権の射程内に我々の側で捉えていくのか、あるいはこのようなものでは全然駄目なのか、これはどちらも可能性はある。

兼子（司会）　なるほど。法科大学院の中での議論をちょっと聞いたような感じがします。

しかしここでは、最高裁に新判例を形成してもらいたいということで、既存の状況の確認をまず、しようということです。

棟居　自己情報コントロール権という総論を肯定しろと、あるいはさらに最高裁による細やかな定義付けすらも求めていくという、そういういわば学者としては欲張った、しかし学問的に意義のある、そういう方向なのか。それとも3・6判決などが言っているような、昭和44年判決を引き取った形での、「個人に関する情報をみだりに第三者に開示または公表されない自由」、これについての位置付けをもう少し考え直してくれという、そこから個人の人格的自律の話のほうに、そういった表面的な情報でも関わってくるというように持っていくのか。

兼子（司会）　先ほど申したように大法廷回付を期待するという場合には、やはりこれまでの最高裁判決文の中では、全く触れられていない、憲法13条のプライバシーの権利には自己情報コントロール権の保障があるはずだという自己情報コントロール権解釈への言及をぜひ期待したいという意味合いでありました。

ところが、棟居教授の場合は、住基ネットによる違憲侵害は、私生活の平穏に関わる私生活上の自由という憲法13条人権の限りでも、そこに含まれる違憲性は、指摘できるはずだというご説ですね。しかし棟居教授も、自己情報コントロール権の憲法13条保障は、認めておられるわけでしょう。

棟居　前提としてそれを発展させたつもりでおります。

ただし私は、最高裁の小法廷の間で分裂があると叩いていけるのではないかなと思っております。先ほど出ていた江沢民事件では、直接には、氏名等の情報がやはり重要だということを言っているのではないのですか。それに対して今回の3・6判決

4 住基ネット法制における人権憲法問題に関する検討

はというと、個人の内面に関わるような秘匿性の高い情報とは言えないと、こうバッサリで、これでは両者が矛盾しています。

それで小法廷の間で、こうした生活上の基本的な情報についての位置付けが違うということで、やはり大法廷が、こうした情報については、私生活上の自由というよりは、自己情報コントロール権説の射程の話になりますから、大法廷では自ずと自己情報コントロール権説なるものの是非と、その射程について議論が及ぶ、これを狙うのがいちばん自然なはずではないかと考えています。

中島 ⑤判決を、世間で言われるほどに自己情報コントロール権の文脈で積極的に評価しない理由は、もちろん早稲田大学を弁護するためなどではなく（笑）、あれを憲法判例のレベルで捉えてしまうことは過大評価で、期待をかけても裏切られる可能性が高いと考えるからです。今回の杉並区訴訟のほうが、漠然としたイメージであった自己情報コントロールに、ケースとしては近いのです。

兼子（司会）　それはわかりましたが、しかし江沢民事件では、講演参加者の学生氏名等を、本人の意に反してでも開示してしまったということですけれども、開示先が警察でしょう。外国の要人の警備云々ということではあったでしょうけれども、警備警察に対する情報提供です。ですから、限りなくポポロ事件的な要素が含まれていたのではないかという感じもありますね。

中島　それはご指摘のとおりですが、公安に情報を渡すという話になると、まさに①判決のように、「公共の福祉」の話に行ってしまいがちなわけです。

棟居　むしろ江沢民事件についてのポイントは、集会参加者です。つまり、アンチの人もいただろうけれども、いずれにせよ来た人間のリストですよね。あとの氏名云々というのはアイデンティファイ、同定のための単なる道具にすぎないわけで、名前自体の固有の価値といいますか、そのことのプライバシーを問うているわけではない。つまり、集会に来た人たちはこういう人たちでしたということです。

中島　そうだと思います。

1-3　憲法学説における「自己情報コントロール権」の保障解釈の通説的状況について

兼子（司会）　"通説"というのを学界の大多数説としますと、憲法第13条のプライバシーの人権の中に「自己情報コントロール権」が重要なものとして含まれている、というのが現在の日本の憲法学界における通説と言っていいでしょうか。

中島　「自己情報コントロール権」という言葉を使うという点ではそうだと思います。いわゆる一人で放っておいてもらう権利から自己情報コントロール権へ、という学生でも使う言い回しのレベルでならばそういえるでしょう。ところが、そのコント

ロールという理解が、先ほどの話にもかかわりますが、実は一様ではありません。自分の情報をどこまでどのようにコントロールできるかという点については、理解が固まっていない。

棟居 その点ですが、自己情報コントロール権が通説か、そしてその中身として確立されたものがあるかということは、確かに一概に言い切れない。しかし、そうではないもう1つの、私生活の平穏の保障という古典的な学説に、我々はもはやこだわっていないということですね。そのネガのほうが大事だと思います。

つまり、「私生活上の自由」という、3・6判決に引き継がれた、昭和44年大法廷判決以来のフレーズです。なぜか京都府学連事件で、デモ隊と警察がぶつかっている、その場面の写真撮影を「私生活上の自由」という名で呼んでいるわけです。そして、この私生活という言葉がくっ付いて回る限りにおいては、住基ネットのような、まさに公的なシステムの中には、そもそもそうした私生活上の自由などというのは入る余地がない、直感的にそれで勝負が付いてしまう。

ところが、私生活上の自由、私生活の平穏というものに対して、プライバシー権というのは一面それを含むけれども、すべてではないという意味での、つまりアンチテーゼとしての自己情報コントロール権、これは我々には共通了解がある。

内野 厳密には、私生活上の自由という言葉と、私生活上の平穏という言葉は区別したほうがいいのではないか。つまり、私生活上の自由という言葉は、京都府学連事件の言葉です。それに対して、私生活上の平穏という言葉は、長崎小学校通信簿をめぐる誹謗中傷事件で出てきたもので、公正な論評の法理として紹介された言葉です。名誉毀損は認めないけれども、いろいろ電話等でいやがらせをされて私生活上の平穏を乱されたという判決でした。

兼子（司会）　改めまして、芦部憲法学説の場合、いわゆる新しい人権を肯定して、そしてプライバシーの権利の中では、「情報プライバシー権」というふうに表現し、「自己情報コントロール権」の憲法第13条による保障を肯定しているようなのです。

棟居 これは佐藤幸治説を、芦部先生が全面的に受け入れた。しかも、いまは有力にそう言われている、それが通説化しているといった、記述的な書き方になっていると思います。芦部先生もお認めになったという通説、そういう事実認識です。

中島 それは、よろしいのではないですか。

兼子（司会）　通説として認識されるに至っているという話ですね。しかも、芦部憲法学書では、「自己に関する情報をコントロールする権利（情報プライバシー権）と捉えられて、自由権的側面のみならず、プライバシーの保護を公権力に対して積極的に請求していくという側面が重視されるようになってきている」という表現なのです。

4 住基ネット法制における人権憲法問題に関する検討

内野 佐藤幸治先生は、一方で憲法第13条の幸福追求権条項は作為請求権を含まないとはっきり言っています。他方で、自己情報コントロール権は作為請求権的なものを含むとも言っているのです。それにもかかわらず、憲法第13条は自己情報コントロール権は保障するところであると言っていて、この3つの命題というのは、自己矛盾を含まざるを得ないのではないかと思えました。

平松 そこはその後改説されておられ、社会権を含む、というふうに改めています。

中島 そのこととは別に、佐藤説の自己情報コントロール権を理解する上でのポイントは、情報プライバシー権と、自己決定権を分けるところにあります。佐藤説の場合は、自己情報コントロール権の理解から、自己決定権的な要素を——全面的に排除できているかどうかは疑わしいのですが——排除することが意図されています。

芦部説の場合にどうかというと、そこはよくわかりません。要は、もともとアメリカの場合で言えば、オルムステッド判決において、盗聴器との関係でプライバシーが語られたときには、1人で放っておいてもらう権利でした。その中に、自分の情報をどういうふうにするかという自己決定の要素が含まれていたわけです。少なくともアメリカの判例法理の中では、情報プライバシーと自己決定は表裏一体の関係にあったわけですが、佐藤説はそれを切り離そうとするわけです。

ところが、特に杉並区訴訟での問題がそうだと思うのですけれども、その2つはむしろ両面を兼ね備えているという理解で議論したほうがうまく論じることができるのではないかと思います。

2 「自己情報コントロール権」という人権の特質について

兼子（司会） このことについては、下記の問いが憲法学上自然に出てくると思われますがいかがでしょうか。

2-1 「自己情報コントロール権」という情報プライバシー権は、私生活プライバシー（本来の「私生活上の自由」）と人権としていかに異なるか

内野 「私生活上の自由」は本来憲法13条に基づく公権力への不作為請求権のはずですが、新しい情報プライバシー権である「自己情報コントロール権」の特徴は公権力に対する作為請求権でしょう。

平松 自己情報コントロール権を主張する佐藤教授によると、「個人が道徳的自立の存在として、自ら善と判断する目的を追求して、他者にコミュニケートし、自己の存在にかかわる情報を開示する範囲を選択できる権利」と定義しています。これについては、「道徳的人格」「善の追求」「自己の存在にかかわる情報」という抽象的な用語をいくらつらねても、コントロールの内容は明らかにならない点が懸念される。

この点、ドイツ連邦憲法裁判所の1983年12月15日判決は、国勢調査法を違憲と判定した際に、基本法1条1項の「人間の尊厳」と基本法1条2項の「人権の自由な発展の権利」に基づいて憲法上保障される「自己情報決定権・情報自己決定権」を、公権力に対して請求できる防御権・自由権だと判示しています。
　ドイツの憲法裁判でいう「自己情報決定権」(Recht auf informationelle Selbstbestimmung) の憲法上の根拠ですが、ドイツ連邦基本法の条文は日本の憲法条文とその構造がよく似ています。ドイツの憲法上の根拠と、日本の第13条とはよく似ているのです。向こうでは「人間の尊厳」が第1条にあって、その2項に「人格の自由な発展の権利」があります。日本の第13条も「個人の尊重」があって、それから「幸福追求権」があるわけですからで、日本の憲法からも同じような根拠を引き出すことができると思うのです。私は論文（法律時報2007年11月号）の末尾にこう書きました。「その本体の権利は、情報に関する自己決定権であるから、他人の権利をコントロールするのではなくて、表現の自由や職業の自由と同様、自己の行動の自由であって、その行動の自由を確保するために、付随的に開示、訂正、利用の停止は認められるのである」からで、それは自由権である。自由権である表現の自由に基づいて、名誉を毀損する出版物の差止めが認められるように、自己情報決定権を保全するために開示・訂正・利用停止などの権利が引き出されるわけです。自己情報決定権は防御権であり、具体的な権利であるから、情報の収集や結合・利用、他の機関への提供に関するルールは、個人情報とかかわりを持つ国家機関が、自己情報決定権に違反しないために充足しなければならない、防御権保障のためのルールであると見るべきであると構成しています。
　ところが、日本で「自己情報コントロール権」を唱える論者は、社会権的な請求権の内実を含む権利を裁判上いわば自由権として主張しているように思われる。思うにこれは、アメリカ憲法の解釈論の影響を受けたものと推測しうる。すなわち、アメリカ連邦憲法には自由権しか規定していないが、その後、社会権的な権利の必要性が高まると、自由権から社会権を引き出し、それを裁判上の権利として主張することが行われ、裁判所もこれを認容した。しかし、自由権と社会権が区別されて規定されている日本では、同様の主張を裁判官に対して行っても、説得力がないであろうと思われる。

　棟居　自己情報コントロール権というものそれ自体の認識としては、学界で通説化しているということ、それが内野発言にありましたように、作為請求権を含むわけですけれども、社会権的な性格とばかり捉える必要はなくて、むしろ先ほどの平松先生のご紹介にありましたように、情報自己決定権といった自由権的側面、そこから自己

4　住基ネット法制における人権憲法問題に関する検討

情報の開示請求・訂正請求も自由権的なものとして第13条から導き出し得る、という理解をこの場で「自己情報コントロール権」説の中身に込めていけば、要は住民の自由権としての自己情報コントロール権を、住基ネットのシステムに丸ごと接合してしまうことで侵害してしまうのはないかということですね。

中島　私は、もともと差止訴訟でも、それから杉並訴訟の意見書でも、そのようにずっと書いてきました。自己情報コントロール権と情報プライバシーはイコールだという場合に、コントロールという言葉に何を込めるのか、要は情報の出し入れが基本ですから、あなたには渡しませんとピシャッと扉を閉めるという意味でのコントロールです。つまり、自己情報コントロール権は情報プライバシーの防御権であることがその本質なのです。「私生活上の自由」ともつながるように、"放っておかれるために、個人情報の出し入れを自分でコントロールしなければならない"ということで、"個人情報の出し入れの自己決定権"を憲法13条は保障しているのだと考えます。

兼子（司会）　先ほど平松教授は、ドイツの情報自己決定権の意味合いとして述べられましたけれども、特に公権力に対する防御権としての側面、ところが、先生は別の所で現代のプライバシー権というのは「自己表現権」だということも言っておられますね。

平松　日本の憲法でも、第13条の幸福追求権は、一般的行動の自由ではなく、個人の人格的生存に不可欠な利益を保障していると解すれば、第13条から同様の結論をひきだすことができます。

しかし、この権利を「自己情報コントロール権」と解し、その概念に含まれている諸権利の統合と解した場合には、その核心部分が、立法措置を待たないで確定できる自由権としての内実を有するか否かに疑問があります。なぜなら、この説の主唱者である佐藤幸治教授が使用している、「道徳的自律」「善の追及」「自己の存在にかかわる情報」という概念はあまりにも抽象的で、これにより裁判上の救済を求めるべき自由権の核心部分を明らかになるとはいえないのでないかとの疑問があるからです。

他方、自己情報決定権の内実は、私生活領域における情報に関する自己決定の自由（自己情報決定権）および社会に自己表現する自由（自己表現権）という私生活上の自由であり、これを保護するために自己に関する個人情報を開示、訂正する作為を主張するのであるから、これが裁判上の救済を求めることができる自由権であることは、恰も名誉を保全するために出版差止めなどの作為が認められることと同様明らかであり、この理論構成の方が日本の憲法解釈としてより説得力があると思われます。

2-2　個人情報の中核(固有)情報と外延(周縁)情報との区別は、人権保障上いかなる意味合いであると解すべきか――「本人確認情報」の要保護性にかかわらせて

兼子(司会)　では次に、例の個人情報の中核(固有)情報と、外延(周縁)情報との区別は、人権保障上いかなる意味合いであると解すべきか。特に、自己情報コントロール権を憲法13条の人権保障と考えた場合にです。そしてこれは、「本人確認情報」とよばれる索引情報としての住基ネットのネットワーク情報の要保護性に深くかかわっております。

これはもともと、佐藤幸治説として、自己情報コントロール権が語られたときに、人格的利益説とのつながりとしまして、個人情報の中でも中核情報は人権保障が手厚くなされるべきだけれども、外延情報は、プライバシー保護の対象としても、特に制限に対する違憲審査基準などからしたらはっきり区別されるということのようです。

この中核情報と外延情報との区別は、3・6判決によって強調され、これをまさに重要な梃子として、本人確認情報は外延情報なので秘匿性が弱い、住基法上はむしろ公示情報に近いと言わんばかりの判決文になっていると思うのですが、この点を改めて伺うとしたらどうでしょうか。

野村　私は、そもそもそのように中核情報と外延情報を区別することに疑問を持っています。少し敷衍してお話をさせて下さい。まず、現代社会を特徴づける表現として「情報化」を挙げることができますが、ひとことで言うと、情報化社会では本人が好んで提供したデータも含めて、知らぬ間に個人情報がいろいろな所に集積され、個人について少なからずプロファイル(虚像)が作られている、情報化社会は、そういう社会だといえます。そして、社会的には本人の「実像」よりも、むしろこうしたプロファイルを信頼して社会関係がつくられる傾向にある。つまり、個人の本来の人格だけが問題なのではなくて、そのようにプロファイルとして作られた虚像が、いわばその人の人格としてむしろ情報化社会の中で大変重要視される。そのことに目を向ける必要があります。

その結果、このプロファイルに本人が影響を与えることができなければ、現代社会においてもはや「人格」(人格権)は保持できない。そこから私生活領域への侵入や、そこからの暴露に対する防御を超えて、他者が保有している自己についての情報を、コントロールする権利を確立する必要が出てきたといえます。したがって、自分の内心情報とか外延情報という問題ではなくて、社会的に形成されていくプロファイルに対してどれだけコントロールできるのかが、自己情報コントロール権にとって非常に重要なのだということです。つまり、人格の拡張に伴って、人はどれだけ「防御」を

4 住基ネット法制における人権憲法問題に関する検討

拡張できるか、そういうことが問題になっているのだと思います。

兼子(司会) それはまさに、個人情報保護についての情報項目主義への批判ですね。

確かに情報項目で分ければ、既に最高裁が判決したような肖像とか、指紋とか、名誉といったものは情報項目として中核情報的だということが言えるでしょう。さらに情報プライバシー的にも犯歴情報というようなものであれば。

ところが、住基ネットの場合は「本人確認情報」ですから、これを情報項目としてだけ捉えると秘匿性が弱いと思えるかも知れないが、IT時代には情報インフラとして個人情報の本人を離れた多角的利用の元になることに目を向けて情報項目を位置づける必要がある。

野村 そのとおりだと思います。したがって、逆に言えば、本人確認情報のマスターキーになる本人確認情報の保護性は、かなり強いのではないかということです。

さまざまに存在している個人情報を社会的にプロファイルとして構成するためには、本人確認情報というのはすべてのキーになるわけだから、それが内心情報を構成する場合もあるということです。したがって、本人確認情報だけを取り出してそれを秘匿すべきかどうかを問うことは、がんらい無意味でしょう。

兼子(司会) その点では、"索引情報"はそれだけ働くということはなくて、ほかの情報とつながる、ほかの情報を索引する際のキーなわけだから。そして、どういう情報と結び付けられるかというと、行政利用目的にかかわる情報と、索引情報としての本人確認情報はつなげられる。

そこで、センシティヴィティは、どういう行政利用目的情報とつなげられたかによる、というふうに棟居教授の論文で指摘されていて、私もそれはそのとおりだと思います。先ほどのように、江沢民事件の場合は、本人の意に反して開示されたのが、学生の氏名、学籍番号等だけれども、情報項目的にはそうだけれども、江沢民講演会に参加した学生の参加者名簿なのです。それに伴うセンシティヴィティを問題にしなければ始まらない。そういう意味で、情報項目主義がそもそも正しくないのだと私は受け取りました。

棟居 私も、もちろんそういう考え方です。

平松 野村教授が指摘された権利侵害は、ドイツでは自己表現権への侵害と考えられています。例えば、他人が自分の書いたものを無断でちょっと改作して引用したという場合は、自分が表現したものが変えられて自己の著作として引用されているわけで、それは自己表現権の侵害になる。それから、刑務所から出るときに、自分の犯罪がドキュメンタリーとして放映される。そうすると、自分では刑期を終えて真面目にいこうと思っているにもかかわらず、自分の犯罪がドキュメンタリーで放映されて、

「あいつ、あんなやつだ」というイメージが、自分の意思と無関係に形成される。これも自己が社会に対して形成しようとした自己イメージが侵害されているから、やはり自己表現権の侵害だと構成することができる。

　このことは、自己情報決定権の侵害は、単に知られたくない情報（中核情報）を知られることによってではなく、自己の意思によって他人に与えたそれぞれの個人情報（外延情報）の処理の方法や利用の脈絡によっても生ずるからです。個人を特定できるどんな情報であっても、それをキーワードとして他の個人情報を集積する核となりうるし、それによって個人の意思に反する社会的イメージを形成し、自己決定を反故にするなどの人格権侵害が発生するからです。しかし、自己情報決定権の侵害は、このような具体的な不利益を被らなくても、単に他者が自己に関してどういう情報を有しているのかを知ることができないために、自己の判断に基づく行動を萎縮させるだけでも生ずることに注意する必要があります。なぜなら、現代の個人情報処理は、秘密警察の存在と同様の萎縮効果を与えることにより、個人の人格の発展を妨げるだけでなく、個人の自律的な自己決定を前提とする民主主義を機能不全に陥らせることにより、公益も妨げるからです。

　兼子（司会）　ここで1つ本人確認情報の中でも、変更情報の場合は、別居したとか離婚したなどというのが、住民票が世帯主主義をとっているものだから、そのまま出てくるわけですね。そこで、変更情報というのは、情報項目主義に立ってもセンシティヴィティがあるのではないかという論はありますが、どうでしょうかね。

　中島　その変更情報に関しても、私はいままでの話と基本的に同じなのですが、やはり文脈に依存するのであって、いまご指摘になったようなセンシティヴィティを持つ場合もあれば、そうでない場合もあるので、それが果たす機能の問題と考えております。

　兼子（司会）　確かに、変更情報についてでも、あまり情報項目主義のほうへ付き合ってしまうと、先ほどの現代的プライバシー保護、そこに必要な自己情報チェックの必要性というほうに寄りにくくなるから、変更情報のことをあまり強調はしたくないですね。

　内野　話を原理的な方向に戻したいと思うのですが、佐藤幸治説の理解および今後の最高裁判例の展望についてです。佐藤幸治先生は自己情報コントロール権を主張し、なおかつ中核情報・固有情報を重視しているわけですが、それは佐藤先生がとっておられる憲法13条の幸福追求権条項についての人格的利益説と、非常に深い関係がある。つまり、人格的生存に必要不可欠な権利自由に限って、幸福追求権条項で拾えるという前提を立てますので、それと整合させるためには、中核・固有情報に限って自

4 住基ネット法制における人権憲法問題に関する検討

己情報コントロール権説が成立すると言わざるを得ない。

ところが、最高裁はこれまで「私生活上の自由」という言葉こそ使え、人格的利益説っぽいことは一言も述べていなくて、強いて言えば、一般的行為自由説に少し近いかもしれないとさえ言える。一般的行為自由説というのは、古くは橋本公亘先生、最近では戸波江二教授など、憲法学者のうちのおそらく3分の1ぐらいの人が支持していると推察するのですが、最高裁は人格的利益説を少なくとも明言しておりません。最高裁は、中核・固有情報に限って自己情報制御権が認められるとは言いやすい立場にはないと、私は理解しています。そのことは、先ほどの江沢民事件の理解とも少し関係があると思います。

兼子（司会）　ただし、その点では、学説の状況の全体ですが、芦部学説をはじめ、佐藤説として打ち出された「人格的利益」説というのは、かなり、支持が多いのではないですか。

内野　7割だと思いますね。しかし最高裁は、その説をとっていません。むしろ「私生活上の自由」という言葉は、一般的行為自由に少し近いニュアンスを持っているのですね。

中島　いまの内野先生のご指摘だと、最高裁は人格的利益説をとっていないということでしたが、そうかどうか、正直言ってよくわからないですね。つまり、例えば『石に泳ぐ魚』等々では人格的利益をかなり強調するわけで、知られていない人があのように書かれたら、という話になるわけですし、一般的に言って、プライバシー、名誉の領域では、人格的利益を強調しています。あれは、主として私人間の問題ですが、一方ではそういう指向があるわけで、あの人格権の拘り方というのは、かなり強い意味を持っていると読む可能性がないわけではありません。したがって、一般的自由権説に近いと言えるかというと、よくわからない。むしろ最高裁はおそらく、一般的自由権とは言わないだろうと思います。また、仮にそれを認めても、直ちに公共の福祉で制限するでしょうから、権利論としての意味はほとんどありません。

兼子（司会）　改めて、中島憲法学説では、いまの人格的利益説か一般的行為自由説か。

中島　私は7割のほうですが、ただし、人格的自由と解しても、そのことと、ここでの問題が直結するわけではないと考えます。先ほど来申し上げておりますように、文脈に依存するわけですから。

いいかえますと、ある情報の性格だけですべてを決めることには無理があると思うのです。したがいまして、ここでの問題は人格的自律か、それとも一般的自由かという話に直結するわけではないと思うのですが、佐藤先生は当時そこを結び付けたとい

うことですね。しかし、いまこういう情報問題に我々が接したときに、そう考えなければいけない理由は、実は何もなかったのではないでしょうか。

棟居 佐藤説の固有情報には、私は一定の共感を覚えているのです。というのは、人格的自律という、一般的行為自由ではないところの人格的自律説と深く結び付いている。そうした固有情報の具体的な中身というと、思想、宗教、世界観、犯罪歴、精神病歴を中心とする病歴など、これらが知られることによって、もはや対等の人格としてコミュニケーションができなくなるという意味で、人格的自律を脅かす。

つまり、「あの人、実はオウムだよ」といった、いわば宗教、あるいは世界観について、他者が知っていることによって、その人の発言がすべて前提として崩されてしまう。こういう形で、いわばコミュニケーションの土俵に乗れなくなるような、そういう意味でセンシティブな情報を固有情報という名前で呼んでいる。その限りでは、人間をコミュニケイティブな存在たらしめるものを支える、それが固有情報の概念であり、ひいては自己情報コントロール権というものの意義なのだという意味では、私は佐藤説に一定の共感を覚えているのです。

しかしそのことを逆に言うと、コミュニケーションを不可能にする、それを損なう情報関係であれば、何もいま挙げた固有情報に限定される謂れはない。まさに文脈依存的に、例えば図書館情報大学通称使用事件（一審東京地判平5・11・19 判時 1486 号 21 頁）で自分の戸籍名で常に表示しなければいけないのかという、そこの拘りは、人格的自律にかかわる。そういう意味合いにおいて、固有情報というものが、先ほど挙げたようないくつかに限定されるのではなくて、あくまで例示だと。あそこに挙がっていないから固有情報に非ずということではなかろうというのが1点です。

もう1つ付け加えると、佐藤先生自身にある種の破綻がありまして、せっかく固有情報という概念を立てたのであれば、その限りでは13条で、いわば自由権的にこれは保護されるという理屈があり得た。ところが、自己情報コントロール権を作為請求権の問題、抽象的権利だということで、結局、固有情報と外縁情報の区別を、自らなし崩しにいわば否定をしてしまって、立法に丸投げということで、この固有情報という概念が佐藤説の中で十分生きていない。

もし固有情報ということを言うのであれば、その限りでは13条から自由権的に制度を待たずに出てくる。あるいは、制度によってそれを制約しようと、つまり適用除外などというのをたくさん認めようというときに、いや、自己情報開示請求権があくまで原則なのだと言うべきでしょう。「自由権としての制約法理として、必要最小限ですか。やむにやまれぬ理由がありますか」という審査基準を立てていかなければいけない。

4 住基ネット法制における人権憲法問題に関する検討

2-3 憲法13条が自己情報コントロール権を保障する効力の如何
——法律の憲法適合解釈の指針としての効力について

兼子(司会) そもそも、住基ネット法律規定と憲法13条との突き合わせでは、合・違憲審査の根拠としての憲法効力のほかに、合憲的解釈基準としての効果もあるのではないか。すなわち、まさに本訴で問題になっているように、憲法13条に照らされて住基法を読んだら、個人選択的な送受信、個人選択制を許容する自治体裁量余地が認められるはずではないか、そのような意味です。

この点は杉並区訴訟ではかなり重要で、上告人（杉並区）の側で制度違憲説をとっていません。適用違憲の方は、個人選択接続の裏付けの1つにもなり得る。しかしむしろ、憲法13条の法律に対する合憲的解釈基準としての効力が肝要な争点です。

先ほど棟居教授が発言された社会権的な請求権、立法を通じて人権保障を具体的に実現していかなければならないという意味の請求権性がよく言われてきたのですが、既に関係法律がそれなりにあるときには、その法律の解釈基準としての憲法人権保障条項の効力が重要ではないか。かねて内野教授は厳格解釈論を言われていますが、この場合は憲法13条の我々の言葉で言えば自己情報コントロール権保障が、住基法の合憲的解釈基準としての効力でもあり得るのではないかという点を伺いたいということです。関連して、違憲の審査基準ですが、本人確認情報の場合でも、厳格な合理性基準が当たるのではないかということが言われたりもしますが、どうでしょうか。

棟居 ただ、逆に合憲的な解釈基準というか、適用違憲的なアプローチをとる場合に、これは東京高裁判決で出ていたと思いますが、行政機関が独自に違憲という判断をして、法の執行を中止すると。つまり、法律の誠実な執行義務という憲法73条の要請に反することをやることになりはしないか。それは法律の誠実執行義務を課された行政機関としては許されていないのではないか、という理解が適用違憲の場合には逆に出てきますね。制度全体の法令違憲を言うのではなく、いわばよりマイルドな適用違憲なのだということが、しかし、決して通りを良くしないということですね。

兼子(司会) お言葉ですが、適用違憲はやはり合・違憲の審査のほうですから、それとは別次元として、憲法13条は住基ネットのことを定めている住基法の法律規定の解釈基準としての効果ですね。既に法律があるということだから、社会権的な請求権の意味合いが、法律の解釈基準として働くことを考えたらどうかという話なのです。違憲審査ではないという意味において、行政機関の違憲審査権の問題はちょっと措いていただいて、合憲的解釈基準としての効果のほうを伺わせてください。

棟居 それは、芦部先生が25条について抽象的権利説をおとりになりながら、憲法と生活保護法等の下位の法令とが一体的であるという、憲法レベルの具体的権利性

を帯びるかに読める説を述べておられるのと、同じです。その直後にそれとは別立ての議論として、朝日訴訟等で問題になった行政基準に対してですが、憲法25条の「健康で文化的な最低限度の生活」が具体的に行政基準がそれ以下しか保障していないという場合には、25条に照らして違憲と、その意味で25条が判断基準として機能するということですね。

平松 住基ネットの法律の合憲・違憲を審査する根拠と解釈基準に関連するのですが、この2008年3月11日にドイツの連邦憲法裁判所で、自動車登録番号自動読取装置、日本でいうとNシステムですが、これは違憲だという判決が出ましたが、住基ネットとこの自動車登録番号は、ともに一般に公開されている情報であることに共通点がある。

一般に公開されている情報を読み取ったことがなぜ違憲となったのかという根拠について憲法裁判所は、「自己情報決定権に基づく保護範囲は、性質上知られたくない、それ故に基本法上保護されるべき情報に限定されない」「それ自体としては、些細な意味しか有しない情報であっても、利用の目的及び現在の処理及び結合の可能性によれば、該当者の私生活及び行動の自由」、すなわち自己決定に基づいて行動する自由に、「基本法上重要な影響を及ぼすことがあり得る。電子情報処理技術の下においては、利用の脈略と関係なく、全く重要でない個人情報は、もはや存在しない」と言って、いわゆる固有情報とか外延情報という区別は、もう現在では通用しないのだということを言っているわけです。

次に、住基ネットは、いわば公開されている情報ですが、「基本法上の保護は、自動車登録番号のように特定個人を識別できる情報を公然と知ることができる」場合でも、「基本法上の保護を失うのではない。個人が、公益のため放棄している場合であっても、自己情報決定権は、個人情報が、他に利用される可能性を有する蓄積のための自動的な情報収集において、把握されない利益を保護している」と言っているわけです。

次に、ネットワークについていうと、同裁判所は、「基本権侵害の重大性のために重要なのは、一方では、把握される情報が、人格にとってどのような関連性を有しているか、把握された情報の更なる処理と結合によって得られる情報の人格に対する意味である」。「重要なことは、例えば、該当者が違法な行為により、収集に対する正当なきっかけを与えたのか」、または「きっかけなくして行われ、それにより事実上すべての人が当事者になりうるのかにある。自己の行動によって侵害のきっかけを与えたのではない人に対する情報収集は、きっかけを与えた場合よりも、基本的に高度の侵害強度を有する。きっかけを与えたのではない人々が、大量に措置の作用範囲に含まれている場合には、それにより、基本権の行使に影響を与えうる一般的な萎縮効果が

4　住基ネット法制における人権憲法問題に関する検討

発生し得る」。行動の「率直性は、調査措置の拡大の範囲が、乱用の危険に晒され及び監視の対象となっているとの感情を生じさせる場合には、特別の危険に晒される」と言っています。

さらに、違憲判断の基準としては、「自動的な登録番号監視のための授権は、法律による授権の特定性と明確性という法治国家原則に基づく要求を満足させうるものでなければならないが、問題となっている規範は、これに適用していない」から違憲だと言っているのです。日本でも、人権の最大限度の尊重を必要とする憲法13条から、法律には、特定性と明確性を要求されるとすることができるのではないか。

ドイツ憲法裁判の判決では続けて、「特定性の要求は、民主的正当性を有する議会の立法者が、基本権侵害及びその程度に対する基本的な決定を自身で行い、政府及び行政が、法律によって方向付けられ、限界付けられた執行基準を見出し、そして裁判所が、効果的な法的統制を行うことができることを確保すべきである」。そのためには、「規範の特定性と明確性は、該当する市民がありうべき不利益に対抗することができるよう」、「立法者は、侵害の理由、目的及び限界を、領域を特定した上で、正確かつ規範の内容を明確にして確定しなければならない」。すなわち何らかの不利益処分が行われるのに対抗できるように、訴訟ができるようにする手掛かりを与えることにあるというのです。

そして、「特定性の要求は、議会による立法権の留保と密接な関係にある」。これは日本で言うと憲法41条関係ですが、「議会の留保は、このような射程を有する決定を、公衆が自己の見解を形成し、代表させ、国民代表が基本権侵害の必要性と程度を公開の会議で明らかにする手続によって形成できなければならない。授権の特定性と明確性への具体的な要求は、侵害の性質と深刻さにより異なるから、侵害の根拠規定は、重大な侵害が許されるべきなのかどうかを認識できるものでなければならない。そして、そのような侵害の可能性が明確に排除されていないのであれば、法律による授権は、そのような侵害の特定性のために必要な特別な要件を規定していなければならない」わけです。

そして、「法律の根拠規定が、基本権である自己情報決定権の侵害を授権している場合には」、これは住基ネットについてもそうなのですが、「特定性及び明確性の要求は、処分の根拠を限界付け、該当する情報の可能な利用目的を確保するという特殊な機能をも担う」がそれが満たされないのはなぜかといいますとドイツの法律では、Nシステムによって得られた情報は、「捜査記録と照合するために収集することができる」こととされているのですが、捜査記録には、「犯罪者又は被告人及び被疑者に関する文書の管理だけではなく、すべての刑事領域、周辺環境、犯罪場面及び社会的背景

に関する情報も収集されている。すなわち、告発者、証人及び参考人、又は被疑者、若しくは疑われている組織と接触した者若しくはそう認められる者など、他の人々に関する情報も収集している」。したがって、それは特定性の要件を満たしていないと言っているわけです。

最後に、特定性・明確性の要求を満たした立法によって、今度はどの程度の基本権に対する侵害が許されるのかについては比例原則を守らなければいけないと言っております。すなわち、「狭い意味の比例原則は、立法による基本権制限の限界を、全体を衡量して、侵害を正当化する根拠の重要性と均衡を失しないことを求めている。公益を保護する国家の義務と個人の憲法によって保護されている権利の保護との緊張関係において、抽象的な方法により、対立する被害の均衡を達成するのは、第一に立法者の任務である。ここから、特定の侵害強度を有する基本権侵害は、まず、特定の嫌疑又は危険段階において予見されなければならない」。そういった危険のない一般国民をその対象とすることは、比例原則に反すると言っているのである。そして、この法律はこれらの要件に適合していないということで、違憲判断が出されたわけなのです。

3　住基ネット利用事務の法定主義・議会制民主主義は、憲法上、本人同意に代わる自己情報コントロール権の保障たりうるか

3-1　個人情報保護法制における本人同意原則に照らすとき、利用事務法定主義の議会政治的多数決・間接民主制はいかに判断されるべきか

兼子（司会）　先ほど来お話しの利用目的明確化の要件を満たさないのではないかというのは、ここに含まれている問題のようにも思います。ご存じのように3・6判決では、住基法の30条の30等により、住基ネット利用事務は根拠法令によって定められていて、それ以外の法定外利用提供は禁止されている、それが本人確認情報の取扱いの歯止めになっている、だから合憲・合法だという結論を導いています。

ここでたしかに、よく知られていますように、ここでいう利用事務法定主義は、OECD原則の中では10条b号で、目的外利用に関し、法律の定めがあれば本人同意に代わり得るという定めがあります。また、EU指令でも26条1項d号で、同じく法令の定めとなっています。そこで、自己情報コントロール権の保障にとって、本人同意がなくても、法律の定めに基づいて目的外利用提供がなされる分には全く問題はないといった見方が日本の公的部門においては形成されていると言えるようなのです。その点についてお伺いしたい。

それに対して、棟居論文では、自己情報コントロール権、プライバシー権の合憲的

4 住基ネット法制における人権憲法問題に関する検討

な制限法律の要件としては、比較衡量においても人身保護目的などとは違って、行政効率化などというのは、制限の合憲的な要件たり得ないという指摘をされているようです。それは1例ですが、この点ご発言のある方はどうぞ。

内野 そもそも論で、法治主義と明確性ということについては、日本の憲法学説では言及や主張が不十分だったと思うわけです。法律による行政の原理ということとの関連で明確性と言いますと、憲法の条文上はっきりしていることは、憲法84条「租税法律主義」という中の解釈として、「課税要件明確主義が含まれる」とコメントがあって、その文脈だけで「明確」という言葉がガチッと出てくるのですが、その文脈のままで法治主義一般について明確性という要件が必ずしもかぶさっていなかった。もっとも、人権規制行政の場合には、犯罪構成要件の明確性にならって明確性や法治主義が当てはまりやすい。だから、今回の住基ネットの場合には、資金交付行政的な発想で見るのではなくて、人権規制に近いということを論証する必要があると思っております。

兼子(司会) それに加えまして、住基法でいうところの利用事務法定主義のそもそもの趣旨は、行政法治主義の根拠法律とは大いに意味合いが違うはずなのです。先ほどの個人情報保護に関する国際法基準で本人同意に代わる法律の根拠ということで、目的外利用提供の特別正当化根拠なわけですから、当然、行政が議会立法に則って行動すればいいだろうというだけのことではないわけです。

それともう1つ、住基法の住基ネット規定が個人情報保護法の特別法だなどという理解とも重なりますが、利用事務法定主義で法定された事務に利用される限りでは何ら問題はないというように3・6判決が言っている点、いかがでしょうか。

棟居 この3・6判決、これは先ほどのドイツの憲法裁判所判決でいうところの「明確性」というのと比較をした場合、ものすごく距離がある。そうした法治主義的な要請をクリアしたと3・6判決はみなしているようですが、そもそも明確性の要請のバーが低いということです。したがって、利用事務法定主義を3・6判決のようにフリーパスさせるわけにはいきません。

3-2 住基ネット利用事務を政策的に増加させる法令の立案ないし運用をコントロールする第三者機関の必要性について

兼子(司会) さて次に、住基ネット利用事務を増加させる法律がどんどん制定されているわけです。これは2006年5月の段階で293事務と知られています。しかしいまはご存じのIT時代、e－JAPAN計画やいわゆるIT基本法・高度情報通信ネットワーク社会形成基本法がある下で、住基ネットは情報インフラだとされておりますから、国策的に法定利用事務がどんどん増えていくという予測が立つわけで、1万数千件に

達し得るであろうという話もあるぐらいです。利用事務法定主義だけですと、立法上、どんどん利用事務が政策的に増加させられていくことをコントロールできない。

　そこで、それをチェックする第三者機関という問題が重要でしょう。しかも、この場合の第三者機関には、利用事務を政策的に増加させていくような法律の立案段階をコントロールする権限がほしい。EUや独・仏の場合に、そういう第三者機関があると言えるのではないかという点を確かめたいと思います。3・6判決は、第三者機関はすでに法定されていると言っているのですが、都道府県の保護審議会は、住基ネットの利用事務を条例制定で増やしていくことについての規制権限までは持っていません。国の地方自治情報センターに本人確認情報保護委員会があるというのですが、これも立法案をコントロールするなどということはやれません。いかがなものでしょうか。

　中島　立法をコントロールする国家機関を設けるというのは、権力分立の問題をはらみますが、住基ネット利用事務を増やそうとする法律案は内閣提出が普通だから、自己情報コントロール権を制限する法律・政令の立案をコントロールする第三者機関は、内閣府に独立機関として設置されるべきことになるでしょう。

　兼子（司会）　私の存じよりのフランスでは、略称クニールという1978年法に基づく「情報処理・自由国家委員会」が、公的部門における個人ファイルシステムを行政立法でセットするときに、監督的な決定権限を行使することになっています。以前に調査研究したところでは、特に国民識別番号付きのネットワークシステムの定めをする政令についてチェックするという法的仕組みを確認しております。ドイツの法制については、平松教授にお願いします。

　平松　データ保護法に基づく「データ保護監察官」は、職権に巡回しに従事調べます。ドイツでは法律上、官公庁も民間も、ともに4人以上の人たちが情報処理している場合は、必ずデータ保護責任者を置かないといけない。そしてその責任者は、データ保護の専門家でなければいけませんし、それらの責任者たちをバックアップするものとして、データ保護監察官が各州ごとに置かれているのです。

　兼子（司会）　先ほど申し落としましたが、EUの1995年個人データ保護指令の28条では、「加盟国は、監督機関（supervisory authority）を持たなければいけない」と書いているのですが、ドイツではデータ保護監察官がそれに当たるのですね。

　平松　個人情報取扱いというのは多く密室で行われますから、国民個人の自己情報決定権を擁護するコントロールの仕組みがぜひ必要です。そこで権利侵害を事前に予防するためにも、第三者機関が置かれている。末端の官公庁では、必ず、一定の（利益相反せず、専門能力を備えた）資格を有するデータ保護責任者を任命しなければな

4 住基ネット法制における人権憲法問題に関する検討

らない。

なぜなら、情報処理の利益を享受する組織による内部統制も利益相反により機能しないからである。従って、EUでは、第三者機関による事前統制の不存在は、違法行為の黙認と解され、第三者機関の設置が義務付けられている。

兼子(司会) わかりました。国会や議会で住基ネットの利用事務を定めるだけですと、先ごろでは細かい改正でそれがなされていますから、ほとんど報道もされなければ、一般国民個々人は知らないわけです。法律の不知というのが一般的な状況ではないかと感じられます。EU諸国の第三者機関はそこをカバーしていると言えますね。

4 住基ネットの現行法制におけるデータマッチング（名寄せなど多面情報結合）の制度的危険性は、憲法13条による自己情報コントロール権・情報プライバシー保護にかかわっていかに判断されるべきか

兼子(司会) それでは次に、住基ネットの現行法制におけるデータマッチングの問題、すなわち、名寄せシステムおよび多面的統一結合の制度的危険性という問題について、ご議論いただきたいと思います。ここではもとより、憲法13条による自己情報コントロール権、情報プライバシー権の保障にかかわって、いかに判断されるべきかという問いです。

この点について3・6判決では、データマッチングも、法定されている限りで行えば問題なく、法定外についてそれを強引にやろうとすることは罰則に該当する云々と言っています。それから、国には現在、法定された一元的管理機関などはないと言っているわけですが、これに対して棟居教授の論文では、罰則は情報流通の後追いであるから実効性が欠ける、また、一元的管理機関というのは、住基ネットが住民票コードをキーワードにして多面的な統一結合を法制上可能にしている以上、その存否を問うまでもないと批判されていますね。

一方、この点について内野教授は、差止訴訟の大阪高判の評釈の中で、この制度的危険性の立論は、相当具体的にしっかりやる必要があるという指摘をされていますが、それに対して、中島教授は、データマッチングによる瞬時の情報流通を可能にしているという意味において抽象的危険性と具体的危険性は一体的だと指摘されていますね。

中島 たしかに3・6判決では具体的危険説ですが、具体的危険と抽象的危険は表裏一体で、後者は前者に一瞬にして転化するわけですから、現に被害が生じない限り駄目だという立論は、少なくともプライバシー権の侵害との関係では意味を持たないというのが、プライバシー権を論じるときの常識のはずです。

3・6判決は、実際に自己情報が使い回されても被害が生じているかどうかすら、

4-2 〈研究座談会(その2)〉逐語記録

本人は知り様がないという状況の中で、具体的危険が発生し、被害が生じた後でなければ問題にすることはできないと言っているに等しいと私は考えるのです。

　守秘義務等の関係で、どこの自治体かを明らかにすることはできませんが、ある自治体では住基ネットの情報と税務情報を結合して使用できるようにしてほしいという諮問がなされたことがあります。それについて個人情報保護審議会でも、これで年間1人当たりいくら浮くと言われれば、それで呑んでしまうという状況があるわけです。その際、本人が、それでどういう被害を受けたか立証できるかといったら、できるはずがありません。したがって、そもそもの考え方として、データマッチングが制度上可能であれば、それ自体で私生活上の平穏な生活を恐怖感を伴って脅かす具体的危険が生じていると考える余地があります。

棟居　そうなりますと、危険という概念に替えて、むしろ安全という言葉・概念を使うべきかもしれません。つまり抽象的安全では駄目で、具体的安全であることを示せということです。

兼子(司会)　これは立証責任の転換みたいな話で、具体的安全の立証責任が、政府や国家にはあるのではないかということですね。

棟居　ええ。住民側はあくまでも具体的安全を求め得るということです。そして現に具体的安全の立証というのは、一体どういう使い方を現にやっているのかということは、現行制度のしくみにかかります。その場合に、何もビッグブラザー的な一元的な機関がないからといって、決して問題なしということにはならない。むしろ個別の行政ごとに勝手なことをやっている。そうした中で行政のそれぞれが住基ネットで名寄せされた情報、福祉行政も税務行政もそれぞれ持ち得ますから、あとは個別の行政ごとにそのデータを交換していくということが制度的な可能性としてあります。そういう形で国家にとって個人の全体像が、いろいろに見えてくるということになります。

兼子(司会)　たしかに、住基ネットデータマッチングの制度的危険性というのは、それ自体は十分具体的ではありえなくて、住民票コードをキーにする住基ネット利用事務をどんどん増やしていったら、国民個人がいつの間にか丸裸にされる、特に公権力に対して個人プロファイルがどんどん進んでしまうということで、これはすでに現行法制においても十分に見られるということでしょう。先ほども申したように、IT基本法がある下で、住民票コードを諸々の行政において共通番号化させるというデータマッチングの可能性は今後とも随分あると思います。

　そこで私が1つ注目したのは、いわゆる名寄せシステムです。住基ネットを通じて自分の情報がどのように利用されているかを知りたいという、いわゆるアクセスログ

4 住基ネット法制における人権憲法問題に関する検討

については、本人開示請求に対する保障システムが、批判に応えてかなり早く、2003年の10月から、都道府県単位で対応するシステムを作りました。しかも、これは法定外に国の技術的基準というものに基づいて作ってしまっているのです。これはその限りでの名寄せシステムでしょう。

　さらには、納税者番号制（納番制）と、年金記録問題から発した年金統一番号としての社会保障番号に住民票コードを当てる可能性、とがあります。いま現在の住基法では住民票コードを銀行等が告知を求めて住民票コードの民間流通を促進させることを禁じていますが、納番制になったら、その禁じ手は当然に法律で外してしまうことになります。しかも、納番制についてはすでに政府税調が2006年12月末に方向性の答申をしているのです。

　ほかによく言われる、生活保護受給者をめぐる資産調査とか、地方税を主とした滞納整理のための調査や、防災のときの高齢者等要援護者の救済システムなど、がデータマッチングの個別行政例としてあります。

　中島　ご指摘の可能性はあると思います。ただデータマッチングが行われて、いかなる被害を受けるのかという話は別です。例えば私が住基番号を知られても、通常はそのことにより、さしたる被害を受けるとは思えないわけです。しかし、コンビニでいろいろな料金を支払えるようにする場合に、振込票に住基番号が表記されていると、コンビニの人間がその気になればその住基番号を知り得ることになります。しかし、それで当然に被害が発生するとはいえません。ただし、これを民間利用ではないとは言えない点は別です。

　棟居　1個ずつは氏名といった取るに足らない情報であっても、その集積が何かのプロファイルを生むわけですから、どういう場合にどういう実害があるかということは、ある情報だけで決まるわけではなくて、その集積で決まる話です。そういう結果が、人格的自律の中心的な概念と相反すると思うのです。

　兼子（司会）　平松教授もデータマッチングの制度的危険性について大いにお書きになっているのですが、重要な資料は何ですか。

　平松　実は、ドイツの憲法裁判所でいわゆるデータ保護法に基づくビデオ監視の違憲判決が去年でました。

　バイエルン州のデータ保護法を見ていきますと、日本の個人情報保護法と同じように16条で「個人情報の収集は、収集している機関の管轄に属する任務を遂行するために必要である場合に許される」という規定になっています。17条の「処理と利用」も同じような規定です。その1項2号に、「個人情報が収集された目的のために行われる場合、個人情報は、蓄積された目的利用のためにのみ、変更され、利用されるこ

4-2 〈研究座談会（その2）〉逐語記録

とができる」と規定されていますが、これが違憲とされたわけです。この事件は、レーゲンスブルク市において、広場で事件が起こりましたので、ここに4台の監視カメラを設置することにしたのですが、これに対する憲法異議が出され、それに対する判決ではまさに、データマッチングの危険性を指摘しています。「録画によって得られた映像は、記録され、将来呼び出され、選別され、他のデータと結合することができる。この結果、個人を特定し得る多数の情報が得られると、監視場所における当事者の行動のプロフィールが形成される」というわけです。

　一般的人格権は、私的領域および内密領域だけではなくて、公共領域における情報も、自己情報決定権の保護という形式で保護しています。もっとも、自己情報決定権も公共の利益による制限に服するわけですが、その制限は規範の明確性に適合し、かつ比例原則に合致した法律に基づかなければなりません。しかしバイエルンのデータ保護法は、ビデオ監視の基礎として十分に特定的であるとは言えないとされたのである。

　その理由として、「市民の自由の限界は、行政の裁量に委ねられてはならない」、「法律には裁量の限界を設定する機能がある」。規範特定性および規範明確性の原則は、行政に対しその活動を限界づける基準を設定することによって、裁判所による法的統制を確保する役割を有するが、規範の明確性は、他方では、市民に負担を課す処分に対しては、市民があらかじめ備えることを可能にする、ということを言っています。したがって市民に対する権利侵害の原因、目的および限界は、その権限を授権する法律の中で詳細かつ明確に定められなければならない。授権の特定性、明確性がどの程度でなければならないかは、権利侵害の性質および重大性に応じて定まるというわけです。ビデオ鑑賞についていうと、「自己情報決定権に対する侵害の重大性の法的判断にとっては、当人が当該措置の原因を与えているかどうかが重要である。録画は、自ら監視されるべき原因を作っていない多くの人に対しても行われることになる」から、「多くの者に向けられた嫌疑なき侵害は、原則として強度の侵害となる」。従って、授権の特定性・明確性の程度は、詳細でなければならない。「ビデオ監視は、当該区域に立ち入ったすべての者に対して、負担を課する公権的措置を用意」するが、監視した後にどういう措置が行われるかはわからないから、当該区域を利用する者は行動を自主規制すること余儀なくされる。

　「この侵害は、録画によって得られた映像が、他の情報と結合され得ることによってより高いものとなる」。しかし、「基本権侵害の重大性に鑑みると、バイエルン州データ保護法には、公共の広場におけるビデオ監視の基礎となるべき十分な基準が含まれていない。なぜなら、この法律は、単に必要性の要請に基づく限定を加えている

187

4 住基ネット法制における人権憲法問題に関する検討

に過ぎないからである。この必要性の要請は、より詳細に規定された目的によって限定されない限り、官庁の実務を指導し、統制のための基準となることができない。他方、各人も、これにより自己に関する情報が、どんな機会に、どんな目的で、どうして取得されたのかを予見することができない」から違憲であるとされた。

同様にデータの保存、変更、利用について定める規定も、取得されたデータに基づいてとられることがある措置の原因および限界に関する十分な結論を含んでいない。

「従って、法律が特定的で明確な基準を定め、監視すべき十分な動機があり、監視および録画が時間的場所的に限定され、更にデータの利用に関して過剰侵害禁止の原則が遵守されている場合は、ビデオによる録画を伴う公共施設の監視が合憲となる可能性は、排除されない」と判示しています。実は、その後、先ほど申し上げたNシステムに関する判決が続いたのです。

野村 先ほどの議論でもありましたが、そもそも知らない所でデータマッチングが進行するわけだから、具体的な危険が生じたときには、もう遅いわけです。そういう意味ではすでに申し上げたように、本人が了知し得ないところで、どれだけ本人がコントロールしえているという状態を制度的につくることが、非常に重要だと思っています。そして必要性故に、あとから利用目的がいろいろ付け加えられていくということの問題性に関しては、行政機関個人情報保護法の目的の規定の仕方（3条1項～3項）に問題があり、目的拘束制としてかなり脆弱だと考えます。すなわち日本の行政機関個人情報保護法は、基本的には利用目的の形で、しかも利用目的はいつでも理由があれば変えられます。本来であれば自分が出した個人情報は、凧の糸のように収集目的で引っ張っていられるというのが個人の権利からしていちばんふさわしいけれども、この仕組みでは糸の切れた凧のように、どんどん目的が付け加わってしまうということが、非常に問題だと思います。

いま気になっている具体的問題は、メタボリック検診です。市民の検診は自治体を窓口にしてやっている所が多いのですが、厚労省はそれらのレセプトデータとのマッチングを考えています。「メタボリックなのに、ちゃんとそれにふさわしい医療行為を受けていないじゃないか」ということとマッチングさせたいようです。それと住基が重なってくると、その人がどこに行っても必ず保健指導がされるということになり、国民の健康自体が住基を媒介にして管理されていくということが、具体的にありそうだという感じがしています。

棟居 違う例になりますが、予防接種事故の問題というのがあります。ある確率で必ず禁忌という被害が発生するわけですが、蓋を開けてみなければわからない。3・6判決の頭で言うと、抽象的危険なのでしょう。しかし蓋を開けて実際に被害が発生

したときには、重い障害が残ったり死んだりしていますね。そうした予防接種事故に対する判例アプローチでは、いわば組織的・構造的な過失があるとして国家賠償の枠の中で処理をするという格好になっているのではないでしょうか。そういうことで全体のスキームが、抽象的にしろ必ずいつかはどこかで誰かに対して被害が発生するというのは、住基ネットの場合も共通していると目されます。住基ネットはそういう意味では"悪魔のくじ引き"ではないけれども、いわば"悪魔のツール"として侵入や流出の制度的危険性を抱えているスキームでしょう。

5 住基ネットへの住民接続を決することにつき、憲法92条「地方自治の本旨」に基づく地方自治体の自治権はいかにかかわると解されるか

兼子（司会）　では、最後の第5のテーマですが、これは杉並区訴訟らしさがあるところです。

この問題を全体的に整理して位置づけてみますと、こうなるでしょうか。まず、住民接続の法的決定権者を、立法国家すなわち国会とする考え方が、国側の主張および3・6判決の立場です。それに対して差止訴訟に対する適用違憲判決の場合ですと、各個人本人に住民接続の選択的自己決定権を認めるべきだということですね。

ところがその中間に、住民所属自治体の公選首長に、補完的にその法的決定権を認めることがありうるのではないでしょうか。それはいわゆる分権改革後の現状で、住基法に基づく住基ネットの送受信義務は法定自治事務でして、各自治体の公選首長は補完的に住民の選択的接続の自治決定権を認めるべきではないかという趣旨であります。私は中島教授と一緒に目黒区の情報審査会でもって、個人情報保護条例に基づく中止請求を区民に認めるべきだという答申を2度しています。しかし住基法の所管官庁である総務省の見解との関係で、区長が答申を履行しないということに終わっています。この点について本訴の原判決である東京高判は、法律執行権者、「法執行者」に法律を執行しない裁量などないというような言い方をしています。しかし、そういう一般論ですと、分権自治体の法令解釈権が公認されてきているという現今の法状況とも全然合っていないのです。

ここでの問題について、情報審査会にご関係の野村さんから発言がありますか。

野村　利用中止請求を認めた答申もさることながら、認めなかった答申においても、利用中止請求の対象ではないとした答申は、ないのではないでしょうか。その意味では個人の利用中止請求が住基ネットに接合しているはずで、そうだとすると自治体の利用中止決定がなされたときに、その自治体の権限というのは単なる法執行の問題ではなく、むしろ個人の利用中止請求権を代位する性格のものとして私は理解していま

4 住基ネット法制における人権憲法問題に関する検討

す。

兼子(司会)　本訴において杉並区側は、その主張をしているわけです。杉並区自治体は、選択的接続という意思が区民の側に明らかにあると認められるので、それを代行する意味合いで、選択的送信を受信する義務確認訴訟というようにやっているのです。

平松　自治体首長は、住民全体の利益、いわゆる公益を「代表」していると解されますが、自己情報決定権は、個人の基本的人権なので、これを自治体首長に委任することができると解すると、国に対しても委任することを拒否できないことになるおそれはないでしょうか。

兼子(司会)　なるほど、確かに地方自治法上、自治体首長は自治体を代表するという規定がありますね。

　その場合に杉並区長は、中止請求が個人情報保護条例に基づいて出てくるのを待たずに、杉並区を代表して選択的送信の施策決定をしたのです。それが憲法92条の地方自治の本旨に照らしてどうかということを、今お伺いしていることになります。私が先ほど「補完的」と申したのは、もし住基ネット裁判で差止訴訟を最高裁が認めて、適用違憲判例を確立させているならば、それで自己情報コントロール権は貫徹されますけれども、そうでない現段階においての話をしているわけです。いかがでしょうか。

内野　私は今回の杉並区訴訟を、主観訴訟として構成したいのです。その工夫が必要なのですけれども、その前にそもそも今回、杉並区のほうで独自の方式を採る権限があるということを論証するのは、それほど難しくはないと思うのです。憲法の条文で言うと、これは憲法73条1号と94条の役割分担の問題です。憲法73条1号では、国の行政機関が法律を誠実に執行することを書いています。杉並区自治体については、94条の問題になります。もちろん92条の「地方自治の本旨」も考慮しますが、94条の「行政を執行する権能」で、きれいにカバーできるのです。ですから、そこは、住民個人からの代表とか代行でないとか、そういうことにこだわるまでもなく、杉並区がやろうとしていることが適法だというのは、うまく論証できるのではないかと私は考えているのです。

棟居　私は第1の「法律上の争訟」性に関する研究座談会のほうにも参加しております。うっかり法律どおりに全部住基ネットに接合して情報を流してしまうと、杉並区としては、自分は住基ネットに載せられたくないという個人の自由権的な意味での自己情報コントロール権を侵害することになる、したがって将来、住民の側から国家賠償請求訴訟を起こされ、加害責任を問われる可能性がありうる。しかも現に、住基ネットの本人確認情報を杉並区は第1次的に把握し保管しているわけです。

ちなみに、第三者所有物没収事件という著名な憲法判例があります。これはある種の違憲判決ですが、将来真の所有者から損害賠償請求を起こされる可能性があるし、現に没収された物を占有していたということから、いわゆる第三者の権利侵害の主張適格なるものを肯定しているわけです。それと同じ意味合いにおいて、杉並区が住民に代位をして物申すことについて、法律上の争訟性もありだといったことを、私は第1の研究座談会で申し上げております。別に先ほどの内野さんの議論、杉並区の法執行機関として独自の違憲審査権、独自解釈に基づく適用決定権という指摘については、内野意見に従いたいと思います。

内野 自治体による法令の解釈適用ということが、先ほどかなり話題になりました。住基ネットの文脈で今回の杉並方式を適法とする主張では、それが活きるのです。ただ一般論を言った場合、オウム絡みの問題というのも出てきます。最高裁の判例で最終的には違法とされましたが、一時、オウムの信者による住民登録については、各自治体が住基法を解釈して拒んだのです。

中島 それは解釈権行使の方向の問題でよいのではないですか。つまり、憲法上保障される信教の自由を侵害する形での解釈と、住基ネットの場合は、個人が人権を有していることとの関係で、それを仕組みとして保障するという話であって、方向性は全く異なるわけですから。

兼子（司会） その上に乗って言わせていただければ、たいがいの法律の規定には解釈運用の余地があるのです。送信義務規定とされる住基法の30条の5、それだけを見るのでなく、住基法には36条の2というのがあって、漏洩の危険等がある場合には、市町村長が安全措置を講ずることができる。それも義務規定なのです。総務省が通知を出している中では、実際に漏洩事故を生じた場合には緊急の切断権限も認められると言っています。ということは30条の5と36条の2との間について、総務省も体系的な調整解釈の地方自治余地を認めているわけです。ただ、データマッチングの制度的危険性のようなことを根拠に、36条の2に基づく切断の余地はないということも、同時に通知で言っております。

しかし要は住基法30条の5をめぐる体系的な解釈の問題になります。その際、憲法13条の解釈基準的な効果が及んでくるとしますと、まずは本人同意権の行使という意味での選択的接続の問題になるはずですが、その直接効果を認めないとしたら、補完的に自治体首長による住民の自己情報コントロール権保障の実質を持つ選択的接続権限行使が、合憲的法律解釈として、その余地が認められるべきだという考え方があるだろう、と申し上げたいのです。

棟居 住基ネットについては一旦行政の中に入った情報を、後で目的を次々と追加

4 住基ネット法制における人権憲法問題に関する検討

しながら使い回してもいいじゃないかということでして、制度全体に組織法的あるいは行政の内部規範的な意識があると思うのです。そもそも国民に対して利益・不利益に作用する、いわゆる作用法の領域に属さないという出発点があるとすれば、これはプライバシーの侵害や違憲という話にはなかなかなっていきません。

しかし住民から第1次的に情報を取得し、住民と絶えず接している自治体からすれば、そういった情報がどんどん内部で吸い上げられていくという、一見組織法に尽きる局面は、実は反射的にと言いますか、三角構造に置かれているわけです。つまり杉並区は、東京都や国との関係では組織法的な、内部的な関係にとどまるかもしれないけれども、住民との関係では作用法的な関係は残っているので、その両者の狭間で板挟み状況にあるのです。

したがって、これは単に東京都と国との関係の紛争と同一に論じることはできないのです。むしろ杉並区が住民から取得した情報を、どのように住基ネットに載せていくかということは、組織法的な問題だけではなくて、住民との関係では作用法的な、しかも侵害的な問題をも発生します。そして、それに耐えるだけの法治国的な要請、特に明確性と目的外利用についての統制が、どこまでちゃんと仕組みとして練られているかというのが問われていると思います。

兼子(司会) なお関連しまして、本訴原審の東京高裁判決では、住民基本台帳法を執行する自治体首長には「法執行者」として裁量権を有しないとしているのですが、それでは、いわゆる平成分権改革の「地方分権一括法」で公認された、「地域」の自治としての"地方自治体の法令解釈権"(地方自治法1条の2、2条12・13項など)がおよそ度外視されてしまっていると言わなければならないでしょう。

兼子(司会) それでは皆さん、各位のご専門を生かされました、この「研究座談会」へのご協力に感謝いたします。

5 資料編〔控訴審鑑定意見書〕

5-1 行政主体間の法的紛争は法律上の争訟にならないのか

阿部泰隆

* 杉並区と東京都の間の住基ネット受信義務確認訴訟をめぐる論点のうち、「法律上の争訟の意義、特に権利義務に関する争いとの定義と行政主体間の紛争について」東京高等裁判所に提出した鑑定意見書。

I. 要　旨

　「法律上の争訟」を財産上の争いだけとする平成14年の最高裁判決のような見方は、民事法を念頭におくものであろう。しかし、司法権は、具体的な法的紛争の解決を任務とするはずであるから、財産上の争いに限らず、行政の権限行使に関するものではあれ、具体的な法律関係に関する法的紛争をも対象とすると解される。国民の裁判を受ける権利と司法権の権限は等置されるべきではなく、国民の裁判を受ける権利の対象外でも、独立の行政主体間の法的紛争を裁くのは、法治国家における司法権の任務である。

　そして、区と都の間の本件の法律関係では、住民基本台帳法に基づく権限行使に関して具体的な法解釈紛争と利害が生じているのであって、国の行政権や一方当事者である都が上位団体として調整することによって解決されるべきものではなく、法治国家であり、地方自治を尊重する憲法の下では、それも司法権の対象範囲に含めるべきである。なお、これを機関訴訟と位置づけるのは、区を都や国の内部組織に落とすものであって、自治権を保障された地方自治制度に反する。

II. 本　文

　本件については、2005年1月11日に、「住基ネット受信義務確認訴訟の適法性について」（以下、意見書①）、2005年10月25日に、「住民基本台帳法30条

5 資料編〔控訴審鑑定意見書〕

の5の解釈——区と都の送受信裁量の有無——」（以下、意見書②）と題する意見書を原審に提出しているところである。ここでは、これを踏まえて、東京地裁平成18年3月24日判決（以下、原判決という）について再検討することにする。

第1 杉並住基ネット訴訟東京地裁判決の判決文

いわゆる杉並区住基ネット訴訟の最大の争点である裁判所法3条の定める「法律上の争訟」の意義について、原判決（20頁以下）は、まず昭和56年のいわゆる板まんだら事件に関する最高裁の先例を引用する（以下、アンダーラインと、①～⑧は、整理の便宜のため、阿部が付けたものである）。

「行政事件を含む民事事件において、裁判所がその固有の権限に基づいて審判することのできる対象は、裁判所法3条1項にいう『法律上の争訟』、すなわち、①<u>当事者間の具体的な権利義務ないし法律関係の存否に関する紛争であって、かつ、それが法令の適用により終局的に解決することができるものに限られる</u>というべきである（最高裁昭和51年(オ)第749号同56年4月7日第三小法廷判決参照）。」

そして、次に、平成14年のいわゆる宝塚パチンコ条例に関する最高裁判決を引用する。

「これを国又は地方公共団体が提起した訴訟について見ると、国又は地方公共団体が提起した訴訟であって、②<u>財産権の主体として自己の財産上の権利利益の保護救済を求めるような場合</u>には、かかる訴訟は、裁判所法3条1項にいう『法律上の争訟』に当たるというべきであるが、③<u>国又は地方公共団体が専ら行政権の主体として国民に対して行政上の義務の履行を求める訴訟</u>は、④<u>法規の適用の適正ないし一般公益の保護を目的とするもの</u>であって、自己の権利利益の保護救済を目的とするものということができないから、法律上の争訟として当然に裁判所の審判の対象となるものではないというべきである（最高裁平成10年(行ツ)第239号同14年7月9日第三小法廷判決参照）。」

その上で、原判決は、住基ネット訴訟について次のように判示する。

平成14年最高裁判決にいう「⑤<u>国又は地方公共団体が専ら行政権の主体として国民に対して行政上の義務の履行を求める訴訟についての判断は、国若しくは地方公共団体又はそれらの機関相互間の権限の存否又は行使に関する訴訟についても妥当し、後者の訴訟も、裁判所法3条1項にいう『法律上の争訟』に当たらない</u>というべきである。

5-1 行政主体間の法的紛争は法律上の争訟にならないのか（阿部泰隆）

なぜなら、⑥国若しくは地方公共団体又はそれらの機関相互間の権限の存否又は行使に関する訴訟は、結局、国又は地方公共団体が専ら行政権の主体として国民に対して行政上の義務の履行を求める訴訟と同様に、法規の適用の適正ないし一般公益の保護を目的とするものにすぎないからである。

また、裁判所がその固有の権限に基づいて審判することのできる対象である「法律上の争訟」の概念は、⑦国民の裁判を受ける権利（憲法32条）との関係で検討されるべきであり、⑧行政主体又はその機関相互間において、その権限の存否又は行使に関して提起した訴訟は、行政主体が国民と同様の立場から、自己の権利利益の保護救済を目的とするものということはできないのであって、『法律上の争訟』に当たらないというべきであるからである。」

最後に（22頁）、原判決は、本件訴えに即して、それは、「権限の存否又は行使をめぐる訴訟である」から、「法律上の争訟」に当たらないとしている。

「これを本件について見ると、原告は、本件確認の訴えにおいて、原告が被告東京都に対して杉並区民のうちの通知希望者に係る本人確認情報を住基ネットを通じて送信する場合に、被告東京都はこれを受信する義務があるとして、被告東京都に対し、その確認を求めている。

……以上の住基法の各規定からすると、いずれも、住基法に基づき、市町村長は、電気通信回線を通じての送信の形で、本人確認情報を都道府県知事に通知するものとされ、他方、都道府県知事は、その本人確認情報を市町村長から受けるものとされているということができる。

そうすると、本件確認の訴えは、市町村が、都道府県知事の行為が帰属する都道府県に対して、住基法に基づく市町村長の本人確認情報の送信に対応する都道府県知事の受信義務の確認を求めているものということができ、<u>その実質において、市町村長及び都道府県知事の住基法に基づくそれぞれの権限の存否又は行使をめぐる訴訟であるということができる。</u>

イ　したがって、本件確認の訴えは、その実質において、地方公共団体の機関相互間の権限の存否又は行使に関する訴訟であり、それぞれの機関の権限の帰属主体である地方公共団体をそれぞれ原告及び被告とした訴訟である点で、地方公共団体相互間の権限の存否又は行使に関する訴訟であるということができる。

以上によると、本件確認の訴えは、地方公共団体若しくは国又はそれらの機関相互間の権限の存否又は行使に関する訴訟であって、自己の権利利益の保護

5　資料編〔控訴審鑑定意見書〕

救済を目的とするものと見ることができないものであるから、裁判所法3条1項にいう『法律上の争訟』には当たらないというべきである。」

第2　先例となった最高裁判決の論理的誤謬

原判決は、ここに見るように、最高裁判例の定義に依拠し、それに何ら疑問を抱かず、それを機械的に適用したものである。しかし、最高裁判決は、論理的にも誤っているし、憲法の司法権・裁判所法の定める「法律上の争訟」の解釈を誤っているので、それにそのまま依拠すべきものではない。そもそも、判例は、一見一般理論を唱えるが、個別事案を念頭においているものであって、国会のように、一般的な妥当性いかんをめぐって、広く公開で議論の上で決めるものでもないし、しかも、その一般論は結論だけのことが多く、理由も明確ではないから、その射程範囲をいたずらに拡大すべきではなく、疑問があれば、判例変更前でも、その射程範囲は可及的に限定すべきである。

1　「法律上の争訟」の定義には賛成

まず、①の定義は特に問題なく、賛成できる。これは、憲法76条1項の司法権なり裁判所法3条1項の「法律上の争訟」をそれなりに適切に表現したものである。

なお、判例では当初は、法律上の争訟について「権利義務に関する紛争」に着目したもの（自治体の予算議決に関する最判昭和29年2月11日民集8巻2号419頁）と、「特定の者の具体的な法律関係につき紛争の存する場合」という基準を用いたもの（いわゆる警察予備隊違憲確認訴訟に関する最大判昭和27年10月8日民集6巻9号783頁、民衆訴訟に関する最判昭和31年12月11日訟月3巻1号98頁判タ66号82頁）があったが、この両方を「または」で繋ぐのが適切な定義である。この後者を忘れてはならない。

そして、①のうち、後段の「それが法令の適用により終局的に解決することができるもの」とは、宗教的紛争、国家試験のような法外的紛争を排除する意味で、当然のことである。昭和56年の最高裁判決が扱った板まんだら事件はその種の典型例である。この昭和56年の最高裁判決では、先例として、最判昭和41年2月8日（民集20巻2号196頁判時444号66頁判タ190号126頁）が引用されているが、これは、国家試験における合格、不合格の判定は、学問または技術上の知識、能力、意見等の優劣、当否の判断を内容とし、試験実施機関の最終判断に委せられるべきものであり、その判断の当否につき具体的に法令

5-1 行政主体間の法的紛争は法律上の争訟にならないのか（阿部泰隆）

を適用して、その争を解決しうべき法律上の争訟事項に当らないとするもので、これも正当である。

2　平成14年最判の不適切性：なぜ財産権の主体としての訴訟に限るのか

そこで、①の中で意味を持つのは、その前段、「当事者間の具体的な権利義務ないし法律関係の存否に関する紛争」の部分である。しかし、このことから、②、③、④がなぜ導かれるのであろうか。

平成14年の最高裁判決では、国又は地方公共団体が提起した訴訟には、②財産権の主体として自己の財産上の権利利益の保護救済を求めるような場合と、④法規の適用の適正ないし一般公益の保護を目的とするものの二つがあるとの二分法が取られている。この定式は、抗告訴訟の原告適格を判定する基準としてならよくわかる。しかし、「法律上の争訟」に当たるかどうかを判断する基準として、なぜこの二分法が妥当なのであろうか。また、②以外は、なぜすべて④になるのであろうか。そして、④はなぜ、①に当たらないのであろうか。この点の根拠は示されていない。

たしかに、一般の民事法を念頭におけば、②か④かの択一的な分類が妥当するかとは思われる。

しかし、行政はそもそも、財産上の権利を行使するだけではなく、行政上の権限を行使するために存在する。それはあえていえば、④であるかもしれないが、その権限の行使をめぐっては、行政訴訟特に抗告訴訟が存在する。したがって、②と④の二分法で、②でないから、④に当たり、その結果、訴訟で争えないと結論することは明らかな間違いである。

もっとも、行政訴訟のうち少なくとも主観訴訟が「法律上の争訟」であるとされているのは、被処分者の権利義務を左右するためであるが、他方、処分をする行政側には権限はあっても権利はない（たとえば、課税権は権限であって、権利ではない。もっとも、それも租税法律関係の理解次第では、債権とも考えられるが、営業不許可などの権限を権利ということはない）ので、それをめぐる紛争は④に当たるため、「法律上の争訟」ではないのであろうか。

仮にそう考えると、抗告訴訟は、被処分者から見れば、「法律上の争訟」であるが、処分権者から見れば、「法律上の争訟」ではないという奇妙なことになる。それは「片面的法律上の争訟論」というべきものであるが、そのような理論は寡聞にして聞いたことがない。そこで、被処分者が行政権限の適法性を争って訴えを提起する場合には、被告の行政側にとっても、「法律上の争訟」

5 資料編〔控訴審鑑定意見書〕

に当たるというべきである。

したがって、「法律上の争訟」該当性を判断するには、②か④か、権利義務か、法規の適用の適正かという二分法がそもそも不適切である。

行政機関は、民事法とは異なって、権利を有しなくても、法律に基づく権限を行使するという特色に照らして、「法律上の争訟」の意義を考察しなければならないのである。

そこで考えるに、平成14年の最高裁判決が④を法律上の争訟ではないとしたのは、行政上の義務の履行を確保する訴訟を不適法とするためであった。しかし、そのような結論に到着するためには、④を「法律上の争訟」ではないとすることが不可欠でないばかりか、適切でもない。すなわち、宝塚市側が、条例に基づいて課した義務の履行を裁判に求めていたのは、建築中止命令違反に罰則規定をおいていなかったため、ほかに方法がなかったというという特殊事情があった。この事件では、宝塚市は、罰則規定をおけば済んだのである（実際、宝塚市は、平成15年9月、旧条例を全面改正した新条例＝宝塚市パチンコ店等及びラブホテルの建築の規制に関する条例を制定して罰則規定をおいた）から、そのような事案は、裁判所に持ち込んでくるべきものではないという裁判所の気持ちも理解できないわけではない。そうすると、この事件で、訴えを却下するためには、自ら、義務の履行を確保する方法を有しているのに、それを行使しないで、裁判所に救済を求めることは許されないとすれば済んだのであって、④は司法権の対象外であるという一般理論を構成する必要は全くなく、また、それについて議論が熟しているものでもないから、これは全く不適切な判例であった。

また、平成14年の最高裁が、②を基準とするのは、①のうちの「権利義務」のほうに目が行ってしまったためではないか。財産権ということと権利義務とはつながりやすいからである。

ここで、この①には、権利義務という要件のほかに、「法律関係の存否に関する紛争」という要件があることに注目すべきである。この二つの用語は同じであろうか。

ここで、「法律関係」という用語について、有斐閣『新法律学辞典〔第3版〕』（平成5年）1305頁をみれば、「(1)社会生活関係のうちで法律によって規律される関係を指す。この場合は、道徳関係・宗教関係等に対して、法律が効力をもつことができる範囲を示す。恋人との散歩の約束は法律関係ではないとい

5-1 行政主体間の法的紛争は法律上の争訟にならないのか（阿部泰隆）

うのがその例。(2)個々の権利・義務が統合されて成り立つ関係を指すこともある。例えば、親子の間の法律関係、家主借家人の間の法律関係など」とされている。

そこで、(2)であれば、権利義務と法律関係は同じものとなるであろう。しかし、それは民事法を念頭におくからにすぎない。行政法上の法律関係は、権限の関係である。それも、法的に規律され、法的に効力をもつものであるから、権利義務関係ではなくても、法律関係というべきであろう。このように、行政法の法律関係に着目すれば、権利義務関係と法律関係は異なってくるのである。

このように考えると、「法律関係の存否に関する紛争」というならば、それを②に限る理由はない。④であっても、これに該当するはずである。平成14年の最高裁判決が、行政上の権限の行使に関する訴えを④であるとして、「法律上の争訟」ではないとしたのは、①からは導かれないことであって、論理的にも間違いであったのである。

換言すれば、もともと、法律上は、「法律上の争訟」としか規定されていないのであって、法律的な判断なり法的解決が可能な紛争であれば、この要件を満たすはずである。つまりは、この判例は、「法律上の争訟」の概念について、民事法を念頭において、「権利義務」だけに執着し（あるいは、「法律関係」をこれと同義と思いこんで）、そこから、行政上の権限行使をめぐる行政主体の訴えを「法律上の争訟」に入らないとするものであろう。それは、民事法に囚われて、予断に満ちた定義で答えを出しているにすぎない。

行政法学界では、この判決に賛成する者はまずいない。この判決の調査官解説には多数の疑問があることは、先の意見書①及び拙著『行政訴訟要件論』（弘文堂、2003年）でも詳しく述べているので、ここでは繰り返さないこととし、ご参照賜りたい。

3 平成14年最判の射程範囲を不当に拡張すべきではない

(1) 原判決35頁は次のように述べる。「確かに、平成14年最高裁判決は、『国又は地方公共団体が専ら行政権の主体として国民に対して行政上の義務の履行を求める訴訟』についての判断であり、本件確認の訴えのように、確認請求に係る訴えや国若しくは地方公共団体又はそれらの機関相互間の権限の存否又は行使に関する訴訟について直接判断したものということはできない。

しかし、平成14年最高裁判決は『国又は地方公共団体が専ら行政権の主体として国民に対して行政上の義務の履行を求める訴訟』について、この訴訟が

『法規の適用の適正ないし一般公益の保護を目的とするものであって、自己の権利利益の保護救済を目的とするものということはできないから、法律上の争訟として当然に裁判所の審判の対象となるものではな』いと判断したものである。そして、上記判断の実質的な理由は、上記訴訟と同じく行政権限の適正な行使の実現を目的とする、国若しくは地方公共団体又はそれらの機関相互間の権限の存否又は行使に関する訴訟についても当てはまるということができるのである。」

これは、前記のように、問題の多い平成14年最判を機械的に適用するものであって、不適切である。そうした問題のある判決は、できるだけ影響力を及ぼさないように限定的に解すべきである。異なる場面にまで拡大すべきではない。

(2) ところが、原判決35頁-36頁は、こうした主張に反論して、次のように述べる。「原告は、平成14年最高裁判決の射程は、行政権力で規制することができる国民に対する場合である『専ら行政権の主体として国民に対して行政上の義務の履行を求める訴訟』に限定すべきであり、地方公共団体が国を被告として提起する訴訟については、平成14年最高裁判決の射程に入らないのであって、法律上の争訟に該当する旨主張する。

確かに、平成14年最高裁判決は、『専ら行政権の主体として国民に対して行政上の義務の履行を求める訴訟』についての判断であるが、その判断の実質的な理由は、本件確認の訴えについても妥当するということができる。すなわち、平成14年最高裁判決は、『専ら行政権の主体として国民に対して行政上の義務の履行を求める訴訟』が法律上の争訟に該当しない理由として、国民に対しては行政権力で規制することができることを挙げているわけではないのである。むしろ、平成14年最高裁判決は、上記訴訟が『法規の適用の適正ないし一般公益の保護を目的とするものであって、自己の権利利益の保護救済を目的とするものということはできないから、法律上の争訟として当然に裁判所の審判の対象となるものではな』いと判断したのであるから、原告の主張は、平成14年最高裁判決の理解を誤ったものといわなければならない。」

これもまた、特定の事件に関する判例の文言を金科玉条的に墨守して、その射程範囲を不当に拡張するものである。「法規の適用の適正ないし一般公益の保護を目的とするものであって、自己の権利利益の保護救済を目的とするものということはできないから、法律上の争訟として当然に裁判所の審判の対象と

5-1 行政主体間の法的紛争は法律上の争訟にならないのか（阿部泰隆）

なるものではな」いとする平成14年判決の理論は何ら根拠づけられておらず、前記のように理論的にも実際的にも正しくなく、学界では賛成者はほとんどいない。それにもかかわらず、この判決に依拠するならば、その正当化根拠をきちんと説明すべきものである。さもなければ、判例の発展はない。

4　「法律上の争訟」の体系的な把握

（1）　ここで、「法律上の争訟」の概念の全貌を理解しやすくするため、図解によって体系的把握を試みよう。これまでの最高裁判決は、阿部が検索したところによれば、26件ある（「法律上の争訟　and　裁判所法3条」をキーワードに、判例検索サイトLeXDBで検索）。これを素材とする。図を参照しつつ読まれたい（なお、これらの最高裁判例については、昭和56年の板まんだら事件最高裁調査官解説（篠田省二『最高裁判例解説民事篇昭和56年度』212頁以下）も概観している）。

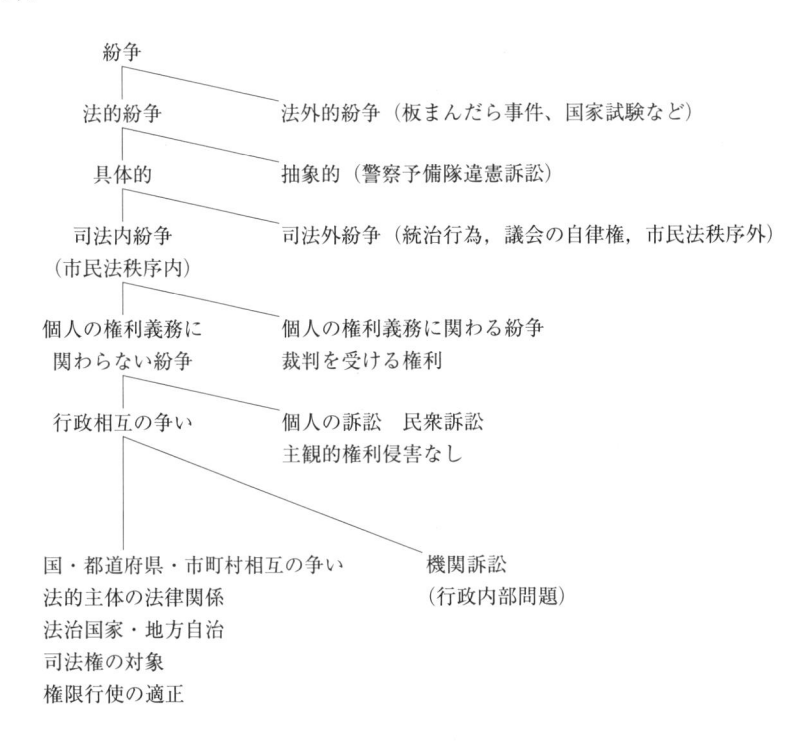

```
紛争
  ├─ 法的紛争
  │    └─ 法外的紛争（板まんだら事件、国家試験など）
  ├─ 具体的
  │    └─ 抽象的（警察予備隊違憲訴訟）
  ├─ 司法内紛争       司法外紛争（統治行為，議会の自律権，市民法秩序外）
  │   （市民法秩序内）
  ├─ 個人の権利義務に  個人の権利義務に関わる紛争
  │   関わらない紛争   裁判を受ける権利
  ├─ 行政相互の争い    個人の訴訟　民衆訴訟
  │                    主観的権利侵害なし
  └─ 国・都道府県・市町村相互の争い　　機関訴訟
      法的主体の法律関係              （行政内部問題）
      法治国家・地方自治
      司法権の対象
      権限行使の適正
```

5　資料編〔控訴審鑑定意見書〕

（2）　まず、社会に存在する紛争は、法的に解決できるものとそうではないものがある。板まんだら事件、国家試験（前掲）などはこの後者である。

26件の最高裁判例の中で、宗教上の争いが法律上の争訟になるかが争点になった事件は次の12件である。

平成14年2月22日判時1779号22頁判タ1087号97頁、平成14年1月29日判時1779号28頁判タ1087号103頁、平成11年9月28日判時1689号78頁判タ1014号174頁、平成7年7月18日判時1542号64頁判タ888号130頁、平成5年11月25日判時1503号18頁判タ855号74頁、平成5年9月10日判タ855号74頁判時1503号18頁、平成5年9月7日民集47巻7号4667頁判タ855号90頁判時1503号34頁、昭和58年3月30日民集47巻7号4667頁判時1503号34頁判タ855号90頁、平成5年7月20日判時1503号3頁判タ855号58頁、平成1年9月8日民集43巻8号889頁判時1329号11頁、昭和56年4月7日民集35巻3号443頁判時1001号9頁判タ441号59頁、昭和55年1月11日民集34巻1号1頁判時956号55頁判タ410号94頁。

（3）　法的に解決できるものでも、抽象的な紛争は、裁判権の対象外として、具体的な紛争になるのを待つことになっている。警察予備隊違憲訴訟（最大判昭和27年10月8日民集6巻9号783頁）がその典型例である。

このほか、消費税の廃止を求める訴訟＝平成5年9月10日（税務訴訟資料198号813頁、国及び内閣総理大臣に消費税の廃止を求める訴訟は、そもそも法律上の争訟に当たらず、不適法である）、裁判所支部廃止の取消訴訟＝平成3年4月19日（民集45巻4号518頁、地方裁判所及び家庭裁判所支部設置規則及び家庭裁判所出張所設置規則の一部を改正する規則（平成元年最高裁判所規則5号）に基づき福岡地方裁判所および福岡家庭裁判所の各甘木支部を廃止したことについて、各支部の管轄区域内に居住する者が、右規則の憲法違反を理由に廃止措置の取消を求める訴は、抽象的に右規則の合憲性判断を求めるもので、裁判所法3条1項にいう「法律上の争訟」に当らない）、村議会の予算議決の無効確認訴訟＝昭和29年2月11日（民集8巻2号419頁、村議会の予算議決の無効確認を求める訴は不適法である）がある。

（4）　具体的な紛争でも、統治行為、議会の自律権、市民法秩序外（かつての特別権力関係）などは、司法権の範囲外である。

統治行為：衆議院の解散（昭和35年6月8日民集14巻7号1206頁訟月6巻9号1761頁判時225号6頁）、安保条約（昭和34年12月16日刑集13巻13号3225頁

5-1 行政主体間の法的紛争は法律上の争訟にならないのか（阿部泰隆）

判時208号10頁判タ99号42頁）は法律上の争訟にならない。

　議院の自律権：衆議院議員が提出した法律案を不受理とした衆議院事務局の取扱いについては、衆議院の自律的判断を尊重すべきであり、裁判所として独自に適法、違法の判断をすべきではない（平成11年9月17日訟月46巻6号2992頁）。

　なお、これに対し、町議会の議員に対する議員辞職勧告決議等により名誉が毀損されたことを理由とする国家賠償請求訴訟は、法律上の争訟に当たる（平成6年6月21日判時1502号96頁判タ871号140頁）。

　地方議会議員に対する出席停止の懲罰決議の適否は、司法裁判権の対象にならない。地方議会の議員に対する出席停止の懲罰処分は、議会の自治的措置に任されたものであるから、右処分の無効確認または取消を求める訴は、不適法である（昭和35年10月19日民集14巻12号2633頁判時239号20頁）。

　一般市民法秩序外の行為＝大学における単位不認定：大学における授業科目の単位授与（認定）行為は、一般市民法秩序と直接の関係を有するものであることを肯認するに足りる特段の事情のない限り、司法審査の対象にならない（昭和52年3月15日民集31巻2号234頁判時843号22頁判タ348号205頁）。

（5）　こうして残った具体的な法律的紛争でも、当然に「法律上の争訟」に当たるとは限らない。そこで、個人の具体的な権利義務に関わるものは、憲法32条の定める「裁判を受ける権利」の保障との関係もあって、当然に「法律上の争訟」に当たるが、それに入らないものは当然に「法律上の争訟」にならないとは言えない。そのようなものとして、民衆訴訟（昭和31年12月11日訟月3巻1号98頁判タ66号82頁）がある。この判決は、「当事者の具体的な法律関係に関係がないにもかかわらず、法律の規定によつて特に訴訟提起を許している場合の訴訟であつて、この訴訟は、憲法の要請に基づくものではないから、ある法律が民衆訴訟を規定していなくても、憲法違反の問題を生ずる余地はない。土地収用法による事業認定に対する訴訟が民衆訴訟として許容されないとしても、これにより、憲法32条違反の問題は生じない。」としたものである。住民訴訟は、個人の権利義務に関わらないから、当然に司法権の範囲内とは言えない。機関訴訟も、行政主体の内部で決着付ければよいのであるから、裁判で決着付ける法律上の争訟ではない。

　これに対し、行政主体の間の争いは、行政主体の内部の紛争ではなく、独立の法主体の間の争いである。あえて説明すれば、2000年の地方自治法の改正

により、いわゆる機関委任事務は廃止され、地方自治体は、完全に独立の地位を保障されたので、地方自治体相互、国と地方自治体の間の争いは、特別の規定がある場合を除き、あるいは、特に、地方公共団体の自治権が否定されている場合（もちろん合憲であることを要する）を除き、全て、法律的に決着を付けるしかなくなった。それは司法で決着を付けることであり、その争いは「法律上の争訟」ということになる。

5　その他の最高裁判決の批判的分析

平成14年の宝塚パチンコ条例に先行する判例でも、「法律上の争訟」の意義を誤解して、行政なり国、地方自治体の訴訟を却下するものがあった。宝塚パチンコ判決は、判例に従ったものとは言えるが、それには正当な根拠はなかったというべきである。これは意見書①で扱ったところであるが、重複をいとわず再検討する。

（1）　最判平成13年7月13日——那覇防衛情報公開請求事件

建築確認のために市が取得した国の防衛情報を情報公開条例に基づき公開するという那覇市の決定に対して、国が防衛上の秘密を理由に取消訴訟を提起したが、一審は、ここで救済を求められているのが、国の適正かつ円滑な行政活動を行う利益及び国の秘密保護の利益という公的利益であることを理由に（那覇地判平成7・3・28判時1547号22頁）、控訴審は、当該訴えに係る国と市長の間の紛争は、市長の条例に基づく権限の行使と、国の防衛行政遂行上の秘密の保持ないしこの行政活動に必要な建物の管理という防衛行政権限の行使との抵触をめぐる紛争であることを理由に、裁判所法3条にいう「法律上の争訟」に該当しないとした（福岡高那覇支判平成8・9・24行集47巻9号808頁判時1581号30頁判タ922号119頁）。しかし、最判平成13年7月13日（判例自治223号22頁）は、本件建物の所有者として有する固有の利益が侵害されることに注目して、本件訴えは、法律上の争訟に当たるとした。

すなわち、「本件文書は、建築基準法18条2項に基づき那覇市建築主事に提出された建築工事計画通知書及びこれに添付された本件建物の設計図面等であり、上告人は、本件文書の公開によって国有財産である本件建物の内部構造等が明らかになると、警備上の支障が生じるほか、外部からの攻撃に対応する機能の減殺により本件建物の安全性が低減するなど、本件建物の所有者として有する固有の利益が侵害されることをも理由として、本件各処分の取消しを求めていると理解することができる。そうすると、本件訴えは、法律上の争訟に当

5-1 行政主体間の法的紛争は法律上の争訟にならないのか（阿部泰隆）

たるというべきであり、」ということである。

これは財産的利益に着目して、法律上の利益を肯定したが、しかし、地方公共団体が非財産的な国家機密を守らない場合、国としては争う方法がないということになる。それは無法地帯というべきであろう。国家と那覇市との間で法律解釈の紛争が生じているのであるから、法律上の紛争と見るのが合理的な解決策である。

ところが、この判決は、「本件（情報公開）条例6条1項は、同項各号所定の情報が記録されている公文書は非公開とすることができる旨を定めているが、その趣旨、文言等に照らし、同項が上告人（国）の主張に係る利益を個別的利益として保護する趣旨を含むものと解することはできず、他に、上告人の主張に係る利益を個別的利益として保護する趣旨を含むことをうかがわせる規定も見当たらない。そうすると、上告人が本件各処分の取消しを求める原告適格を有するということはできないから、本件訴えは、結局、不適法なものに帰するというべきである。」とした。

これは吃驚である。情報公開によって、防衛秘密、少なくとも財産的利益が害される国は、その権利を害されることを理由に争えるのは当然である。情報公開条例でも、そうした利益を保護することを前提に制度を仕組んでいるのであるから、この判決は間違いというべきであり、先例とすべきではない。

（2）　最判平成5年9月9日——池子弾薬庫訴訟、逗子準用河川工事中止命令事件

機関委任事務として準用河川を管理する逗子市長が、米軍の宿舎を建設する防衛施設局長に対して工事中止命令を発したが、無視されたので、訴訟により工事中止を求めた（池子弾薬庫訴訟）。1審判決（横浜地判平成3・2・15判時1380号122頁）は、市長も防衛施設局長もともに国の機関であるから、法律に特別の規定のない以上訴訟は認められないとした。上級審（東京高判平成4・2・26判タ792号215頁判時1415号100頁、最判平成5・9・9訟月40巻9号2222頁）は、原告が市長である点をとらえて、これは権利義務の主体たりえない行政庁による訴えに当たるとして不適法とした。

これは、河川法100条のいわゆる準用河川の河川管理者である市長が国に対して仮設調整池設置工事の差止めを求める訴えは、権利義務の帰属主体たり得ない行政庁が提訴したものであり、不適法であるとしたものである。

建前では、市長が準用河川を管理する地位が国の機関であるということから、この紛争は建設省と防衛庁の間の争いとして閣議で決めることであろうか。し

かし、それは実際上期待できない。逗子市は実質は自治権を主張しているのであるし、建設省がその意向を代弁することはありえない。これも、実質は自治権侵害を理由とする訴訟と構成すべきだろう（原田尚彦・法教133号56頁参照）。

また、原告を逗子市とすれば、適法な訴えになるという趣旨なら、この訴訟は技術的には難しいので、原告を市とするか市長とするかは、容易に判断できないことである。行政主体か行政庁かの違いは、行政庁の行ったことは行政主体に帰属するのであるから、それほど重要なことではないし、市長が出した中止命令の履行を求めるのであるから、行政庁が原告になると構成することも可能であって、こうした末梢的な理由で訴えを却下するのは不適切である。

この事例は分権改革により、自治事務になったので、それに従わない国の機関に対しては中止命令を出すことになるが、その執行は、宝塚パチンコ条例訴訟と同じ問題になる。

以上の最高裁判決を見ると、判例は一見固まったかのようである。しかし、判例は、行政の権限行使をめぐる紛争を取り上げない正当な理由を何一つ説明していない。むしろ、判例が、「法律上の争訟」を個人の権利義務に関する争い、財産上の争いと定義したとき、行政主体の法律上の権限の行使に関する争いを排除する趣旨は示されておらず、おそらくは民事紛争を念頭において定義し、そして、民事紛争ではない行政の法律上の権限の行使に関する争いを排除しているにすぎない。これでは、独善的に定義して、それに入らないものを排除しているだけである。これは同義反復である。こうした判例の「理論」からの脱却が求められる。

第3　主要文献の分析

最高裁判例のほか、関係する主要文献を分析しよう。

1　『裁判所法逐条解説上』

（1）その要点

裁判所がまず依拠するのは、日本では、学説ではなく、裁判所内部の文献であるので、それを取り上げる。そうした文献は、『裁判所法逐条解説上』（法曹会・昭和43年）19頁以下である。

これによれば、裁判所法3条は、裁判所の有する権限を総括的に規定したものである。

5-1 行政主体間の法的紛争は法律上の争訟にならないのか（阿部泰隆）

「(二)　裁判所は、原則として、「一切の法律上の争訟を裁判」する権限を有する。裁判所のこの権限は、通常、「司法裁判権」または単に「裁判権」とよばれる。この権限は裁判に本質的なものであって、憲法上付与されたものであり（憲法76条1項）、他の法律でこれを奪うことはできない。本条の規定は、その権限の範囲を明確にしたものということができよう。

1　「裁判」とは、<u>権利主体の間で具体的な法律効果の存否に関する争いがある場合において</u>、法規の定める法律要件を構成する法律事実に該当する具体的事実に、法規を適用し、その法規の定めている法律効果の具体的存否を判断、確定することにより、争いを解決する作用をいう。

　(1)　裁判所の「裁判」する権限は、国民の「裁判所において裁判を受ける権利」（憲法32条）と表裏の関係にある。従って、裁判所は、裁判をする権限を有する反面において、これをすべき職責を負うわけである。……

　(2)　司法裁判権も、国家統治権の一作用であるから、これを行使しうる範囲が、統治権の及ぶ範囲に限られることは、いうまでもない（略）。……

　(3)　司法裁判権は、通常裁判所が独占する。……

2　司法裁判権は、「一切の」争訟を対象とする。ここに「一切の」とは、民事すなわち私法関係に関する争訟、刑事すなわち刑罰権の存否に関する争訟のほか、行政事件すなわち行政処分の取消し等を求める訴や公法上の法律関係を目的とする訴訟等を含む趣旨である。……憲法は、行政事件の裁判の作用を司法裁判権の範囲に含まれるものとし、これについても「裁判を受ける権利」を保障したものと解するのが相当である（略）。このように解するときは、行政事件の裁判を司法裁判所の権限とすることは、憲法上の要請であり、本条でこれを規定したことは、憲法上のこの要請を確認し、これを明文の規定により明らかにしたにすぎないことになる。

3　司法裁判権の対象となるのは「法律上の」争訟である。ここに、「法律上の」争訟とは、<u>当事者間の具体的な権利義務又は法律関係の存否（刑罰権の存否を含む）に関する紛争であって、法律の適用により終局的に解決しうべきものをいう</u>。従って、

　(1)　単なる事実の存否は、原則として、裁判の対象とならない（略）。……

　(2)　具体的事件を離れて、抽象的な法令の解釈又は効力に関する争も裁判の対象とならない。……

5 資料編〔控訴審鑑定意見書〕

⑶ 政治上の一般方針を定める憲法等の規定に基づく訴訟は、法律上の争訟に当たらない。……
⑷ 直接に、国家統治の基本に関係する高度に政治性のある国家行為（たとえば衆議院の解散の効力）のようなものは、たとえ、それが法律上の争訟となり、これに対する有効無効の判断が法律上可能である場合であっても、裁判所の審査権の外にあるものとされている。
⑸ ……
⑹ ……
⑺ ……
⑻ また、民衆訴訟（行訴法五）および機関訴訟（同法六）は、法規の適用の適正または一般公共の利益の保護を目的とする訴訟であって、本来は司法裁判権の対象たる法律上の争訟ではなく（略）、従って、法律の定める場合において、法律に定める者に限り、提起することができる（同法四二）。
4　司法裁判権の対象となるのは、法律上の「争訟」である。「争訟」とは、結局、法の適用上の争、すなわち、法律上定められた権利義務又は法律関係に関する主張の対立を意味する。従って、実体法上の具体的な権利義務が定められておらず、裁判により新たに権利又は法律関係が形成される場合、すなわち「非訟事件」は、争訟に属さない。」

（2）　この書物は本件東京地裁判決の根拠にならないこと
　以上はこの書物の紹介である。この書物の1では、「裁判」とは、権利主体の間で具体的な法律効果の存否に関する争いがある場合において、としている。本件都と区の行政権限の争いも、具体的な法律効果の存否に関する争いであることには間違いはない。したがって、この定義では、「法律上の争訟」に当たるはずである。
　しかし、この書物の3では、「当事者間の具体的な権利義務又は法律関係の存否（刑罰権の存否を含む）に関する紛争」という定義が突然出てくる。そこで、「権利義務」に注目する見解が出てくるかもしれない。
　しかし、「権利主体の間で具体的な法律効果の存否に関する争い」を「当事者間の具体的な権利義務又は法律関係の存否（刑罰権の存否を含む）に関する紛争」に置き換えた理由は示されていないから、意味が異なるということではあるまい。そして、本件は「法律関係の存否に関する紛争」であるから、この定義でも、本件は、法律上の争訟であろう。

5-1 行政主体間の法的紛争は法律上の争訟にならないのか（阿部泰隆）

さらに、その後の解説を見ても、「法律上の争訟」を「権利義務」に限るとはされていない。その後の説明(1)—(8)はそれ自体妥当であるが、権利義務に限るとする説明、財産上の争いに限るとの説明、行政の権限行使は対象外とする説明は見られない。法律関係の存否に関する紛争も当然に法律上の争訟である。

この(8)は、民衆訴訟、機関訴訟は、法律上の争訟ではないとする。それ自体は正しい。民衆訴訟である選挙訴訟とか住民訴訟は、原告の個別の権利義務には関わらないし、「原告の具体的な法律効果の存否に関する争い」でもない。機関訴訟は、同一の行政主体の内部の争いであるから、その内部で片づけろということである。しかし、行政主体間の争いもこれに入るという議論は、全て、国の行政権の内部にあるという発想であって、要するに地方自治が十分に承認されていなかった時代の理論である。

なお、ここで、刑罰権の発動は権利義務又は法律関係に入るとされている。権利義務には入らないが、法律関係に入るという趣旨かもしれないが、その理由は説明されていない。いずれにしても、刑罰権の行使は、処罰を受ける方にとっては権利義務であっても、国家としては権利ではなく、法律に基づく権限の行使であるが、法規の適正な行使を求めるものである点で、法律関係に入るであろう。

行政権限の行使の適正を求める訴訟も同じであろう。そうとすれば、行政がその権限行使の適正さを訴訟で求めるのは、法律上の争訟であると解するしかないのではないか。

以上のように、この書物の立場では、本件は「法律上の争訟」になると解される。

2　兼子一＝竹下守夫『裁判法〔第4版〕』（有斐閣、平成11年）

では、学界の書物はどう考えているか。裁判法に関する体系的書物が少なくないので、これをその代表的なものとして、その論述からどのように考えるべきかを検討しよう。本書66頁以下は、次のように説明する（下線及び(a)以下は阿部が付けたものである）。

「(1)……民事・刑事事件に限らず、行政事件も司法権の範囲に属するが、他方、司法といってもあらゆる法規の適用を担当し、法律的に解決できるすべての問題を判断する権限を意味するわけではない。これを限定するのが争訟性または事件性の問題である。……裁判は主体間の社会的関係における、(a)<u>具体的利害の衝突の解決調整を目的とする判定</u>であって、……法の保障する(b)<u>個人の</u>

5 資料編〔控訴審鑑定意見書〕

一身的または経済利益が他の主体のそれと衝突する事件を対象とするものに限られる。けだし、人民に対する国家権力の行使としての司法が、……決して、単に、抽象的な法規を制定する立法がある以上、これを具体的に適用する司法がなければならないというような形式的論理的な要求に出ているのではない。これを要するに、司法権の対象をなす『法律上の争訟』とは、(c)<u>法主体間の具体的権利義務に関する争い</u>であって、法令の適用により終局的に解決しうべきものをいうのである。司法の固有の本質と限界は、この点から引き出されなければならない。」(66～67頁)

この文章を見て、「法律上の争訟」とは、(c)<u>法主体間の具体的権利義務に関する争い</u>に限られるから、平成14年宝塚パチンコ条例最高裁判決に言う、「国又は地方公共団体が専ら行政権の主体として国民に対して行政上の義務の履行を求める訴訟は、法規の適用の適正ないし一般公益の保護を目的とするもの」はこれに入らないという趣旨であると理解する向きがあるかもしれない。仮にそうとすれば、この書物は、本件原判決や平成14年最高裁判決を正当化するのかもしれない。しかし、そのような理解は間違いである。

(c)では、権利義務という言葉が入っているが、その前、(a)では、具体的利害の衝突、(b)でも、一身的又は経済的利益の衝突というだけである。(a)は、裁判の対象は、具体性が必要であって、抽象的なものではないという趣旨である。それは妥当であろう。しかし、そのことから、なぜ、(b)「一身的または経済的な」衝突に限定されるのか、なぜ(c)権利義務に限定されるのか、まったく説明がない。この書物はおそらくはこれらを同義と理解しているのであろう。そして、それは通常の民事紛争を念頭におけば正しい。

しかし、ここでは、行政の権限行使をめぐる争いを念頭においていない。それを念頭におけば、(b)、(c)に限定される理由はない。

(a)具体的利害の衝突の解決調整を目的とする判定が「法律上の争訟」であるならば、「国又は地方公共団体が専ら行政権の主体として国民に対して行政上の義務の履行を求める訴訟は、法規の適用の適正ないし一般公益の保護を目的とするもの」であっても、そこで、国、地方公共団体相互間、または、国なり地方公共団体と国民との間で、具体的な利害の衝突がある以上は、それは、争訟性または事件性があるといえるのである。

学説は一般的な言い方をしているが、その射程範囲は意外と限られているものである。

5-1　行政主体間の法的紛争は法律上の争訟にならないのか（阿部泰隆）

　この書物は、上記の叙述に続いて、次のように述べる。
　「(2)(d)司法はこのように、具体的事件の解決としての法的規制を示す裁判によって行われる作用である。したがって、如何にそれが重要であっても仮定的または抽象的な法律問題に対する意見を表示することは、その任務ではない。……この点から、裁判所に民事訴訟（もしくは行政訴訟）を提起するには、原告は、その請求として、(e)自己の生活関係上の紛争における具体的主張（通常権利主張の形式を取る）を明確にして、その当否について審判を求めなければならない。(f)単に法令の効力や解釈の確定だけを求めることは許されず、かかる請求は司法権の範囲外のものとして、却下を免れない」(67頁)
　この文章は、(d)、(f)は、「法律上の争訟」というためには、「具体的」紛争でなければならず、抽象的なものであってはならないというだけである。このことから、なぜこの(e)が導かれるのであろうか。具体的な紛争とは、権利主張の形式を取る場合に限らず、本件のような区と都の権限の争いも含まれるはずである。ここで、権利の主張と述べているのは、それが民事訴訟を念頭におき、又、行政訴訟であっても、国民から争う場合を念頭におけば、正しいというだけで、「法律上の争訟」がこれに限られるとの論証は何らなされていないのである。
　その次には、本書では「(3)(g)主体間の紛争、利害の衝突事件と見え、それが法律的判断で解決される性質のものであっても、個人の自由や権利に関係しない場合には、法律上の争訟として、司法の固有の権限に属するとはいえない。(h)法治国家においても、直接に個人の市民的な権利・利益と関係のない公的機関の組織や権限の問題は、必ずしも裁判所を唯一最終の解決調整機関とするに及ばないのである。」(67頁)と述べている。
　ここで「個人の自由や権利に関係しない場合」法律上の争訟ではないとしているが、そこで次に例としてあげられるのは、「(i)例えば、行政系統内で下級官庁は、上級官庁の監督権の行使やその法律判断が違法であっても、これを相手取って裁判所に出訴できないのは当然である」というように、組織内で解決できるものである。その次の例も各省の間の権限争議は、閣議で裁定するものだということで、当然のことである。議員の懲罰も、議会の組織上の問題と見るならば議会の政治的責任に任せれば足りるということも正しい。
　しかし、このことから、区と都の権限行使の争いも、これに該当するとの説明はない。むしろ、地方自治が強化され、地方公共団体が、国の下部機関では

なくなった今日では、区と都の争いは、(i)には当たらないから、これだけの説明では、本件が「法律上の争訟」に当たらないという説明はできていないというべきである。

このように、この書物は平成14年最高裁判決や本件原判決を正当化するものではない。

第4　本件東京地裁判決の批判的分析
1　本件紛争は法律関係に該当

本件に立ち返ると、都と区の間で住民基本台帳法に基づく権限の行使をめぐる具体的な法的紛争、つまりは、都に受信義務があるかどうかという、法律関係の紛争が生じている。それは、財産権の主体として、自己の財産上の権利利益の保護救済を求めるものとの理論構成も可能であろうが、かりにそうではないと仮定しても、法解釈の紛争であり、具体的である。それは、法規の適用の適正をめぐる争いであれ、具体的な法律関係をめぐる争いであることに変わりはない。

すなわち、さきに（第2の2）、有斐閣『新法律学辞典第3版』1305頁の解説を紹介したが、本件の杉並区と東京都との関係は、住民基本台帳法、地方自治法、憲法その他の法律によって規律されているのであるから、そこでいう、（1）の意味での法律関係であることは明らかである。そこの（2）では、権利義務と法律関係が同じものになっているが、それは民事法を念頭におくもので、行政上の権限に関する法律関係を排除する趣旨とまでは言えない。

原判決の論理構造では、区と都の行政権限の行使に関する争いがなぜ法律上の争訟でないのか、まともには説明されていない。単に、法律上の争訟とは財産上の紛争と先験的に定義して、それに入らないものを排除しているだけではないだろうか。それならば、法的思考として正しくない。

2　都と区の紛争は独立の法主体間の紛争

（1）　原判決は、第1で紹介したように、「本件確認の訴えは、その実質において、地方公共団体の機関相互間の権限の存否又は行使に関する訴訟であり、それぞれの機関の権限の帰属主体である地方公共団体をそれぞれ原告及び被告とした訴訟である点で、地方公共団体相互間の権限の存否又は行使に関する訴訟であるということができる。以上によると、本件確認の訴えは、地方公共団体若しくは国又はそれらの機関相互間の権限の存否又は行使に関する訴訟で

5-1 行政主体間の法的紛争は法律上の争訟にならないのか（阿部泰隆）

あって」と述べている。

　ここで、留意すべきは、地方公共団体若しくは国の権限の存否若しくは行使に関する訴訟と、それらの機関相互間の権限の存否又は行使に関する訴訟との区別がなされていないことである。

　さらに、原判決(33頁)は、「本件確認の訴えは、裁判所法3条1項にいう『法律上の争訟』に当たらないのである。むしろ、本件確認の訴えは、前示のとおり、その実質を見ると、地方公共団体の機関相互間の権限の存否又は行使に関する訴訟であって、行政事件訴訟法6条にいう機関訴訟であるというべきである。」としている。

　機関委任事務が存在した2000年の地方分権改革前であれば、地方公共団体の機関の権限をめぐる紛争が存在し、それを解決するものとして、いわゆる職務執行命令訴訟が存在した。それは機関相互の紛争であった。しかし、機関委任事務が廃止された今日では、機関の行為は全て行政主体に帰属するので、国と地方公共団体、地方公共団体相互の紛争は、すべて権利主体間の紛争である。機関相互の紛争というものは、同一の行政主体内では生ずることがあるが、別個の行政主体の間の争いの場合には、一見、機関相互の争いに見えて、それは行政主体相互の争いなのである。

　本件についていえば、区長や都知事の権限行使が適法かどうかが論点になってはいるが、機関の権限はそれぞれ区と都の内部問題であり、区と都の関係では、機関の紛争ではなく、区と都という行政主体の争いなのである。

　さらに、原判決の文言に沿って検討する。

（2）　原判決38頁：「原告は、憲法により地方公共団体の自治権が保障され、地方分権改革によりそれが具体化された現時点においては、国家と地方公共団体とは法律関係に立つのであって、その間の紛争は『法律上の争訟』に該当する旨主張する。また、原告は、諸外国は地方公共団体の出訴資格を否定していないのであり、本件確認の訴えを適法とすることが自然であるとも主張する。

　確かに、憲法92条以下は、地方公共団体に対して、一定の自治権能を付与しているということができる。

　しかし、憲法92条以下の規定によっても、地方公共団体が、国に対する何らかの実体的な権利として『自治権』を保障しているものと見ることはできない。むしろ、地方公共団体の『自治権』といわれるものには、課税権や条例制定権のような統治権能を含むことからすると、憲法は、地方公共団体に対し、

人権のように国家から侵害されないものとしての『自治権』を実体的な権利として保障していると解することはできないのである。」
　しかし、地方公共団体相互間の訴訟を認めるために、実体権として人権のような自治権が憲法から導かれなければならないわけではない。具体的な法律関係があり、争うだけの法的な利益があれば十分である。原判決の立場では、区は、都の下部団体に陥れられるので、およそ自治権は認められないことになる。これは地方自治を保障した憲法92条以下に反すると考えられる。
　又、ここで、自治権の内容を課税権などとするのも問題の把握を誤っている。課税権は住民に対するものであるが、ここでは都や国から、法律に基づかずにその行政に干渉されず、干渉された場合にこれを排除することが自治権の内容とされなければならないのである。
　（3）　原判決39頁：「原告は、諸外国においては、地方公共団体の出訴資格を否定していない旨主張するが、立法権、行政権及び司法権の三権間の関係や、その中での裁判所の位置付けは国ごとに異なるのであるから、諸外国の例を引いて、そのことから、我が国においても、地方公共団体において『自治権』の侵害を理由に出訴権を認めるべきであるということはできない。」
　このような一般的な言い方をして、参考になる外国法を全て排除するようでは、外国法研究の意義はすべて失われる。同じような権力分立、司法制度をおいている主要な外国では皆行政主体間の訴訟を認めているのである（意見書①）から、わが国の憲法だけが違う制度をとるとするならば、それはなぜかを説明すべきである。おそらくはわが国だけが違う制度をおいているのではなく、平成14年の判決が、民事法を念頭において、行政法の法律関係を無視するような判断をしただけではないかと思量される。要するに、平成14年の最高裁判決がすべて躓きの石であったのである。そうした失敗を拡大してはならない。
　（4）　原判決40頁：「原告は、国や地方公共団体が『是正の要求、許可の拒否その他の処分その他公権力の行使に当たるもの』を行わない場合について、訴えを提起することができるとする定めが地方自治法には置かれていないのであって、本件のように、国及び都道府県が是正の要求等をしない場合には、紛争が永遠に解決されない事態が生ずるのであり、このような事態を放置することは正当といえない旨主張する。
　確かに、このような事態について法が予定している解決策としては、住基法31条1項に基づく国又は都道府県の指導、地方自治法245条の5に基づく是正

5-1 行政主体間の法的紛争は法律上の争訟にならないのか（阿部泰隆）

の要求などがあるが、訴えを提起することができる場合としては、同法251条の5及び252条に基づく国又は都道府県の関与に関する訴えしかなく、かつ、これらの訴えは、『是正の要求、許可の拒否その他の処分その他公権力の行使に当たるもの』があることが前提とされているのである（同法251条の5第1項、250条の13第1項、252条、251条の3第1項）。

しかし、前記のとおり、行政事件を含む民事事件において、裁判所がその固有の権限に基づいて審判する対象は、裁判所法3条1項にいう『法律上の争訟』である。したがって、『法律上の争訟』に当たらないものについては、法律上、特に裁判所の権限とされなければ、裁判所は審判をすることができないのは当然である（同項）。そうすると、『法律上の争訟』に当たらない本件確認の訴えについて、出訴が認められていないことが不当であるということはできない。」

これは話が逆である。紛争が永久に解決されない事態を招いても、法律上の争訟に当たらないからやむを得ないと考えるのではなく、むしろ、法的紛争を適切に解決するように、「法律上の争訟」の概念を再検討することこそが司法権に期待されているのである。

（5）　原判決41頁：「結局、このような紛争は、立法権、行政権、司法権の三権のうちの行政権の内部の紛争なのであるから、法は、行政主体間の政治的な交渉、合意等によって解決されることを予定していると見るべきである。」

これは先にも述べたが、全くの誤解である。行政主体間の紛争は、行政権内部の紛争ではないのである。国には行政権というものはあるが、国と市町村、都道府県を含めた、その上に立つ行政権というものはないのである。そしてまた、「行政主体間の政治的な交渉、合意等によって解決される」とすることは、法的な解決は望めないということである。本件の場合であれば、都が受信拒否している以上は、区は、交渉手段を有しないから、法的には対等であるはずなのに、都に屈服するほかはない。それは法治国家とは言えないし、地方自治も完全に無視されているということである。

原判決42頁：「原告は、本件確認の訴えは、国又は地方公共団体の間の訴訟であり、同一主体内部における争いではなく、機関相互の争いでもないから、機関訴訟には当たらない旨主張する。

しかし、前記のとおり、機関訴訟は、『法律上の争訟』に当たらない争訟の一類型であって、このような『法律上の争訟』に当たらないものであっても、

法律で特に規定されている場合には、裁判所が審判の対象とすることができるというにすぎないのである。
　そうすると、裁判所の審判の対象となるか否かの判断に当たっては、そのような訴訟について法律で規定されているか否かは問題となるが、単に概念法学的にそれが機関訴訟に当たるか否かを論ずる意味は乏しいといわなければならない。」
　これこそ概念法学ではなかろうか。原告は、本件訴訟は機関訴訟ではないと主張しているのに、機関訴訟は、「法律上の争訟」ではないといったところで、答えにはなっていないのである。「前記のとおり」で答えたつもりかもしれないが、それが答えになっていないことは前記したところである。
　(6)　原判決42頁：「現に、市町村の境界確定の訴え（地方自治法9条9項）は、地方公共団体が行政権主体として提起する訴えであり、課税権の帰属等に関する訴え（地方税法8条10項等）及び住民の住所の認定に関する訴え（住基法33条4項）は、地方公共団体の長が行政権主体として提起する訴えであり、これらは、いずれも『法律上の争訟』に当たらないものの、裁判所が審判することができるものであって、一般に機関訴訟の一例と解されている。
　そして、これらの訴えが法定されていることからすると、行政事件訴訟法6条にいう機関訴訟は、同一法人の機関相互の紛争のみならず、別法人の機関相互間の紛争や別法人相互間の紛争も含むと解すべきである。」
　これは、現在国と地方公共団体の間の訴訟としておかれている制度は特別のものであることから、それは「法律上の争訟」ではないとしているものであるが、現行法の立法者がこの訴訟を機関訴訟とするつもりであったかどうかも定かではない。仮にそうであっても、それは、立法者の解釈である。ここでは、憲法76条1項の解釈を行っているのであり、その最終的な判定権限は、立法者ではなく裁判所にある（憲法81条）から、裁判所は、法律の規定や立法者の意向に囚われずに、憲法の意味を探求しなければならないのである。法律の規定から憲法の意味を探求する原判決の考え方は、行訴法の原告適格の判定においても、法律よりも下位にある各種の規則などの規定から原告適格の有無を判定する手法として存在したが、それはいわゆる下克上解釈として批判され、論理的に間違っていることが明らかになっている（阿部『行政訴訟要件論』（弘文堂、2003年）第一部第二章二注（23、24）該当部分）。
　むしろ、前記の地方自治法上の訴訟ルールは、立法者の主観的意図はともか

5-1 行政主体間の法的紛争は法律上の争訟にならないのか（阿部泰隆）

く、客観的に見れば、「法律上の争訟」であるとして一般ルールによらせるよりも、特別の修正ルールをおくのが望ましいとの立法政策によるものと善解すべきである。

　以上のように、原判決は、区が、都から独立の団体であることを没却して、その間の紛争は、司法以外でも解決できると考えているように思われるが、それは、とっくの昔に捨て去られた法制度である。原判決は、現在の地方自治制度への理解が全くないのである。この点は、先の意見書①で丁寧に説明したところであったが、なぜ理解されないのか、全く納得いかない。とにかく平成14年最高裁判決を憲法と同じと思いこんで、それと両立しない主張はすべて理由をきちんと付けることができなくても排斥するという思考過程をたどっていると思われる。東京高裁におかれては、地方自治制度、法治国家に立ち返り、憲法レベルに戻って、法解釈論を展開されるようにお願いする。

3　国家賠償との関係

　原判決43頁以下は、国家賠償訴訟を適法として許容している。それは妥当である。国家賠償訴訟では、請求の趣旨は単なる金銭請求であり、争点となっているものも、法的判断に十分になじむものであるから、板まんだら事件とか国家試験の不合格事件とは異なって、司法審査に十分になじむからである。

　そうすると、原判決の立場では、受信義務の確認訴訟は不適法であるが、受信しないことを違法であるとして金銭請求することは許されることになる（結果として違法ではないとされたが）。それは、土地収用事件で、収用裁決の取消を求める（土地を取り返す）ことはできないが、賠償すればよいという制度と同じことである。そうした制度は、ドイツの18世紀にあったといわれるいわゆる警察国家時代（Polizeistaat、これは警察官が権力を持つ国家という意味ではない。法治国家以前の制度である）では、「受忍せよ、そして賠償を求めよ」（dulde und liquidiere）として認められていたといわれている。その後、行政訴訟制度が発展して、違法行政に対しては、受忍する必要がなく、それを是正させる行政訴訟が発展したのである。これが、法治国家（Rechtsstaat）である。そこで、今日の法治国家においては、違法行為は、金銭賠償ですませることは許されず、時間的に、あるいは物理的に不可能になればともかく、さもなければ、違法行為はしてはならず、差し止められなければならないのである。

　原判決は、違法行為も、是正はできないが、賠償は認める（金さえ払えば、違法行為をしても良いという結果になる）、という、現行法にはありえない警察国

5　資料編〔控訴審鑑定意見書〕

家的発想である。それはおよそ信じがたい思考であるといわなければならない。

原判決は、なぜこのような思考に陥ったのか。それは、「法律上の争訟」について民事法に囚われ、判例の定式をそのまま機械的に適用し、行政主体相互の法的紛争について、地方自治が保障されている法治国家の制度としてのあるべき姿に考察をめぐらさなかったためである。

判例は、基本的に誤っているのであるから、ここで先例に囚われずに是正しなければならない。

4　裁判を受ける権利との関係

第1で紹介した原判決は、裁判所がその固有の権限に基づいて審判することのできる対象である「法律上の争訟」の概念は、⑦国民の裁判を受ける権利（憲法32条）との関係で検討されるべきであり、として、法律上の争訟と国民の裁判を受ける権利を等置している。しかし、なぜそのように解すべきかは示されていない。結論だけである。その根拠は、おそらくはこれまでの一般的な見解や、前記の『裁判所法逐条解説』であろう。平成14年最判の福井章代調査官解説（最高裁判例解説民事篇平成14年度542頁）も同様の見解である。

しかし、裁判を受ける権利が認められる場合には司法権が発動されなければならないが、裁判を受ける権利がなければ司法権の対象とならないとの議論は逆論法であり（逆は必ずしも真ならず）、当然に成り立つものではない。国民の裁判を受ける権利の保障とは別に、司法権の範囲に入る領域が存在する可能性は、これだけでは否定できない。上記の見解は、地方分権が進まず、地方公共団体が国の行政権の内部組織と誤解されていた時代の産物である。前記の図解を参照されたい。

そして、本件のように、地方公共団体、国の間の紛争は、国民の裁判を受ける権利の問題こそ生じないが、少なくとも今日では、権利主体の間の具体的な法的な紛争であるから、司法権の対象となるのであり、司法権が裁かなければならないものである。この点も先の意見書①に詳しく述べているので、ここでは詳論をさけ、その参照をお願いする。

5　住基法の裁量問題、文理解釈

原判決62頁は、次のように述べる。「原告は、住基法30条の5第1項の末尾が『通知するものとする』と規定され、同条3項の末尾が『しなければならない』と規定されていることに照らせば、市町村には、合理的な理由があれば、一定の情報を送信しない裁量権がある一方で、この通知を受けた都道府県につ

いては、送信された情報をそのまま受信すべき義務があるのであり、これを拒否する裁量権は一切ない旨主張する。

しかし、法令解釈上、『するものとする』という用語は、『しなければならない』という義務付けの用語と全く同義語として用いられることもあるのである。また、『するものとする』という用語は、行政機関等に一定の拘束を与える場合に用いられることが多いということができる。

さらに、住基法においても、『するものとする』という用語は、30条の5以外の多くの条文において用いられているのである。そして、住基法30条の5において、『するものとする』という用語と、『しなければならない』という用語が意図的に使い分けられたことを認めるに足りる証拠は存在しないのである。

そうすると、住基法30条の5第1項末尾において『するものとする』という用語が用いられていることを理由として、市町村には、合理的な理由があれば、一定の情報を送信しない裁量権があると解釈すべきであるということはできないというべきである。」

これは意見書②で展開した私見を全面的に排斥するものである。本意見書は、基本的には表題通り、「法律上の争訟」について述べてきたが、ここで併せて、意見書②で取り上げた論点に触れる。

「するものとする」という用語と、「しなければならない」という用語は、前者は義務付け、後者は例外裁量があるというように、意味を異にするのが普通であり、同じ法律で用いられている以上は、「意図的に使い分けられた」と考えるのが常識である。法案の審査に当たる内閣法制局は、法律用語を厳密に吟味することを信条とするから、同じ法律の中で、用語を混用して混乱を招くなどということは、普通はありえない。

したがって、「意図的に使い分けられたことを認めるに足りる証拠は存在しない」と立証責任を転換するのは、正当な論法とは思えないし、内閣法制局の専門家に対する冒涜だと思われる。むしろ、意図的に使い分けられていないというのであれば、その旨立証すべきである。そうすると、同じ法律の中の用語であるから、意図的に使い分けられていないということを認めるに足りる証拠はないということになるであろう。

この点、意見書②をご参照賜りたい。

5-2 住基ネットへの選択的送信に関し自治体に保障される法益の解釈について

兼子 仁

＊ 東京高等裁判所に平成18年6月19日付で提出した鑑定意見書（本人略歴等は掲載略）。

Ⅰ．鑑定意見の結論

（1） 本件訴えの第1請求（住基ネットの選択的送信を受信すべき義務の確認訴訟）を、「行政権限」行使をめぐる「機関訴訟」であるとして「法律上の争訟」外と断ずるのは失当で、まさに行政主体法人間における司法審査になじむ公法上の法律関係の確認訴訟にほかならず、「法律上の争訟」および行政事件訴訟法4条後段にいう「当事者訴訟」に該当するものと解するのが、相当である。

（2） 住民基本台帳法30条の5第1・2項は、いわゆる住基ネットという専用回線ネットワークシステムにおける送信事務の根拠および執行手段を定めるものとして、一種の行政権限の行使ではあっても、その電子通信事業の性質上、それ自体は行政事実行為の技術的な執行方法にかかわる法条であるため、同法36条の2第1項といった市区町村長の安全確保措置権の根拠法条や、憲法13条から国の関係法律および各自治体の個人情報保護条例に及ぶ"個人情報保護法制"の原理的定めと、十分に関連づけた"体系的解釈"を施こしてはじめて、正しく解釈・適用されるものであると解される。そしてその結果、同法30条の5第1・2項は、住基ネットへの住民票個人情報の"目的外提供"としての接続に関し、自治体首長の自治行政裁量権および住民個々人の選択的意思を容認する趣旨の条項であると解するのが、相当であると結論される。

Ⅱ．鑑定意見の内容

第1 行政権限行使にかかる行政主体間訴訟の「法律上の争訟」該当性について

5　資料編〔控訴審鑑定意見書〕

1　行政機関間訴訟と行政主体間訴訟を大別する必要
　　──「法律上の争訟」および「機関訴訟」の範囲を正しく見定めるために

　裁判所法3条1項によると、裁判所は「法律上の争訟」以外の法的紛争については、「法律において特に定める権限」のみを有する。そして行政事件訴訟法（以下"行訴法"と略称）により、「国又は公共団体の機関相互間における権限の存否又はその行使に関する紛争についての訴訟」は「機関訴訟」であるとされ（6条）、それについては「法律に定める場合において、法律に定める者に限り、提起することができる」（42条）と、特別法定制が採られている。

　ところで、「機関訴訟」を、文字どおりに「機関相互間における紛争」と読むならば、それは国および地方公共団体（以下"自治体"と通称する）といった行政主体法人の内部における機関争議（機関間の権限争議）として、特別の法律規定によってのみ「機関訴訟」が成り立ち（たとえば地方自治法176条7項に基づく自治体の長と議会との間における訴訟）、それが「法律上の争訟」外であることは、行政組織の内部法関係として自明である。

　ところが、自治体が他自治体や国を訴えるという"行政主体間訴訟"となると、異なる法人主体間の争訟であって、「法律上の争訟」に該当するものが少なからず実在することは、公知のところであろう。もっとも、行政主体間訴訟を「機関訴訟」であるとする法定例も存するので、その目立つものを検討していきたい。

　地方自治法（以下"自治法"と略称）245条の8第3項に基づき、都道府県知事による「法定受託事務」の管理執行に違法等を見る各大臣が、「代執行」に先き立って当該知事に対する事務執行命令を求める裁判を高等裁判所に提起しうること（代執行訴訟）は、機関訴訟に属するむね規定されている（同条14項）。しかしこれは多分に、1999（平成11）年の自治法の大改正によって廃止された"国の機関委任事務"の管理執行をめぐる旧"職務執行命令訴訟"の衣鉢をつぐものと見られる。機関委任事務を行なう都道府県知事は「国の機関」として各大臣の指揮監督下に居たので（自治法旧150条）、その自主独立性を担保するために"職務執行命令訴訟"（同法旧146条）が特別法定されたのであると判示されていたわけであった（いわゆる沖縄基地裁判に関する最高裁平成8年8月28日判決）。

　しかしながら、現行自治法上の「法定受託事務」はあくまで自治体の法定事務であって、その執行に当る自治体の長はもはや国の各大臣の下級行政機関で

5-2 住基ネットへの選択的送信に関し自治体に保障される法益の解釈について（兼子 仁）

はないのであるから、上記の"代執行訴訟"は、"職務執行命令訴訟"とはちがって純然たる行政機関間の権限行使紛争ではありえず、行政主体間訴訟の一種にほかならない。したがって、こうした行政主体間訴訟をも「機関訴訟」と法定しているとなると、「機関訴訟」と「法律上の争訟」の範囲は必ずしも一致せず、行政主体間の機関訴訟を定める法律規定は、「法律上の争訟」であることを前提に合憲の範囲で特例的な訴訟制度を定める趣旨（高裁からの審級省略制など）であると解されるのである。同様のことは、住民基本台帳事務のような、自治体による法定「自治事務」の執行に対して国の大臣からの「是正の要求」が出され、それに不服な自治体側からの訴訟が、国地方係争処理委員会による審査ののち高等裁判所に機関訴訟として提起されうる仕組み（自治法252条1・4項、250条の13、251条の5第1・3項）に関して、指摘されうるのである（同旨、塩野宏『行政法Ⅲ 行政組織法』2006年第3版222・224頁）。

さらに、自治法9条9項に基づき、市町村間に境界争論が存し都道府県知事が調停・裁定に適しない旨の通知をした場合に、市町村間で生ずる「境界の確定の訴」は、同条8項に基づく知事の「裁定」処分に対する関係市町村からの取消しの訴えとも同質的で、機関訴訟として当然に「法律上の争訟」に当らないとは解されず、機関訴訟の一種であるとしても特別法定制の「法律上の争訟」に属するものと解されるところである。したがって、本件の原判決、東京地裁平成18年3月24日判決が、自治法上の同訴えを「法律上の争訟」に当らない「機関訴訟」の一例としているのは、後述するところを含めて、結論的に失当と言わなくてはならない。

以上論じたところから、「機関訴訟」と「法律上の争訟」との関係に関して、次のように整理することができる。

① 裁判所法3条1項にいう「法律上の争訟」に属しない、行訴法上の「機関訴訟」のうちで、創設的法定のそれが、本来的類型ではあろうが、それは多く機関間訴訟の法定例である。
② 特例法定の「機関訴訟」には、「法律上の争訟」に該当する行政主体間訴訟について、限定的訴訟手続等を法定したものが有り、その限りで行訴法上の「機関訴訟」を成している。
③ 法定の行政主体間訴訟であって、特例的機関訴訟と解釈されうるものは、「法律上の争訟」性を否定されえないはずである。

本件の行政主体間訴訟は、法定のそれではなく、法定の「機関訴訟」はもと

より、解釈上の特例的機関訴訟にも当たらず、後述する「当事者訴訟」（行訴法4条）であると解される。

2　行政主体法人による行政権限にかかる公法上の権利義務の主張
——公権力的権限の行使との区別

　行政主体法人が原告となる訴訟にあっては、必ず、当該法人に属する法的保護利益（法益）が訴求されるはずである。しかし、"行政主体"法人である以上、その主張する法益が、所有権をはじめとする私的財産権であっても、その行政機関による法規に基づく「行政権限の行使」であることが普通であろう（たとえば公営住宅法32条1項に基づく公営住宅明渡しの請求訴訟）。

　したがって、法人行政主体間の訴訟において、その争点が法規に基づく行政権限行使の当否であっても、それが同一行政主体内の機関間争訟と同じく「法律上の争訟」に該当しないものであるかどうかは、まさに行政権限行使の実質に因り、広義における公法上の権利義務関係として司法裁判の対象とされるべき行政主体間訴訟ではないのかを、十分に検討しなければならない。本件の原判決（上掲の東京地判）が、原告自治体の主張した法益をその実質は法律に基づく「行政権限の行使」にほかならないとして「法律上の争訟」外の機関争訟だと断じていることは、行政主体間訴訟にあっては、検討の論法が逆であると評さなければならないのである。

　もっとも原判決がそのように断じた論拠は、最高裁平成14年7月9日判決（建築禁止請求の宝塚市出訴事件）の判旨を、多くの行政法学説による批判とは反対方向に読み取り解釈をした結果であった。すなわち、同最高裁判決が、自治体による出訴が「法律上の争訟」に該当するのは、「財産権の主体として自己の財産上の権利利益の保護救済を求めるような場合」であって、「専ら行政権の主体として」法規の適正適用を訴求する場合はそうでないと判示しているのを、いわば機械的に二分して読み、しかも「財産権の主体」性は所有権など私的財産権を享有・主張する場合に狭く限定して、その余はすべて「行政権の主体」である自治体として出訴主体たりえない趣旨と解してしまっている。

　しかしながら、この点は、すでに原審における鑑定意見書（「住基ネット受信義務確認訴訟の適法性について」平成16年11月1日）において指摘しているとおり、上記最高裁判決の判旨は、十分克明にその趣旨と射程範囲を解釈しなければならないはずなのである。同判決の事案は、市自治体が行政処分である違法建築禁止に従う義務の履行強制を求めるという「公権力の行使」である行政権

主体であったケースであり、それと公営住宅の家主のような私的財産権主体としての自治体が提起する民事訴訟の場合との間には、さらに詳密な分類区分を要する中間領域が存するのである。原判決のように私的財産権と行政権とを二分するといった古典的思考では、今日における公園をはじめ公共施設の管理や福祉サービス等のような非権力的な「給付」行政の主体である自治体の出訴資格という現代行政法的な問題に答えられないのである。

　上掲の最高裁判旨を現代行政法的に正しく解釈するならば、公共施設の管理や福祉的給付行政事業の主体としての自治体が、その法規に基づく保護法益を訴求する場合には、公権力的「行政権」とは異なる広義の公的「財産権」主体として、権限争議の実質ではない「公法上の権利義務関係」に関する通常行政訴訟を提起しうる余地を容認しているものと解されてよいはずであろう。

3　公法上の法律関係を確認する「当事者訴訟」（行訴法改正4条後段）の本件における活用

　2005（平成17）年4月1日に改正施行され係属中の訴訟に適用された行政事件訴訟法（行訴法と略称）4条後段では、「公法上の法律関係に関する確認の訴え」その他の「公法上の法律関係に関する訴訟」を、「当事者訴訟」の内訳として規定している。

　本件の第1請求は、たしかに、住民基本台帳法（以下"住基法"と略称）という法律に基づく行政権限の行使に関する義務確認を求める訴えではあるが、同法に定める住民票の記載や第三者閲覧許可のような市区町村長の行政処分である「公権力の行使」とは全く異なり、非権力的な事実行為であるコンピュータ・ネットワークシステムを通ずる送信という"電子通信事業"の主体としての自治体の法益主張にほかならない（原判決も、「民間企業のデータ・ネットワーキングと同様のもの」と判定している）。しかもそれは、住民票管理の既存業務に比べて、市区町村自治体にとって新たに予算規模の大きい公費投入事業にほかならず、したがって法的利害の切実な公法上の権利義務関係を生じうるところなのである。すなわち、同事業主体である自治体は、その公費投入を住民の権利を全うせしめるように有効ならしめていくことを、国や他自治体に対して自己の権利利益として主張する立場に在るものと解される。

　がんらい行訴法4条後段にいう「当事者訴訟」は、同法3条の「抗告訴訟」が行政庁の公権力の行使にかかわるのと異なり、非権力的な公法関係に関する行政事件訴訟であり、分権自治の時代において自治体をめぐる行政主体間訴訟

をその一例に意識しつつ、「公法上の法律関係に関する確認の訴え」を明記する改正がもたらされたわけであった。したがって、本件の第1請求は、法定の住基ネットにかかる行政主体間の電子通信事業における公法上の権利義務に関する係争として、「法律上の争訟」に属する「当事者訴訟」に該当しうるものと解されるのである。

なおちなみに、最高裁昭和49年5月30日判決が、国民健康保険事業の保険者である市自治体は国民健康保険審査会の裁決に対して適法に取消訴訟を提起しえないものとしているが、それは市が、同事業上の保険給付処分や保険料滞納処分のごとく公権力主体であることに因っていたわけで、本件とは区別されなければならない。

第2　住民基本台帳法30条の5第1・2項の特質およびその体系的解釈の必要性

1　住基法30条の5第1・2項の法的特質について

住基法30条の5第1項は、市町村長（1条で特別区長を含める）が住民票上の「本人確認情報」を都道府県知事に通知することを、同条2項は、その通知は総務省令で定める専用の「電気通信回線を通じて」通信する旨を、定めている。それが法定の住民基本台帳事務の追加拡大という行政事務執行の根拠を成していることは確かであるが、以下のとおりの法的特質を伴なっている。

その住基ネット送信事務は、前述した市区町村長の住民票の記載や第三者閲覧許可（8条、11条）が行政庁の処分（31条の4）であるのとは異なり、情報「通知」の非権力的な事実行為であって、住基法30条の5第1項は直接住民に対する行政権限の行使を根拠づけているわけではない。それ以上に同条2項は、電子情報の専用回線通信（総務省令で定める住基ネットシステム）という、きわめて技術的な事務執行の方法を具体的に法定するところに特色を示している。

ところが他方、個人情報保護が、IT時代においてますます、コンピュータ・データネットワーキングの技術にかかわって重大な問題性を示していることが公知であるので、同上30条の5第1・2項は、その情報技術的意味合いにおいても個人情報保護に重要なかかわりを有する、という特質をも擁しているのである。

2　住基法30条の5第1・2項に関する体系的解釈の必要性

（1）　住基法の同上条項を憲法原理に適合するように解釈する必要

5-2 住基ネットへの選択的送信に関し自治体に保障される法益の解釈について（兼子 仁）

　個別行政法律の条項は、概して個々に金科玉条的に読まれやすいのであるが（原判決にはその傾向が顕著である）、各行政分野ごとの法体系の一環を成していることは、いわゆる"六法"の民・刑事一般法におけると大差はないのである。それとともに、刑事法規と同様に行政法規にあっては、人権保障の憲法原理がその法体系を通して貫かれるように、"体系的解釈"を施こされなければならない。

　そもそも一般に、法律規定の文理は、「最高法規」である憲法と体系的につき合わせる必要があるのは当然である。その際、憲法条規に反する法律規定が違憲無効となる（憲法 98 条）ほか、法律条項を憲法に適合するように読み取り解釈をすることが肝要である（憲法適合解釈、合憲的解釈）。この場合に、憲法の条項は、「地方自治の本旨」（92 条）や人権保障規定（たとえば後述する 13 条）が、具体的な制度内容でなく基本的な"原理"を定めているだけであることが多いのであるが、それらの"憲法原理"は、行政や司法裁判のプロセスにおいて、法律条文の正しい読み取り解釈をリードする"解釈基準"（法律解釈の指針）としての効力を示すことが公知のところであろう。

　「地方自治の本旨」という憲法原理が自治体にかかわる国の法令の解釈・運用に生かされるべきことは、確認法定されている（自治法 2 条 12 項前段）。

　次に、法律規定を憲法原理に適合するように正しく解釈する場合、法条の文理通りでなく、かなりの限定解釈（または拡大解釈）となりうることが、よく知られている。"合憲的限定解釈"の例は、地方公務員法 37 条 1 項前段による争議行為の全面禁止に関する最高裁大法廷昭和 44 年 4 月 2 日判決（東京都教組事件）の当時における多数意見において、「法律規定は憲法の精神と調和するよう合理的に解釈されるべきもの」で、その結果「国民生活に重大な支障をもたらすおそれがある」争議行為のみが同法条で禁じられていると解するのが正しい、とされたのであった。これと同主旨と目されるのが、本人意思に反する住基ネット接続は憲法 13 条に照らして"適用違憲"を生ずると解した金沢地裁判決（平成 17 年 5 月 30 日）であろう。法律の適用違憲解釈と、合憲的限定解釈とは、実質上近似しているのである。

　いずれにせよ、憲法原理の法律規定解釈における指針的効力ということが肝心である。住基法 30 条の 5 第 1・2 項に対する憲法 13 条に基づく"自己情報コントロール権"という憲法原理の関係も、まさにそのように捉えられなくてはならない。

5 資料編〔控訴審鑑定意見書〕

　国民個々人の"自己情報コントロール権"は、憲法13条にいう「幸福追求に対する個人の権利」の一環として、憲法上の"新しい人権"であるプライバシー人権と解されているが、それはいわば"憲法原理的権利"として、関係法律の解釈適用に基準・指針的効力を示すところにも、その意義が見出されるのである。

　（2）　住基法の同上条項を他の法条または法律と体系的に解釈すべきこと

　当該の関係法律規定の文理自体は明瞭であっても、憲法原理適合的に読み取るべきことは上述のとおりであるが、"体系的解釈"は現行法全体として、他の法条や法律との関係においても必要であるにちがいない。

　各法律規定は、実は当該の問題事項を定める唯一無二の定めであるということはむしろ少なく、他の法条や法律に当該事項に重要な関連を有する定めが存する場合であれば、正しい現行法解釈としては、当然それらを総合体系的に解釈すべきものであろう。

　前述したとおり、住基法30条の5第1・2項は、住基ネットへの接続事務の根拠規定である以上に、「専用回線」を通ずるネットワーキング送信という技術的執行方法の定めを主としているので、同法36条の2における住民票情報の安全確保に関する市区町村長の措置権限の定めが、いわゆるデータ・セキュリティにかかる関係条項として、体系的解釈の必要を生ずるはずである。

　さらに、住基ネットへの「本人確認情報」の送信等が、住民票関係6項目の個人情報の取扱いにほかならないため、市区町村自治体の「個人情報保護条例」および原理的関連のある国の行政機関個人情報保護法（略称）等によって体系化されるにいたった"個人情報保護法制"の原理および制度との体系的解釈が求められることは、今日にあっては公知のことに属するであろう。住基法30条の5第1・2項は個人情報取扱い法制の一環として捉えられなければならず、けっして個別独立的に読まれるのであってはならない。

　3　住基法30条の5第1・2項と36条の2第1項との体系的解釈について

　住基法36条の2第1項によると、「市町村長は、……住民票……に記載されている事項の漏えい、滅失及びき損の防止その他の……適切な管理のため必要な措置を講じなければならない」。

　その解釈に関し、総務省自治行政局市町村課長の各都道府県あて通知（平成15年7月10日「住民基本台帳法第36条の2及び第30条の29の解釈について」）は、例示された場合の「応急的な措置として、市町村長……が、住基ネットとの切

5-2 住基ネットへの選択的送信に関し自治体に保障される法益の解釈について（兼子 仁）

断等の措置を講ずることまでは否定されない」と記している。

これは、その限りでは、同法30条の5第1・2項に基づく住基ネット送信義務の範囲を、まさに一種の体系的解釈によって一部限定したのにほかならない。そして現に、そうした応急的切断の市区町村長権限を明記する条例（住民基本台帳に係る個人情報の保護に関する条例等）を制定している市・区等が少なくない。

実は、同法36条の2は、住基ネットを法定した1999（平成11）年の住基法改正において、「住民票に記載されている事項の安全確保等」の見出しづきで、新設された条項であって、住基ネット接続にデータ・セキュリティを主とするかかわりを有する関係法条であることは、文理上も明らかである。同法30条の5第2項が、住基ネットの「専用回線」ネットワーク送信という技術的規定であることで、両者間の関係性は明らかであろう。

ところで、上記の総務省通知は、同上36条の2の「この規定を根拠として市町村長……の判断で、……法に定める本人確認情報の通知等の事務を行わないとすること（いわゆる住基ネットからの離脱又は不接続）はできないものである」とも強調している。

たしかに、36条の2第1項に基づいて住基ネットへの全体継続的または個人選択的な不接続をも自治体として決しうるとすることは、体系的解釈の度合いが一段と高まることにはなろう。しかし同条項の文理としても、住民票情報のセキュリティを超えた法制的な「安全確保」のための「適正な管理」措置をも市区町村長権限と書いているのである。もっとも、そうした体系的解釈となると、それは実質上、先述した憲法適合解釈のほか、後述する"個人情報保護法制"の原理を総合した体系的解釈と一体的であると考えられよう。

4 住基法30条の5第1・2項を個人情報保護法制と体系的に解釈すべきこと

（1）　住基ネット送信は住民票個人情報の"目的外提供"に当る

本件訴訟において、国側の主張では、住基ネットに「本人確認情報」を送信して広域・広汎に法定の行政利用に供することは、個人情報の収集「目的内」の利用・提供であるとされ、その解釈を原判決も認めているようである。

なるほど、1999（平成11）年の住基法改正により、住基ネットを通ずる住民票個人情報の利用・提供は、法定の追加事務になってはいる。しかし、そもそも「収集目的」は、個人情報保護法制において、「目的明確化の原則」の"要"に位置する概念である。その点、OECDの1980年勧告に示された著名な表現

として、「データ収集の目的は、収集の時期において明確化されるべきであり、その後の利用は、収集目的の実現、またはそれと両立しかつ明確化された変更目的の実現のために、限定されなければならない」と書かれている。

　しかして、住基法がかねて本来的に予定していた住民票情報管理の目的は、「住民の居住関係の公証」（1条）であって、住民票の写し交付はまさに"居住証明"を主目的にしていたはずである。住民票の第三者閲覧・写し取得も同様である。ところが、住基ネットを通ずる「本人確認情報」としての利用は、「住所」を、居住関係情報であることを越えて、氏名等と合わせて広範囲に本人識別目的で活用するのにほかならない（旅券の発給など）。したがって、住基ネットを通ずる「本人確認情報」の取扱いは、改正法定の根拠を有するとはいえ、「住所」情報を居住関係の公証という住基法上の本来収集目的を越えて「本人確認」のための識別情報として利用することを意味するのであって、「目的外の利用・提供」と解するのが、個人情報保護法制の原理に照らして相当であると言える。

　（2）　住基法30条の5第1・2項は「目的外提供」を根拠づける法律規定としての実質的限定要件を満たすと解しうるか

　住基ネットを通ずる「本人確認情報」の利用は、住民票記載の住所とコード番号といった個人情報を本来の目的以外に広範囲に取り扱うものであって、個人情報保護法制の原理と制度に適合しなければならない。2005（平成17）年4月1日に施行された国の個人情報保護法（略称）11条1項に定める自治体の保有個人情報保護の責務に照らすとき、各自治体の個人情報保護条例は、国の法律ともどもに"個人情報保護法制"を形成するものとして、住基法の個人情報保護的な解釈運用に深くかかわるはずである。

　この点、かねて住基法は個人情報保護が不十分な法律として知られており、現にたとえば、住民票の第三者閲覧請求等を十分に規律しえないままに、第三者の請求書が個人情報保護条例に基づく本人側からの開示請求の対象となり、その延長線上において個人情報保護の見地から、第三者閲覧を縮減させる住基法の改正が最近になされたことは公知の事実である。

　さて、現行の"個人情報保護法制"においては、先述の国際的にも公認された「目的明確化の原則」を踏まえて、収集目的外の利用・提供をチェックしコントロールする仕組みとして、本人同意または「法令に基づく場合」等を挙げている（1980年OECD勧告の「利用制限の原則」、1986年の杉並区個人情報保護条例

14・15 条、2003 年公布の日本国の行政機関個人情報保護法 8 条 1・2 項など）。

　そこにおいて、目的外の利用・提供を特別に根拠づける「法令の定め」とは、行政法における"行政法治主義"としての行政権限行使の根拠法令をすべて無条件に指すものではありえず、本人同意に代る個人情報保護の手続として、実質的限定を擁した法令規定でなければならない。この理に関しては、すでに原審に提出された鑑定意見書（「住民基本台帳法 30 条の 5 に関する体系的解釈について」平成 17 年 10 月 28 日）において詳述しており、それに基づく法制論的要点は以下のとおりである。

　たしかに現行の住基ネット法制では、国の行政利用を法定事項に限り、自治体のそれを法定および条例規定の事項に限っている（住基法 30 条の 30、30 条の 8、30 条の 10 第 1 項）。そこにそれなりの規律的意味合いは含まれているが、国民選挙の議会立法である法律の定めでは、"情報法"上の個人情報保護原理の観点からは、国民個々人の本人同意に代る手続という意味合いは本質的に弱く、またその点、住民参政の自治体議会による条例の定めでも大きく変るものではないと目さざるをえない。

　がんらい法律は、国会の政治的多数決によって国策的に動かされやすい立法措置であることが公知であり、現に、現行住基法上は民間告知要求が禁じられている「住民票コード」の民間利用（30 条の 43）が、「納税者番号制」への税法改正に伴なって容易に変更されうることが、合理的に懸念されうる情勢である。

　そしてそれは、住基ネット上の住民票コードが全国民各人ごとの統一番号制であるため、いわゆるIT革命の時代に、これを汎用の共通番制にすることに立法政策的な歯止めが乏しいという問題であり、国民各人ごとのいわゆる"名寄せシステム"化の問題性でもある。すでに、住基ネット利用がいかに自己情報についてなされているかを本人に開示する"アクセスログ開示システム"が国民の要求に応えて組まれた結果、一種の名寄せシステムがすでに稼働していると知られる。

　かくして、住基法 36 条の 2 第 1 項に基づくデータ・セキュリティの観点からのチェックと並んで、"個人情報保護法制"における「目的外提供」のコントロール制度をクリアーすべきである、という"体系的解釈"の見地に立つ場合には、住基法 30 条の 5 第 1・2 項は、ほんらい住基ネット送信の技術的執行方法を定めるという特質にもかんがみて、その適用にはしかるべき限定解釈こ

そが必須であると言わなければならない。

　もっとも、住基法30条の5第1・2項の"体系的限定解釈"にはそれ相当な法律判断の幅が法規裁量的に存しうることも確かであって、そこに法律判断権者を如何に見定めるべきかという課題が意識されるので、以下に結論づけに向けての検討をしていきたい。

　本件の原審において被控訴人国等および原判決の唱えた解釈は、上記の法律判断権者を、議会政治的多数決の国会とする見解にほかならない。それと正反対に、住基ネット違憲訴訟における国民個人の差止請求の主張は、当該の法律判断権者を国民個々人（本人同意権者）とするものであろう。個人情報保護条例に基づく住民個々人の住基ネット接続の中止請求を是とする場合も同様であるが、この場合は、ありうる審査会の答申を経て公的決定権を行使するのは自治体の首長なのである。

　それらに対して、当該の法律判断権者をもっぱら自治体首長であるとする解釈が、いわば中間的に存することになる。この首長権限の一般的裏付けは、分権自治法制における自治体の地域自治権であって、現行の自治法により、自治体が地域行政を行なう際の「地域の特性」を生かした自主・自立性の保障（1条の2第2項、2条13項）が明記されている。住基ネットへの送信は、まさしく法定の「自治事務」にほかならず、「地域」の自治に属する。それに加えて、現行の個人情報保護条例において、住基ネットの法定接続と住民個々人の意思との総合調整を責任をもってなしうるのは、住民公選の自治行政権者である首長であるという考え方がその裏付けとされえよう。

　そしてたしかに、自治体首長に住基ネット接続の自治的決定権を肯認すると、対応措置の選択肢は最も広がる。すなわち、住民全員に住基ネットサービスを保障するのか、反対に現段階では住民全員の接続を控えるべきか、はたまた住民個々人の条例に基づく中止請求意思通りに決めるのか、あるいは当面の住民意思の大勢を尊重して選択的送信の接続とするのか、が自治的採択に委ねられるからである。本件訴訟の原告・控訴人である杉並区の、いわば"政策法務"としての見解は、この首長権限説に立ったうえで、上記最後の自治裁量決定を行ない、接続希望区民に住基ネットサービス享有権を保障しようとするものと見られよう。

　もとより、当該の法律判断権者の如何を最終的に公認するのが、司法裁判所であることは自明であるが、日本社会における個人情報保護法制と住基ネット

5-2 住基ネットへの選択的送信に関し自治体に保障される法益の解釈について（兼子 仁）

法制との当初的段階にあっては、本人の選択的意思を踏まえ接続データの"混在"という状況を通過してでも、国民世論の段階的進展に沿う法解釈こそが相当と思料されるところである。

　かくして、本鑑定意見における標記事項に関する法解釈的結論は、住基法30条の5第1・2項を、憲法原理および個人情報保護にかかる他の法条・法律と体系的に解釈する場合には、同条項は、住基ネット接続に関し、法律を制定する国会を唯一絶対の判断権者とすることなく、自治体首長の自治行政裁量権と住民個人の選択的意思を生かす余地を容認する趣旨と解するのが相当である、というものである。

第3　いわゆる横浜方式の適法性に関して

　2003(平成15)年4月に国等と関係自治体で合意されたいわゆる横浜方式（当面、接続希望の市民に限り住基ネット送信をする自治体措置の容認）について、それは違法状態であって是正されるべき運用例にすぎない、と被控訴人国等は原審で主張し、原判決もそれに沿う判示をしている。

　ところが公知のとおり、横浜方式の四者合意には、国・総務大臣が一当事者として、その運用の仕組みを公的に承認していた。もし横浜方式が全く違法であるならば、法治国家としてなすべきでない"違法状態の公認"をしてしまったことになろう。

　しかしながら、ここで法理論的には、実体法と手続法（紛争解決手続上の法的仕組み）との区別が有用であると考えられる。

　横浜方式においてその運用内容となっている住基ネットへの希望者市民情報のみの接続が、仮に"実体法"的に違法と解されるにしても、"手続法"的には過渡的措置として適法であることが国にも公認された、という法律判断が成り立とう。一般に実体法の確定は、裁判等の紛争解決手続を通して、時間をかけて手続法的に進行するものだからである。

　かくして、横浜方式は、全くもって違法と断じられるものではなく、一時期国によって公認され、その手続法的な適法性を示しえた先例と目されてよいと判断される。

5-3 憲法上のプライバシー権に係わる論点について

中島　徹

* 杉並区と東京都・国との間における住民基本台帳ネットワークに関する訴訟の争点中、主として憲法上のプライバシー権に係わる論点について、下記の通り意見書を提出いたします。

はじめに

　本件では、プライバシー権ないし自己情報コントロール権の憲法上の位置づけと保障の態様が争点のひとつとされている。プライバシー権ないし自己情報コントロール権が憲法上、具体的に保障される権利であるかどうかについて否定的な立場をとる者は、主に権利内容の不明確性をその理由にあげてきた。もっとも、原審のように自己情報コントロール権の権利性を否定する一方で、プライバシー権についてはそれを肯定する見解もあるが、いずれにしても権利性を否定する論拠自体は同じである。たしかに、これらの権利の理解をめぐっては、さまざまな見解が存在する。プライバシー権が憲法やその他の実定法規に明記されておらず、社会状況の変化に応じて主張されるようになったいわゆる「新しい人権」である以上、そのことは当然であろう。
　しかし、このことは、実は明文規定が存在する権利についても同様である。2章で詳しく論じるように、憲法29条で保障される財産権もそれ自体で権利内容が明確であるわけではない。もとよりその内容は、民法その他の実定法によって個別的に規定されているが、法律で具体化された内容がそのまま憲法上承認されるわけでないことは、森林法違憲判決に示される通りである。このように、「権利内容の明確性」という問題は、仮に権利の内容を一般的抽象的に確定できない場合でも、特定の具体的文脈の下でその内容を確定できれば、依然として解決可能なのである。本意見書は、以上のような見地から、プライバシー権ないし自己情報コントロール権が内容の不明確な権利であり、権利性を否定されるべきものであるとの見解について検討を行うものである。
　もっとも、権利性否定論には「内容不明確」という理由のほかに、そもそもプライバシー権は私的生活領域を保護する権利であり、公的活動領域において

保障される権利ではないと主張する立場もある。また、仮に憲法上のプライバシー権の存在を認めるとしても、住基ネットは安全なシステムであり、権利侵害が発生する蓋然性は低いので、システムの安全性を確認すれば足りる（プライバシー権の権利性を論じる必要はない）という見解もある。これらは、本件がプライバシー権ないし自己情報コントロール権と関わりがないか、これらの権利を侵害しないと論じるもので、前述の権利性否定論とは性質を異にする。しかし、いずれも住基ネットが住民のプライバシー権（自己情報コントロール権）を侵害するものであるという控訴人の主張に反する内容を含んでいるので、その主張の妥当性について、以下で併せて検討を加えることとする。

　本意見書は、1．「住基ネットをめぐる争点の所在」、2．「プライバシー権の多義性と権利性の関係について」、3．「個人情報の法的保護」、4．「プライバシー権と個人情報の保護、自己情報コントロール権の関係」、5．「OECD 8原則ならびにEU指令と住基法」、6．「憲法上のプライバシー権と住基ネット」の全6章からなっている。

　その概略は、以下の通りである。1章「住基ネットをめぐる争点の所在」では、本件において検討されるべきことは、100％安全とは断言できない制度について法的にいかなる対応策を講じるかであり、技術的安全性の評価が主たる争点ではないことを論じる。2章「プライバシー権の多義性と権利性の関係について」では、プライバシー権は内容が不明確な権利であるとの主張を検討する。具体的には、プライバシー権の概念が本来的に多義的であり、それに一義的明確性を求めることは権利の性格と矛盾すること、また、そもそも一義的に明確な権利は実際にはそれほど多くないこと、一義的明確性の要件はドイツにおける私法上の人格権論に端を発するが、それはドイツの歴史的文脈に規定された特殊な議論であり、今日の日本社会でプライバシー権をそのように限定的に理解しなければならない理由はないことなどを論じ、さらに、公的活動領域においては憲法上のプライバシー権を想定できないという理解について反論を加える。3章「個人情報の法的保護」では、本件事案に即してプライバシー権の内容を確定できないかどうかを検討する。具体的には、住基ネットのような情報漏えいの危険性が皆無ではない制度の下では、医療におけるインフォームド・コンセントと同様に、個人情報の収集・利用についての当事者の同意を求めることが個人情報保護の最低条件であり、それが権利内容といえることを論じる。4章「プライバシー権と個人情報の保護、自己情報コントロール権の関

5-3 憲法上のプライバシー権に係わる論点について（中島 徹）

係」では、プライバシー権を自己情報コントロール権と理解することはできないという原審の理解の当否を論じる。5章「OECD8原則ならびにEU指令と住基法」では、憲法上のプライバシー権の内容を確認する手段にはさまざまなものがあり、国際的に確立されたルールもその手がかりとなること、それゆえ、住基法や行政機関個人情報保護法の定める個人情報保護措置がOECD8原則等に合致するかどうかを実質的観点から検討することは、住基ネットの評価について重要であることを論じる。6章「憲法上のプライバシー権と住基ネット」では、以上の点を踏まえると、住基ネットとの関係で憲法上のプライバシー権を観念することができ、杉並区の請求を認めない点で、住基ネットの運用は違憲であることを論証する。

1．住基ネットをめぐる争点の所在

（1）コンピュータ・ネットワークの安全性と技術の評価

　住基ネットをめぐる訴訟においては、セキュリティ面で安全なシステムといえるかどうかが、しばしば争点のひとつとされてきた。今日の情報化社会において、セキュリティの確保に欠けるコンピュータ・ネットワークの運用が許されないことは自明の事柄である。まして、住基ネットのように各地方自治体および国との間で住民の氏名、住所、性別、生年月日等の情報を送信し、それをさまざまな行政事務に利用するシステムともなれば、その安全性に関心が集まることは当然であろう。

　しかし、こうした安全性をめぐる論議は、時に法律家に不毛な負担を強いる場合がある。上述のように、コンピュータ・ネットワークにおけるセキュリティの確保については、社会全体のコンセンサスがあるので、安全性を全く欠いたシステムが存在する余地は、実際にはない。企業であれ公的機関であれ、安全性の欠落したネットワークを構築すれば、世間からその社会的責任を厳しく問われ、時に組織としての存亡にかかわる事態を招くことは実例が示している（日本では裁判で法的責任を問われた例は目下のところ少ないが、海外では、e-bayというオークション・サイトが巨額の損害賠償責任を問われた例など数多くの事例がある）。こうした事情から、通常の場合、コンピュータ・ネットワークを構築する者は、少なくとも主観的には万全と思われるセキュリティ対策を講じるはずである。それゆえ、安全性をめぐる論議は、およそ安全性に欠けるシステ

ムであるかどうかではなくて、セキュリティ対策の程度が十分であるかどうかをめぐる論争にならざるをえない。

　ちなみに、ここで「安全性」という場合、一般的に思い浮かべるのは、例えばファイア・ウォール（FW）のような、システムを支える「技術」であろう。しかし、法律家は多くの場合、こうした「技術」の専門家ではなく、ましてその欠点について専門的に論じることができる知識を持ち合わせていないのが通常である。セキュリティ対策の程度問題が、最終的にはこのような意味での「技術」に関わるものであるとすると、法律家がこの問題に対して適切な判断を下すことができるかどうかについては疑問の余地がある。もちろん裁判では、こうした「技術」に関する専門家の意見を聴取することになるだろうが、法律家がその判断の当否を専門技術的に判断できるわけではないので、以上の点にさしたる違いはない。コンピュータ・ネットワークの技術上の安全性をめぐる論議が、法律家に不毛な負担を強いる結果となるというのは、このような意味においてである。

（２）　住基ネットへの侵入の可否と安全性の証明

　こうした事情は、住基ネットにおいても同様である。というのも、住基ネットにおいては、システム上の安全対策の詳細が、当然のことながら公開されていない。この場合、システムが安全でないことの立証責任を原告側が負担しなければならないとすると、「技術」の専門家ではない原告側に対し、事実上不可能な立証を強いることになるであろう。例えば、しばしば言及される長野県による住基ネットへの侵入実験の結果は、この問題点を浮き彫りにしている。

　長野県の実験では、庁舎内あるいは隣接した施設内の端末にコンピュータを接続した上での庁内LANへの侵入、公開サーバ及びCSサーバの管理者権限の奪取には成功しているものの、インターネット回線を通じた状態でのFW越しの庁内LANへの侵入及び管理者権限の奪取に失敗し、また、CSと庁内LAN間のFW突破にも失敗したとされる。この点を捉えて、「長野県の侵入実験において管理者権限を奪取し得たのは、重要機能室に入室して、また、庁舎又は隣接した施設において物理的に端末に接続し、FWの制約を回避した状態という極めて限定された条件のもとで実施された場合にとどまるのであり、これらの条件が存在していなかった場合にまで、住基ネットへの侵入が可能であることはできないというべきである。したがって、長野県侵入実験の結果から、住基ネットのセキュリティに不備があるとは判断することができない」という裁判

所の判断（東京地裁2006(平18)年7月26日判決82-83頁）がある。

　しかし、このように住基ネットに実際に侵入できる（具体的危険）ことを証明できない限り、住基ネットの運用は許される（安全である）という結論をとることは、極めて困難な証明を原告側に求めることを意味する。前述のように、いかなるネットワークであれ安全性にはそれなりの配慮を払うはずであり、まして住基ネットのような国家的規模のシステムともなれば、それ相応の安全性を確保しているはずであるから、管理者権限の奪取が容易でないことは当然である。むしろ、それが容易に成功することのほうが驚異（脅威）というべきであろう。上記引用判決は、システムへの侵入という困難な証明を強いることで安全性の確認に代え、それをもって住基ネットの適法性を根拠づける。しかし、侵入者が侵入に失敗すれば当然に安全性が確認されるわけではないし、安全性が直ちに適法性を基礎づけるわけでもない。このように、前記判決の論理には、二重の意味で飛躍がある。

（3）　技術の専門的判断と「相応の安全」性論

　もっとも、「技術」に関する立証は、その方面の専門家にゆだねれば足りるという考え方もあるだろう。しかし周知のように、システムへの侵入の可否は、それを実行する者の技能に左右される。たとえば本意見書の執筆者は、こうした「技術」に関して全く知識を欠いているというわけではないが、住基ネットに侵入することができるだけの知識や技能を有してはいない。それゆえ、住基ネットは、執筆者との関係では安全なシステムといえるだろう。しかし、世の中には、アメリカ国防総省のコンピュータに侵入する技能を有する者もいるのである。こうした者との関係では、住基ネットが安全なシステムであると断言できるわけではない。情報漏えいをめぐる具体的危険と抽象的危険の度合いは、このように相対的なものである。こうした点を忘れて「安全性」論争を展開し、情報漏えいの可能性が抽象的危険にとどまる限り住基ネットの運用が許されると論じることは、法律論として適切であるとはいえない。

　それにもかかわらず、国やいくつかの裁判所は「相応の安全性」論をとり、通常の事態での安全性が確保されていればよいとする（例えば、前掲東京地裁2006(平18)年7月26日判決における被告側主張55頁は、長野県侵入実験について「通常の状態における安全性が確認された」という）。悪意ある者に対抗できるだけのセキュリティ・レベルまでの安全性を確保しなくても違法ではないというのである。これは、一見すると「許された危険」の考え方に類似する思考といえ

なくもない。

　例えば自動車は、今日では——欠陥車という例外はあるにせよ——一般的にいって技術上の安全性に疑問を持たれてはいない。ただし、自動車はその使い方を誤れば人を傷つけ、命を奪う危険性を伴っているために、利用者に法的責任が課される。言い換えれば、自動車の技術上の安全性ではなく、それを運転する者の故意・過失に基づいて——実際には事実上の無過失責任であるが——責任を問われるのが原則となっているわけである。

　住基ネットの場合も、それが一応の安全性を有していれば、侵入者の法的責任が問われるだけであるというのが、前記「相応の安全性」論の立場である。もちろん、住基ネットでは、管理者責任も問われる。しかしこれは、事後的に責任を問うだけである。それにもかかわらず、これをもって法的責任の観点からみた安全対策も万全であるとし、他に講じるべき措置の検討はなされていない。

　しかし、情報漏えいの責任をこのように最終的に個人に帰する推論には、決定的な誤りがある。自動車の場合、運転することで利益を受けるのは運転手自身である。これに対し、住基ネットは、——国側は住民の利益を強調するが——被控訴人の主張する公共の福祉論に見られるように、情報の効率的管理を主たる目的としている。この場合、住基ネットの運用によって実際に利益を受けるのは国（や時に自治体）である。自動車と住基ネットでは、このようにその利用によって利益を受ける主体が異なっており、利益を受ける者が事故の法的責任を負担すべきことが原則であるのなら、住基ネットにおいては、国が「責任」を負担すべきことが原則であるはずである（「責任」の具体的内容は後述する）。

　この点、国は、住基ネットの運用による情報の効率的管理が、結局は住民の利益になると主張するが、住民の利益については書類申請の手間が省略できる等の軽微な利益が指摘されているだけである。なるほど、それでも住民に一定の利益があるとはいえるだろうが、そうした便利性や情報管理の効率性だけで当然に個人情報の自由な収集・利用を正当化できるわけではない。なお、効率性と人権保障の関係についても後述する。

（4）　情報の保護をめぐる法的責任の所在

　さらに、自動車の安全性を前提に、それを凶器に変える可能性がある運転者に法的責任があるという前述の論理は、コンピュータ・ネットワークについて

5-3 憲法上のプライバシー権に係わる論点について（中島 徹）

当然に通用するものではない。というのも、コンピュータ・ネットワークには情報という特殊な性格の財が蓄積されており、侵入者はそれを奪取し、あるいは改ざんすること等を主要な目的としている場合が大半だからである。そうした者は、長野県の侵入実験でいえば、重要機能室へ立ち入ることもありうるだろうし、仮にそこまで実行しなくても、技能さえあればFWを突破することもできなくはないだろう。そして、いったん住基ネット内に侵入できれば、単に本人確認情報の入手のみならず、法制度上は管理運用者に禁じられているデータ・マッチングも、技術的には可能なはずである。この点で、悪意ある者に対抗できるだけのセキュリティ・レベルまで確保する必要はないという議論は、コンピュータ・ネットワークについては当然には妥当しないのである。

ちなみに自動車の場合、「許された危険」論にもかかわらず、最近ではコンピュータ制御で運転者の過失を未然に防ぐ技術が開発されつつあり、故意に凶器として用いることを防止できる可能性すらあるという。これに対し、住基ネットにおいては、いまだ「相応の安全性」にとどまっており、このような積極的な技術開発にまでは至っていない。加えて、自動車とコンピュータ・ネットワークの決定的違いは、後者では技術開発が侵入行為と悪循環の関係にあることである。それゆえ、確保されるべき安全性の程度は実際には明らかでなく、「相応」のレベルを語ることができる状況にないのである。

なお、前記引用の東京地裁2006（平18）年7月26日判決も「外部の者が、何らかの手法で、庁内LANに侵入し、さらに、住基ネットにも侵入することは可能である」等と述べて、「住基ネットの運用により、原告らのプライバシーに関する情報が原告らの認識なくして提供利用され、また、外部者及び運用関係者による本人確認情報の漏えい等の可能性が存する以上、住基ネットの運用による、原告らのプライバシー侵害の危険性は完全には否定しきれない」ことを認めている（同71-72頁）。

現代社会においては、個人情報が法的保護の対象とされるべきことについては、合意が存在する。もちろんこのことは、ネットワーク上でも同様であり、実際に法的ないし自主的に行われるさまざまな規制を通じて保護措置がとられてきていることは、冒頭で指摘した通りである。住基ネットのような、自動車とは異なる次元において、技術上の安全性に疑問の余地があるシステムについては、当該システムにおける個人情報の保護について、自動車の運転や製造物責任に関して論じられてきた無過失責任の考え方や、医療過誤訴訟における立

5 資料編〔控訴審鑑定意見書〕

証責任の転換法理等々がそうであったように、法律論の領域において検討すべき課題が多く残されている。そうした点を棚上げにして「技術」上の安全性に議論を集中させることは、住基ネットのセキュリティ対策が万全であると断言できる者がいない以上、不毛というべきである。本件訴訟の核心は、技術的安全性の評価にではなく、法的に保障されるべき個人の権利・利益の有無と、それを保護すべき法的責任の所在・とり方の問題にあるのである。その具体的内容は3章で検討するが、それに先立ち、以下では、プライバシー権の内容が不明確であり、憲法上保障される権利とはいえないという主張について検討する。ここで主に念頭に置いているのは、プライバシー権を自己情報コントロール権と解するかどうか以前に、そもそも憲法上のプライバシー権を認めることはできないという主張であるが、併せて、憲法上のプライバシー権は私的生活領域におけるそれに限定されるという見解も検討対象とする。

2．プライバシー権の多義性と権利性の関係

（1） 法的権利の一義的明確性について

被控訴人国は、かつて別の住基ネット訴訟において、プライバシー権に関し、「プライバシー」は多義的な観念であるから「確立された権利」（＝一義的に明確な権利）とはいえず、差止請求等の根拠となりえないと論じた（前掲東京地裁民事50部宛準備書面（11）32頁以下参照）。これは、国が各地の住基ネット訴訟においてほぼ一貫して主張してきた見解である。なるほど、世上プライバシーと称されるものには、思想信条や健康・病歴、恋愛関係等の人間関係、生活状態や出自等々多様な内容が想定されている。しかしこの点は、「権利の束」といわれる財産権も同じである。財産権の場合でも、例えば時効取得の可否や期間は各国の法文化や伝統によって異なるし、そもそも何を財産権保障の対象とするかについても一義的に明確であるわけではない（一例として、奈良県ため池条例事件——最大判1963（昭38）6・26刑集17・5・521の事案を参照）。そのことは、憲法29条2項が「財産権の内容は、……法律でこれを定める」と規定していることに端的に示されている。それにもかかわらず、財産権については、一義的に明確とはいえないから権利性は否定されると論じる見解は存在しない。

最高裁も、森林法判決（最大判1987（昭62）4・22民集41・3・408）で、「近代市民社会における原則的所有形態」としての単独所有を財産権の具体的内容とし

て示したが、森林法は特定の共有形態にある山林の分割を禁じていただけで、共有物一般の分割を禁じていたわけではない。同法は、持分が過半数を超えない共有物についての分割だけを禁じていたのであるが、それを違憲とすることが憲法上保障される財産権の内容として一義的に明確であるとはいえないはずである。それにもかかわらず、最高裁は、憲法29条に基づき森林法186条の共有物分割請求の制限規定を違憲と判断した。

この文脈における財産権とプライバシー権との違いは、せいぜい憲法に明文の保障規定が存在するかどうかだけである。しかし、「宴のあと」事件（東京地裁1964（昭39）9・28下民15・9・2317）当時ならともかく、今日の日本社会で、憲法その他の実定法規における明文規定の不存在を理由にプライバシー権は存在しないと考える者は、ごく一部の法律専門家以外には存在しないのではないだろうか。そして、このような主張は、現時点における日本の法文化を無視するものというべきである。

他方、「権利内容が一義的に明確でない」という理由づけは、ある法的利益の権利性を否定する際に用いられる常套句であるが、前述のように、プライバシー概念は財産権と同様、本来的に多義的であり、プライバシー権について「一義的である」ことを求めること自体がないものねだりである。以上の点で、「一義的でないこと」も「明文規定が存在しないこと」も、実はプライバシーの権利性を否定する論拠となりえないのである。

(2) 私法上の人格権論の沿革と含意

それにもかかわらず、なぜプライバシー権について殊更に「一義的な明確性」が要求されるのだろうか。これは、プライバシー権が私法上の人格権として論じられてきたことと関連がある。日本における私法上の人格権概念に影響を与えたドイツのそれは、源をたどれば、今日では主に著作権に分類される権利・利益の保護を意図してカントによって唱えられたものであった。カントは、自らが唱えた哲学上の「人格」概念に基づき、当時保護の対象とされていなかった著作物が法的保護の対象とされるべきことを力説したのである。つまり、当時の財産法で保護の対象とされていなかった著作物について、財産権と同様に保護されるべきものであることを主張するために、財産的利益が法的保護の対象となるのであれば、まして「人格」的利益は保障されるべきものであることを説いたのである。これが、ドイツにおいて私法上の人格権論が展開されるきっかけであった。もちろん、ここでカントのいう「人格」に基づく権利主張

が、法的議論として未成熟であったことはいうまでもない。それゆえ、人格権を承認するかどうかは、以後も論争の的であり続けた。

　その後、周知のように、著作権は知的所有権として財産法秩序の中に組み込まれるが、著作者人格権という、財産権とはやや異なる類型の法認に、カントの主張の名残をみることができる。しかし、人格権を一般的に承認することに対しては、依然として消極的な見解が多かった。そこで、すでに実定法上承認されていた商標権などを人格権で基礎づけることによって、逆説的に人格権の権利性を確立しようとする議論が現れる。ここで人格権に包摂された権利・利益は、今日では主として競争法上の権利・利益と解されるもの——その意味での財産的利益——である。これらについて、既存の財産権、中でも物権的権利と同様に排他性の保障を与えるべく、人格権の側面が強調されたのであった。というのも、これらの権利・利益は、ある時期まで無体財産権と呼称されていたことでわかるように、物理的に存在するものではなかったために、物権に付随する排他性を認めることができるかどうかについては争いがあったからである。ドイツ民法上、排他性という強力な法的効果を有する物権的権利には、債権的権利と異なり、権利概念・内容の明確性が要求されていた。権利を限定的に認め、それについては強力な法的効果を承認するというわけである。それゆえ、人格権を承認することに消極的な論者は、人格権は内容が不明確であるからそのような効果を認めることはできないと論じ、返す刀で権利性までを否定したのである。

　ちなみに、カントの「人格」概念には、その出自から明らかなように、倫理的・哲学的意味が込められていた。そこで、19世紀から20世紀前半におけるドイツ民法学においても、人格権概念にそのような側面を見出し、名誉やプライバシーのような非財産的権利を基礎づけるためにさまざまな学説が現れる。それが、いわゆる一般的人格権論である。しかし、そうした主張が、第二次世界大戦以前に一般化することはなかった。その理由をここで詳述することは避けるが、例えば私法学者サヴィニーは、非財産的な性格を有する人格的利益が保障されるべきことは当然であり、「権利」と観念するまでもないと論じていた。一般的人格権否定論の含意は、そのようなものであったのである。もっともナチスの時代には、一般的人格権概念は、有害なものとして積極的に排斥された。これはしかし、その時代においては当然の対応ともいえる。他方、第二次大戦後、ナチスの経験を踏まえて制定されたボン基本法（当時）は、「人間の

尊厳」や「人格の自由な発展」を保障した。これらの観念の下で、非財産権的側面における一般的人格権が保障されたと解する学説が有力となり、ドイツにおける人格権理解は、狭く限定されていた私法上の人格権論から大きく展開を遂げていく。私法上の人格権論のように、物権的権利に類比させて排他性を肯定するかどうか——その前提として「一義的明確性」を要求するかどうか——という観点とは別に（あるいはその延長線上で）、憲法上の人格権保障を前提に、非財産的側面における人格権保障が語られることとなったのである。もちろんこれは、人格権が憲法上明文で保障されたからではなく、個々人の人格を保障することが、戦後ドイツにおける民主主義社会の形成にとって不可欠だからであった。

　以上は、ドイツ法学における人格権論の発展をめぐる素描であり、日本法と直接に関連するものではない。しかし、日本の法律学、なかんずく民法学がドイツ法学の影響を強く受けていることは周知の通りである。それが、日本におけるプライバシー権論の背景にあるとされる私法上の人格権論に一定の影響を与えていたとしても、不思議ではない。例えば、権利の「一義的明確性」論は、ドイツにおいては、主として物権的権利に認められる差止請求権を否定する論拠として用いられた。日本においては、この要件が権利一般について「一義的に明確」でなければ裁判上保障されないという主張に用いられている。しかし、財産権のように憲法や民法等によって実定法上保障されている権利ですら、その内容が「一義的に明確」であるわけでないことは、前述の通りである。権利内容が「一義的に明確」でない限り法的に保障されないという議論は、多かれ少なかれ抽象的な文言で規定される法律、とりわけ憲法のような国政の基本原理を定める抽象度の高い法で権利を保障したことを無意味なものにするものである。それは、憲法の内容が全て法律で実現されるという明治憲法における「法律の留保」論（これがドイツ法に由来するものであることは周知の通りである）と同様の思考といわなければならない。

　他方、ある時期のドイツ人格権論において要求された「一義的明確性」は、日本における権利性否定論のような総論風の議論ではなく、排他性を持つ物権的権利に伴うとされる差止請求権を認めるための要件であった。こうしたドイツの第二次大戦以前の議論を前提にするのであれば、国が主張するように、住基ネットの差止請求はプライバシー権が排他的権利でなければ認められないと論じることも可能かもしれない。実際、国は「プライバシーは、その概念自体

がいまだ不明確であり、統一的な理解が得られていないものであるから、仮にプライバシーに権利性を認めたとしても、これを名誉権と同様の排他性を有する人格権であるととらえ、差止請求を認容することはできない（竹田稔・プライバシー侵害と民事責任（増補改訂版）226ページ）」と主張している（前掲準備書面（11）33頁）。これはしかし、以下にみるように、漫然と過去の議論に倣った主張で、その今日的意義の検討を忘れた主張である。ちなみに、引用の学説が戦前ドイツ法の議論の影響を受けた主張であることは、文章の流れからみてほぼ間違いないように思われる。

（3）　一般的人格権と私法上の人格権——差止請求と一義的明確性

前述のように、ドイツにおいては、第二次大戦後、憲法に基づく一般的人格権論によって非財産的内容をもつ排他的な権利としての人格権概念が承認された。もちろんこれは、一般的で包括的な内容をもつ権利であるので、およそ「一義的に明確」とはいえない権利であるが、憲法で立法権、行政権、司法権を拘束する権利であることが明記されている（1条3項）。この点だけからも、前記のような学説に依拠した国側の主張は、少なくとも今日のドイツにおいては、説得的な議論とはいえないことがわかるだろう。この場合、日本では依然として戦前ドイツ流の議論が維持されなければならない理由が示される必要がある。また、そもそも以上のような議論は、ドイツの歴史的文脈に規定された特殊な議論である。プライバシー権論の母国であるアメリカ合衆国においては、そもそもプライバシー権が排他性を有する物権的性格を持った人格権であるかどうかといった議論はおよそ存在しない。しかし、プライバシー権侵害に際して事前差止を認める余地があることは、一般論として承認されている。「一義的明確性」と排他性、差止めの可否は、論理必然的な関係にあるわけではないのである。

ちなみに、ドイツにおいては憲法上「自己の人格を自由に発展させる権利」として、人格権保障が明記されているが、上記のように、人格権が憲法で保障されていれば権利内容が明確になるわけではないので、権利内容の明確性を要求する被控訴人主張との関係では、明文の有無はプライバシー権の権利性の承認とは無関係である。本意見書の執筆者は、3章で論じるように、住基ネットの文脈ではプライバシー権の権利内容を確定できると考えるが、そのことは住基ネットにおいて保護される権利・利益の性格によるのであって、「人格権」に含まれるかどうかで結論が左右されるものではない。日本における人格権論

の目的の1つは差止を認めることにあるといわれるが（これ自体、ドイツ法的思考である）、逆に差止を認めるべきかどうかの判断が先行して、ある権利・利益が人格権に含まれるかどうかが論じられる傾向がある。しかし、それは論理が逆であるといわなければならない。

（4）小　括

以上を要約すると、①被控訴人はプライバシー権が権利として認められるためには、それが「一義的明確性」を備えていることが必要であるという。しかし、権利の性質上、元来が多義的であるプライバシー権にそれを求めることは背理であること、②実定法なかんずく憲法上の権利規定は文言の抽象性を免れえないが、憲法の場合、むしろその点にこそ積極的意味がある。というのも、人権は憲法に書かれているものに限定されないというのが近代立憲主義の基本的前提であり、文言の抽象性によって制定当時想定できなかった権利を発展させる余地が生まれるからである。イギリスが成文憲法典を持たない理由は、成文化により、権利保障が限定されることを避けるためであることはよく知られている。そうした憲法の特性を無視して、憲法で保障される権利に「一義的明確性」を要求することは、それが改めて法律で具体化されない限り権利としては保障されないという明治憲法流の「法律の留保論」と同質の議論であること、しかしそれは、日本国憲法における人権の憲法保障の原則に反すること、③ドイツ法において論じられてきた、排他性を有する物権的権利として認められるための要件としての「一義的明確性」という要件は、歴史的産物であり、プライバシー権を物権的請求権の文脈で理解することに必然性があるわけではないこと、④これらの点を踏まえると、プライバシー権が権利として承認されるためには、権利内容が「一義的明確性」を備えていることを要求する控訴人の議論には理由がない、ということである。なお、住基ネットの文脈においては、権利内容が特定できることは、3章で論じる。

（5）　公的活動領域におけるプライバシー権

なお、プライバシー権に関連して、以下のような指摘（長谷部意見書（乙共同第35号証）2頁以下）がある。長谷部意見書によれば、「最高裁が再三にわたって指摘しているように、プライバシー権は、個人の「私生活上の自由」を保護するものであり、個人の公的活動領域をも含めて、当然に保護するものではない……憲法によって保護されるのは、……私的生活領域における自己情報にとどまる」という。こうした理解は、人格権が私法上のものとして発展してきた

という歴史的経緯に沿う点で、一見すると説得的であるように思える。

　しかしながら、私法秩序は憲法と無関係なのではなく、財産法が憲法の財産権保障を前提にしているように（そうでなければ、森林法判決の結論はありえない）、憲法秩序の下で展開するものである。長谷部意見書は、正当にも「私的生活領域における自己情報」が「憲法によって保護される」ことを指摘している。三菱樹脂事件最高裁判決（最大判 1973（昭 48）12・12 民集 27・11・1536）で示された私人間効力論によれば、私人間においては私的生活領域における自己情報ですら「憲法によって保護」されない可能性があることを考えると、これは重要な指摘である。もちろんこの指摘は、私的生活領域における自己情報の保障が対国家との関係でも承認されることを意味している。しかしそのことによって、公的活動領域における自己情報が「憲法によって保護」されないことになるわけではない。

　長谷部意見書は、「プライバシー権は、……個人の公的活動領域をも含めて、当然に保護するものではない」ことの根拠として、ハンナ・アーレントの『人間の条件』（志水速雄訳、筑摩書房、1994 年、Hannah Arendt, The Human Condition, U. of Chicago Pr., 1958, p. 38）をあげ、「プライバシー（privacy）ということばが、そもそも、公的な性格を奪われている（deprived of）状態、古典古代の社会において人の本来の活動領域だと考えられた公的な領域にないことを示している」と指摘する。ここでアーレントが念頭に置いているのは、古典古代の社会である。アーレントによって理想化されたこの社会において「公的活動領域」とは、公共の事柄に関心をもち、自らが積極的にそれにかかわり発言し活動する公共心に富んだ（私益に縛られない）「市民」（むしろ、「公民」というべきかもしれない）が活動する領域を指している。現代でいえば、これは典型的には政治家の活動である。もちろん、政治家であれば、自らの氏名や性別、生年月日等々を秘匿して活動することが認められるべきだと論じる者はいないであろう。もっとも、最近では政治家自身が公然と「政治家のプライバシー」を語るようになってきている。公的領域にある政治家にプライバシーを保障し、市民には保障されない可能性のある社会が、アーレントが想定した社会からいかにかけ離れたものであるかは論じるまでもないだろう。

　いずれにしても、古典古代において「あるべき」と想定されたこのような「市民」像は、現代における実在の市民とは一致しない（詳しくは Thomas Nagel, Concealment and Exposure, Oxford U. Pr., 2002, p. 15 以下参照）。アーレントは、こ

うした公的活動を行う「市民」と対照的に、公の場から帰宅して家族と過ごしている「市民」の状態、あるいは奴隷のようにそもそも公事に参加する資格がなく、常に活動が私的領域に制限されている状態を「公的な性格を奪われている」(deprived of) と表現した（私的活動領域）。現代社会において実在する市民の活動の大半は、この「私的領域」にとどまっており、市民が積極的に公的領域へ関係するのは、実際上、選挙における投票等の場合にとどまっているといっても過言ではない。もちろん、このことは強制されている（奪われている）わけではないし、氏名や住所を開示しないで投票を行うことは認められないこととの関係だけでいえば、アーレントの「公的活動領域」論は今日でも有効な面がある（とはいえ、アーレント的に説明しなければそれを説明できないわけではない）。

　他方、住基ネットにおける氏名等の本人確認情報の収集・利用は、通常「公的」と観念される行政領域において行われるものではあるが、上記のような意味における「公的活動領域」の問題とは必ずしもいえない。むしろ、「私的領域」にいる市民の情報を公的機関が利用しているだけで、アーレントが想定したような「公的活動」とはその性格を異にしているというべきである。長谷部意見書は、アーレントのいう「公的活動領域」と「私的生活領域」の中間に存在するこの領域の問題を「公的活動領域」に還元して理解する。その意味で、これは現実の社会状況を反映してはいない独自の公私二分論である。長谷部意見書のように解すると、公的機関が行う活動との関係では、市民はおよそプライバシーを持ち得ないこととなりかねない。この点で、長谷部意見書の見解、それに基づく国の主張には、大いに疑問の余地がある。他方、アーレントの議論は、市民が公共圏に積極的に関わらないという現代社会のかかえる問題状況を指摘（打開）すべく、古典古代に範をとって、あるべき社会像を提示するものであった。その意味で、アーレントのプライバシー理解自体が独自の国家像を前提にしていることは、前掲引用文からも充分に窺い知ることができるだろう。それを本件訴訟、あるいはプライバシー権や自己情報コントロール権の理解に無媒介に結びつけることはできないはずである。

　もとより、アーレントの描く社会を理想と考え、プライバシーの理解も彼女が主張するようなものであるべきだと論じることは、個人の自由である。しかしながら、本件訴訟で問題とされている事柄は、住基ネットにおいて氏名等の本人確認情報を国等の公的機関が収集し利用することである。これは、たしか

に公的領域において行われているが、アーレントが説くような意味での「市民」の「公的活動」ではない。むしろ、現実の市民に即していえば、強制的に「公的領域」に取り込まれているといってもよいくらいである。ここでは、そのような公的機関の行為が、民主主義を標榜する憲法の下で許されるかどうかが問われているのである。

　他方、国は長谷部意見書を換骨奪胎して引用し（前掲準備書面（11）37頁）、その上で「住民票記載情報のように、人間の社会生活の基礎となる個人情報は、いわば公共領域に属する個人情報であるから、少なくとも行政機関内部で使用される限り、行政の合理化のため、これらの情報を個人の承諾を要することなく利用できるとの法制度が採られている」と論じている。ここで特徴的なことは、アーレントや長谷部意見書にみられた「市民の積極的活動に基づく公共社会の構築」という問題意識が全く存在せず、行政＝公共、その合理化という視点だけが強調されていることである。元来、「公共領域」においてこそ権力行使の限界が厳しく問われなければならず、憲法の視点を抜きにしてはそこでの問題を論じることはできないはずであるにもかかわらず、上記引用文にはそうした視点が全く欠落しているのである。本件訴訟で問われているのは、「個人情報を……個人の承諾を要することなく利用できるとの法制度が採られている」ことの憲法適合性であり、「採られている」という説明はそれに対する回答たりえていない。いずれにしても、国の主張は、長谷部意見書の曲解に基づいているといわなければならない。

3．個人情報の法的保護

（1）　保護されるべき権利・利益の性質と保護の態様

　本件訴訟における法律上の論点は、1章で述べてきたように、住基ネットのセキュリティ対策の程度が何％なら妥当かということではなく、100％安全であるとはいえないシステムについて、いかなる法的安全措置を講じる義務が管理運営主体にあるかを検討することにある。その際、問題となるのが、セキュリティ対策によって保護されるべき権利・利益の性格である。この点、前述のように、国はプライバシー概念の不明確性を理由に、そのような権利・利益は存在しないと主張してきた。また、プライバシーの権利は「個人の公的活動領域をも含めて、当然に保護するものではない」（前掲長谷部意見書2頁）との指

摘もある。仮にこれらの説くところが正当であるとすると、極端にいえば、住基ネット（という公的制度）においてセキュリティ対策を施す必要はないことになるであろう。

しかし実際には、「相応の」セキュリティ対策がなされている。これは、被控訴人がそこに含まれる情報をもっぱら国や自治体自身の財であると解しているのでない限り、何らかの意味で、個人情報が保護されるべき権利ないし利益であると認めていることを意味するはずである。住基法上の「所要の措置」として、個人情報保護法制が念頭に置かれていることも、この点を裏付けている。こうした情報を憲法で保障される権利の対象と考えるかどうかは見解が分かれるにしても、そのような制度的対応が個人情報を漏えいから保護することに一定の意義を認めていることだけは確かであろう。

情報は、いったん漏えいすれば、それ以前の状況に戻すことができないという特質（不可逆性）を有するので、本来、損害賠償等の事後的救済では保護策として不充分である。もっとも、自動車事故でも生命・身体の喪失・損傷には不可逆性が伴うが、それにもかかわらず自動車の運転は許されているといった反論がなされるかもしれない。しかし、生命ですら事後的救済で解決できるのだから、個人情報の漏えいについても同様であると論じることは、倒錯した論理というべきである。

前述のように、個人情報保護については、情報漏えいが発生しないように事前の防止策が講じられるべきことが原則である。しかし、現時点では技術的に情報漏えいを完全に阻止できるかどうかについては確証がない。このような段階では、技術面とは別に、法的観点から個人情報保護の手段を講じておく必要がある。問題は、その具体的内容である。住基ネットの管理運営者が情報漏えいを技術的にほぼ確実に阻止することができると証明できなければ、「許された危険」のもうひとつの実例である医療行為におけるインフォームド・コンセントと同様に、情報の収集・利用について当事者の同意を求めることが最低限の条件となると考えることは、以下に論じるように、充分に合理的な理由がある。

(2) **情報の収集・利用におけるインフォームド・コンセント**

今日、医療行為においては、仮に危険度が低くても、インフォームド・コンセントなしにそれを行えば、原則として違法と考えられている。同様に、住基ネットにおいても、具体的危険の程度は事前に予測できないので、情報保護の

不可逆性の観点からみて、情報主体の同意なしに個人情報を蓄積し利用すれば情報取扱の基本原則に反すると考えるべきである。これは、住基ネットの運用を除けば、通常のサイトでは、利用に際して必ず個人情報の利用目的を明示し同意を求めることに示されるように、今日ではコンピュータ・ネットワークの運営上当然のことと考えられている。この点は、個人情報保護法の定めるところでもあるが、仮に個人情報保護法が存在しなくても当然のことである。少なくとも諸外国ではそのように解されてきた。その一例が、のちにみるOECD8原則等のガイドラインである。また、民間企業の情報収集・利用にはこうした同意を求めながら、行政機関の場合にそれを不要とするのは一貫性に欠ける。公的機関であれば同意は不要と当然にいえるわけではない。

もっとも、以上の点に関しては、「住基ネットの運用は、原告らのプライバシーに関する利益を現に侵害するものではない」として、プライバシー侵害の危険では足りず、現に侵害が生じていることを求める見解がある（前掲東京地裁判決71頁）。しかし、現に侵害が生じてからでは事後的救済が残されているだけであるから、個人情報保護の原則である事前の漏えい防止に反する結果となることは、前述の通りである。この結果を正当化するためには、少なくとも情報の利用について本人が同意していることが必要である。もちろん、同意があっても、結果的に漏えいが生じた場合には、別途、事後的な救済が図られるべきことはいうまでもない。今日、仮に医師の治療に関して、その「不安は抽象的な危惧ないし懸念にとどまるものであって、社会通念上甘受すべき性質のものである」(2005(平17)年5月31日名古屋地方裁判所での住基ネット訴訟判決における被告側主張。判決正本18頁) から、インフォームド・コンセントなしに治療を行っても「法的保護の対象となる利益の侵害に当たることはでき」(同) ないと論じれば、その主張に納得する者は皆無であるに違いない。

もっとも、医療行為と住基ネットでは、問題の性質が異なるとの反論がありうる。医療と情報という問題領域の違いに着目すればその通りだが、ここでは、身体や情報が侵害される潜在的危険性の有無を基準にしており、まずその点で両者は同質である。加えて、医療行為に関するインフォームド・コンセントは、改めて指摘するまでもなく、治療目的と方針についての説明と同意からなっている。これを住基ネットに即していえば、情報主体に対して当該情報をどのような用途に用いるかを説明し（＝利用目的の特定と明確化）、当該主体が情報の利用に同意するかどうかということである。このように「同意」の契機が重視

される理由は、自分の身体ないし情報についての決定権者であるという自己決定権の考え方が背後に存在しているからである。この意味で、両者は同質の法的思考に基づいているといえる。ちなみに、住民基本台帳法では住基ネット導入以前から、住民の同意なしに氏名、住所等の個人情報を収集し利用してきたので、そのような説明と同意は不要であるという指摘がある。しかし、医療現場でも、以前にはインフォームド・コンセントなど不要で、医師のパターナリスティックな治療が当然視されていたことを考えれば、「以前から行われてきた」という説明は説得力を欠いている。

(3) 本人確認情報保護の相対性と同意要件

また、住基ネットに利用される個人情報は、住所、氏名等のいわゆる索引情報で、保護の必要度ないし重要性は低いという指摘がある。なるほど、現代社会において氏名や住所を他人に開示しないで社会生活を送ることは不可能である。また、それらの情報により思想や病歴等のいわゆるセンシティヴ情報が当然に開示されるわけでもない。しかし私たちは、たとえ住所や氏名であっても、見ず知らずの他人に尋ねられれば、教えるかどうかの判断を日常生活においてごく当然のこととして行っている。公的機関に対しては、そのような判断を行う余地はないという国側の主張（2005（平17）年12月13日東京地方裁判所民事第50部合A係宛てに提出された準備書面(11) 37頁）もあるが、疑問である。これは、前述のように、前掲長谷部意見書を自己に都合よく解釈した主張である。

のみならず、住基ネット導入以前の、紙媒体等を利用したきわめて限定的な情報の収集・利用と、ネットワークを通じての広範な利用とでは、前述のように情報結合の可能性（危険性——運用者による場合だけではなく、侵入者による場合を含む）の有無という点で、質的に異なる利用状況となっている。その意味で、公的機関であればネットワーク上でも無条件に氏名や住所を利用できると考えることは誤っている。むしろ、ネットワーク上では、索引情報が他の関連情報の入り口としての意味をもつことから、その重要度は——場合によっては、情報の結合によりセンシティヴ性も——飛躍的に高まったと考えるべきなのである（ちなみにここでは、情報の結合が法上禁じられていると反論しても無意味である。問題は、技術的に結合が可能であることにある）。氏名等の情報は、保護すべき価値が低いのではない。ただ、投票時など、個別の文脈に応じて開示が不可避となる場合があることと、本人の（暗黙の）同意に基づく開示が行われる場合が日常的に多くある、というだけのことなのである。そのことによって、

公的機関を含む他者がそれらを自由に利用できる権利ないし権限を当然に有することになるわけではない。

ちなみに、ここでいう「同意」は、医療における個別の患者ごとの治療とは異なり、全住民を対象とする一般的制度である住基ネットにおいては、個々の住民に対して個別具体的に求める必要はなく、暗黙の同意（＝拒否権の保障）で足りるであろう。しかし、国会が審議し立法を行えば住民の「同意」があったとみなすことは擬制がすぎる。ここでも、インフォームド・コンセントと同様に、少なくとも個人にネットワーク上での情報の収集・利用を「拒否」する機会を具体的に保障するのでなければ、「同意」があったとはいえないと考える必要がある。そうでなければ、「同意」要件は形骸化してしまうだろう。

（4）小　括

以上、住基ネットのセキュリティ対策によって保護が意図されている権利・利益の種類や性格の検討から、それを保護するために必要な最低限度の条件、言い換えれば住基ネットの管理運営主体が果たすべき「責任」の内容が、情報主体に対し情報収集・利用への「同意」の機会を保障することにあることを明らかにした。これは、ちょうどインフォームド・コンセントがそうであるように、憲法その他の制定法がそれを命じる以前に、われわれの社会が個人情報の取扱について暗黙のうちに作り上げてきた自生的なルールである。しかし、住基法は、これを制度化していない。それが、住基ネットについて訴訟が多発する原因のひとつともなっているのである。住基ネットのようなシステムにおいては、このルールは上述のように最低限度の条件であり、公共の福祉や効率性を理由に制限することはできないと考えられるが、この点はのちに改めて検討する。なお、念のため付記すれば、以上の論述は、住基ネットにおける本人確認情報、個人情報保護法でいえば個人識別情報の保護を念頭に置いてのものであり、2章で検討したプライバシー概念に含めて論じてきたわけではない。両者の関係については、以下で論じる。

4．プライバシー権と個人情報の保護、自己情報コントロール権の関係

（1）プライバシー権を自己情報コントロール権と再定義することの意味

以上、プライバシー権の存否（2章）と住基ネットが想定する個人情報保護（3章）について検討してきた。個人情報の保護とプライバシー権の保障は、

5-3 憲法上のプライバシー権に係わる論点について（中島 徹）

社会通念上、同じ意味で用いられることが少なくないが、法制度上は区別して用いられている。例えば、個人情報保護法や多くの自治体における個人情報保護条例は、プライバシーの保護ではなく個人識別情報の保護を目的とする体裁をとっているが、これは3章でみた「プライバシーは多義的で保障範囲が不明確である」という理解を前提にしている。なるほど、両者は異なる概念である。しかし、相互に無関係であるとは限らない。そこで、以下ではプライバシー権と個人識別情報の保護、自己情報コントロール権の関係について、若干の検討を行う。

このような問題をあえて設定するのは、原審（東京地裁2006（平18）年3月24日判決）が、「原告が主張する自己情報コントロール権は内容が不明確であり、それ自体憲法13条によって保障されるか疑問があるというべきである。原告が主張するような個人情報の憲法上の保護としては、後記のようにプライバシー権の問題として検討されるべきである」と述べて、自己情報コントロール権とプライバシー権を分断して理解し、原告の主張する本人同意を不要とする結論を導いているからである。

周知のように、憲法学説上、プライバシー権は、現代社会における情報流通のありようの変化を背景に、「一人でほっておいてもらう権利」から「自己情報コントロール権」へと定義し直されたといわれる（こうした学説の展開については、すでに控訴理由書等で詳細に紹介されているので、本意見書では重複を避けるために省略する）。仮に原審がこの見解を受け入れ、プライバシー権を自己情報コントロール権と理解しているならば、プライバシー権もまた憲法上保障されてはいないことになるはずである。ところが原審は、上記のように「個人情報の憲法上の保護としては……プライバシー権の問題として検討されるべき」と説いているので、自己情報コントロール権とプライバシー権を異質な権利と理解していると考えなければ辻褄があわない。この場合、原審は自らの依拠する「プライバシー」概念を明らかにする必要がある（ちなみに、原審の立場からすると、プライバシー権は自己情報コントロール権と異なり、「内容が不明確」ではないはずである）。というのも、そうでなければ、「プライバシー権の問題として検討する」ことは不可能であるからである。にもかかわらず、実際には「プライバシー権の問題」として住基ネットの安全性や効率性を論じるだけで、「プライバシー権」の概念それ自体については一切言及がない。「プライバシー権の問題」といいながら、自らが念頭に置く権利内容を示すことなく、「それ

を上回る利益」の存在を語るだけなのである。しかしそれでは、プライバシー権の侵害がないという結論が正当であることを論証したことにはならないはずである。

　このような原審の見解については、次の問題点を指摘することができる。第一に、「自己情報コントロール権は、内容が不明確であり、それ自体憲法13条によって保障されるか疑問がある」という指摘についてである。これは、3章で検討した「プライバシー権は内容が不明確」という権利性否定論と同質の主張だが、前述のように、権利内容が一義的に明確な権利が多く存在するわけではない。第二に、そもそも自己情報コントロール権は、いわれるほどに「内容が不明確」であるかどうか再検討する余地がある。これは、3章で論じた点に係わる。以下、この二点について検討する。

（2）　自己情報コントロール権は制定法以前には存在しえないか

　第一の点に関し、原審は引用文以上のことを論じていないので、その真意は不明であるが、おそらく前掲長谷部意見書における以下のような指摘が念頭にあると思われる。同意見書によれば、「特定の個人を識別し得る情報を含む個人情報……のすべてが、憲法上のプライバシーとして保護されるわけではない。……個人情報のすべてを法的な保護の対象とする政策的選択はもちろんありうるが、そうした選択を行うか否かは第一次的には立法裁量の問題であり、派生的に制定法の解釈上の論点となりうるにとどまる。かりに、『個人情報の保護に関する法律』および『行政機関の保有する個人情報の保護に関する法律』が成立せず、存在しなかったからといって、そのこと自体が憲法上のプライバシーが侵害された状況を直ちに惹起させるわけではないことからしても、この理は明らかであろう。プライバシー権を『自己情報コントロール権』とする把握の意味合いについては、したがって、慎重な配慮が必要となる。個人情報の保有の収集・処理の制限一般を公権力に対して求める積極的な権利が、憲法13条自体から直ちに導かれるわけではない」という。

　この見解によれば、プライバシー権は「私生活上の自由」を保障するものであり、公的領域におけるそれを保障するかどうかは、原則として立法裁量の問題であることになる。ちなみに、ここでは2章で検討したアーレントの議論に基づく独自の公私二分論を背景に、憲法上保障されるプライバシー権は私的生活領域においてのみ保障され、公的領域における保障は立法府の判断によると説かれている点に注意する必要がある。もっともこの点は、すでに長谷部意見

5-3　憲法上のプライバシー権に係わる論点について（中島　徹）

書における公私二分論の問題点として検討済みであるので再説しない。なお、同意見書はプライバシー権を自己情報コントロール権と理解しているので、原審とは理解が異なる可能性がある。しかし、ここでの焦点は、「公的活動領域」おけるプライバシー権の保障がもっぱら立法裁量に委ねられているかどうかにあるので、その点では問題の所在は同じである。なるほど、憲法13条は明文でプライバシー権を保障しておらず、プライバシー権を自己情報コントロール権と理解すべきことを命じているわけでもない。こうした「憲法に明文で書かれていない権利は存在しない」という命題の持つ問題点については既に指摘したが、以下では別の角度からこの命題に含まれる問題点を検討する。

　憲法は打ち出の小槌ではなく、憲法の抽象的な文言からありとあらゆる権利を導き出すことができるわけではないと考える点では、本意見書の執筆者も同様である。しかし、権利の具体化をもっぱら立法裁量に委ねるならば、憲法はその限りで法規範としての意味を失い、単なる政治の努力目標に過ぎないものとなってしまう。仮にも憲法がプライバシー権の存在を暗黙のうちに認めていると解するのであれば、憲法は立法裁量の限界を画する上位規範としての効力を有すると考えなければ、法論理的にみて筋が通らない。ただし、前述のように、プライバシー権は本来的に多義的な内容を有するので、立法裁量の限界を一義的に画することはもともと不可能である。むしろ、問題となっているプライバシーや個人情報の性質に応じて、その限界は様々でありうるだろう。しかし、それゆえに、直ちに広範な立法裁量論を正当化できるわけではない。個別の領域ごとに立法裁量の限界を画する余地があることと、あらゆる領域に共通するプライバシー権ないし自己情報コントロール権概念を定立できないこととは、同一次元に属する事柄であるわけではないのである。

　もっとも、長谷部意見書でも、「第一次的には」立法裁量の問題であるとか、自己情報コントロール権が憲法13条から「直ちに」導かれるわけではないという留保が付されているので、プライバシー権ないし自己情報コントロール権の内容が法律で具体化されるまでは、およそ内容が不確定であるとまでいうものではないと解する余地がある。ところが、国は「自己情報コントロール権を肯定する見解が、個人情報の開示請求権・訂正請求権といった請求権的内容を認める点については、そもそも憲法13条の文言解釈を逸脱するものではないかとの疑問がある上、このような内容の請求権をプライバシーの権利に包括することは民事法上極めて困難であるとされており、開示請求権・訂正請求権を

プライバシー権に含める見解においても、具体的権利性は否定するのが通例である」と述べる。このように、ありとあらゆる場合に通用する統一的な権利内容を確定できない限り権利性は認められないという前提を立てて、原告にその点の立証を求めることは、1章でみた住基ネットの安全性論と同様、不可能な証明を強いることを意味する。また、憲法上の請求権を論じる文脈で、「民事法上極めて困難」という指摘が有意味でありうるのかも、大いに疑問である。

　従来、立法裁量論は、しばしば立法府の判断に全権を委ねるものとの誤解に基づいて論じられてきた。しかし、それでは憲法上の権利の実現は多数者の判断に委ねられてしまい、近代立憲主義の根本原則である「多数決によっても侵すことのできない権利の保障」という観念に反する結果を生むことになる。その意味で、立法裁量には限界があり、その限界を画するのは最終的には憲法であるという当然のことが、いま一度確認される必要がある。とはいえ、憲法が明示的に何も語っていない場合に、当事者の一方が「これが憲法の内容である」と力説しても、国の住基ネット安全宣言がそうであるように、説得力に乏しいことは事実である。かくして、問題は再び「憲法は打ち出の小槌ではない」という命題に回帰する。この永遠の堂々巡りから脱出するためには、憲法から権利内容を一義的に確定できると論じるのではなく、特定の文脈において自己情報コントロール権の内容を確定できるかどうか、あるいは実定法規等々からそれを帰納できるかどうかを検討してみることが生産的であろう。前述のように、憲法上の権利は、社会の発展に応じて人々がその必要性を徐々に意識し、作り上げられていくという側面を有するのである。

（3）　具体的文脈における自己情報コントロール権の権利内容

　憲法上のものであれ私法上のそれであれ、「自己情報コントロール権」と称される権利の内容は、事案の具体的文脈においてもおよそ確定できないものであるのだろうか。これが原審における第二の問題点として指摘した点である。少なくとも住基ネットにおいては、その性質上本人の同意が収集・利用の最低条件であることは、3章で指摘した。問題の出発点は、憲法が個人情報の保護に際して一般的に本人同意を要求しているかどうかではなく、住基ネットのような制度を構築し運用する際に、その運用主体が果たすべき「責任」が何であるかを具体的文脈に即して明らかにすることである。それが憲法上の権利といえるかどうかは、権利義務の主体相互の関係や憲法の想定する社会像等によって決まることである。

5-3 憲法上のプライバシー権に係わる論点について（中島 徹）

　長谷部意見書は、「『個人情報の保護に関する法律』および『行政機関の保有する個人情報の保護に関する法律』が成立せず、存在しなかったからといって、そのこと自体が憲法上のプライバシーが侵害された状況を直ちに惹起させるわけではない」というが、個人情報保護法制は、ある日突然立法府が思い立って制定したものではない。法制定以前に各地方自治体の条例や、諸外国の法制度、あるいはOECD8原則のような国際的なルール等によってその内容が次第に形成されてきたものである。その意味で、国会が法律を制定しなければおよそ権利内容が不明であったわけではない。むしろ、そうした法状況の進展を参考に、憲法上の権利の内容を明らかにしていくことは、現実的な思考方法である。民間を規律する個人情報保護法の場合、個人情報取扱事業者の義務がかなり詳細に規定されているが、そのことは決してそれ以前から存在していた条例や憲法、国際ルールと無関係ではないのである。また、行政機関個人情報保護法における権利保障は、それに比べて充分とはいえない側面を持つが、それを立法の不備として、場合によっては違憲と論じる余地もあるはずである。この場合、少なくとも個人情報保護法の定めが憲法上の権利の最低水準を示していると考える余地がある。もちろんこのことは、既存のルールが当然に憲法上の権利内容を構成するということを意味していないし、既存のルールと異なる立法者の選択が行われることも当然のことながらありうる。しかし、その立法者の選択を常に優先することが自明であるわけでもなく、その選択の妥当性は既存のルールとの相互参照によって判断されることになるのである。

　同様の議論は、住基法や個人情報保護法制の諸規定の評価についてもあてはまる。原審は、「OECD8原則は、OECDにおいて1980年に採択された『プライバシー保護と個人データの国際流通についてのガイドラインに関する理事会勧告』の付属文書中に記載されたものであり、このようなOECDの理事会勧告自体に、法的拘束力を認めることはできない」というが、これは国内の実定法規にしか法的拘束力を認めない点で、形を変えた立法裁量論である。社会がグローバル化するに従って、各国の法制は共通のルールを前提に交流することを余儀なくされてきており、OECD8原則やEU指令は、その充足を国際取引継続の条件としていた。この場合、原審が理解するような意味での「法的拘束力」の有無にかかわらず、最低限度のルールを遵守することが求められている。それゆえ、OECD8原則には「法的拘束力」がないから従わなくてもよいということにはならない。つまり、国内法上実定化されているかどうかに関わりな

5 資料編〔控訴審鑑定意見書〕

く、これらは国内法制を評価する基準となりうるし、場合によっては憲法上の権利の具体的内容を確認する手がかりともなりうるのである。

そもそも、個人情報保護法制の制定の背景には、国際的な要請があることは周知の通りである。住基法や個人情報保護法制の評価基準として、OECD 8 原則やEU指令が全く意味を持たないのであれば、住基法の定めがこれらの要請を充たしているかどうかを検討する必要はない。それにもかかわらず、実際にはほとんどの住基ネット訴訟においてこの点が検討されてきている。このことは、これらの原則や指令が、個人情報保護法制の正当性を支える評価基準であることを暗黙のうちに認めていることを意味する。このように「新しい権利」は、徐々に社会の中で形成されてくるものであり、立法府が法制定を行う以前においては、およそ権利内容が不明確であるとは限らないのである。もちろん、裁判所が立法府に先立ちその内容を宣言することに慎重であるべきことは、一般論として当然である。しかし、実定法規が存在しない限り、裁判所はおよそ「新しい権利」の存在を語ることができないと考えるのは、過度の実定法依存主義である。裁判所の役割には、社会に生起する新たな問題についての争点提起機能も含まれているのである。その結果、立法府が裁判所の見解に疑問を持ち、新たに法制定に取り組むことことになれば、民主主義はむしろ健全に機能していることになるはずである。

ちなみに、3章で検討したインフォームド・コンセントも、もともと実定法で認められた制度ではなかった。それは、医療をめぐる考え方の変化に伴い、医師と患者の間においていわば自生的に成立した患者の「権利」である。この観念が形作られていく過程でも、実定法に基づく法的拘束力の有無を問題にする見解はあったに違いない。しかし実際には、そうした主張がほとんど説得力をもたなかったがゆえに、その存在は急速に認知されるようになった。自己情報コントロール権は、法という一般の人々にとっては日常性に乏しい分野の問題であるだけに、概念の認知度は低いかもしれないが、その意味する内容は、同章で検討したように日常的な生活感覚に即したものである。繰り返しになるが、私たちは日常生活において、たとえ住所や氏名といえども、それを開示する相手を選択しながら生活しているのである。

もっとも、長谷部意見書はこの点についても、「私的生活にかかる自己情報についてさえ、情報主体たる個人がそのすべてについてコントロールすることは、事実上不可能であり、そうしたコントロールは一般的社会通念としても合

理的に期待されているとはいいがたい。自分の私事について他人が噂話をすることを抑止することは、そもそも誰にもできないであろう。その意味でも、『自己情報コントロール権』として把握されるプライバシーには、本質的な限界があることに留意する必要がある」（前掲2頁）と説く。しかし、これは議論のすり替えである。本件訴訟で論じられている「自己情報コントロール権」は、他人が噂話をすることを抑止することというような茫漠とした事柄を想定してのものではなく、住基ネットという安全性に疑問の余地があるシステムにおいて、氏名や住所を行政事務に自由に収集し利用することが許されるかどうかに関わるものである。

　周知のように、住基ネットの運用開始以来、本人確認情報の利用は現在までに275事務に拡大されてきたが、事実上これに住民のコントロールは及ばない。国は、この点について、法律に基づき拡大されているので同意があったといえると説明するが、実際には法律は政令に利用先の拡大の決定を委ねており、個々の利用事務の拡大について両議院が審議し可決しているわけではないのである。仮に両議院で審議・可決されたとしても、「同意」はしょせん擬制的説明でしかないのに、法律が政令に利用の拡大を委ねていることまでを「同意」とみなすのであれば、「同意」という言葉の日常的用法とは相当にかけ離れた用い方がなされているといわざるを得ないだろう。他方、このように事実上コントロールできないのだから、それを求める権利は存在しないと論じる長谷部意見書については、憲法上のプライバシー権を自己情報コントロール権と理解することの意味が問われることになるはずである。

　また、長谷部意見書は、住基ネットからの住民の離脱を認めた金沢地裁判決（金沢地裁2005（平17）年5月30日判決）に言及して、「これは、行政機関の収集・処理しうる個人情報の範囲について、制定法以前の憲法上の権利として、これをコントロールしうる権利があるとの前提に立つものであり、……こうした前提の妥当性には強い疑念をさしはさむ余地がある」と批判する。しかし、3章で論じたように、制定法以前の憲法上の権利として、こうした権利が一般的に存在していると考えなければこの結論を導くことができないわけではない。憲法上の権利であるかどうかは別として、住基ネット・システムの性格上、個人情報保護を意図する限り、制定法の有無に関わらず——したがってインフォームド・コンセントと同様、制定法以前に——情報主体の同意が最低限の制度運用条件となるというのが、そこでの結論であった。これは、あくまでも住基

ネットという個別具体的な文脈における結論であって、これが自己情報コントロール権あるいはプライバシー権一般に共通する権利内容に当然のごとく昇格するわけではない。

なお、蛇足ながら、「政府による事務処理のあり方を指図する権利が、制定法以前の権利として存在するか否かという問題」に関し否定的な見解をとることの論拠のひとつとして引用されているアメリカ合衆国最高裁の Bowen v. Roy, 469 U. S. 693（1986）は、社会保障番号の使用が原告の宗教的信念に反するような行動を強制するものではなく、それ自体は中立的であることを理由に信教の自由が侵害されていないとする判断を示したもので、争点はもっぱら信教の自由侵害の有無である。もちろん、政府に事務処理のあり方を指図する権利の有無を直接の争点としているわけではなく、プライバシー権の侵害が争われているわけでもない。判旨を非常に抽象化すれば、長谷部意見書のように論じることもできなくはないかもしれないが、この判決が同意見書の結論を支える適切な論拠といえるかどうかについては、再検討の余地がある。

（4）小　括

原審は、本節冒頭で指摘したように、「自己情報コントロール権」の内容不明確を理由に、本件はプライバシー権の問題として論じるべきだという見解をとる。しかしながら、第一に、「自己情報コントロール権」は、具体的文脈の下では必ずしも権利内容が不明確であるわけではない。前述のように、本件訴訟との関係では、制定法の有無に関わりなく、本人確認情報の収集・利用に関し、情報主体の同意を要件とすべきであるという結論を導くことができる。のみならず、個人情報保護法は情報主体の同意をかなり厳格に求めており、実際には、制定法上も個人情報の収集・利用については、同意の契機が重視されている。このことからも、自己情報コントロール権の権利内容として「同意」を重視することが一方的な主張ではないといえる。

これに対し原審は、プライバシー権を「個人的な情報をみだりに収集、開示されないという利益」と言い換え（81頁）、それを「みだりに」の要件との関係で公共の利益との比較衡量に付して、権利侵害なしとの結論を導いている。これは、個人情報の保護は大切だが、「みだりに」収集・開示するのでなければよいといっているだけのことである。そもそも、この定義自体、特定個人のプライバシー侵害事例を想定して作られたもので、住基ネットのような全住民を対象とする巨大なシステムを念頭においてはいない。ここでは、比較の対象と

ならないものが比較されている。これでは、1960年代までの「公共の福祉」論と径庭ないといわざるをえないだろう。

このことに明らかなように、原審の議論には、住基ネットのような「ひとりでほっておいてもらう」だけでは、プライバシー権を保障したことにならないシステムにおいて、情報主体の権利を保障するという制度的視点が全く欠けている。情報主体の権利・利益を保護するためには、住基ネットという100%安全であるとはいえないシステムを前提にする限り、情報主体の「同意」を求めることが制度的に不可欠であることは3章で検討した。住基ネットにおける本人確認情報保護の観点から導出されたこの「同意」の要件は、他方では「自己情報コントロール権」の核心をなす要件である。と同時に、これは原審のいうプライバシー権を保障する——みだりに収集、開示されない——ための制度的担保でもある。原審のプライバシー権と自己情報コントロール権の分離にもかかわらず、住基ネットの文脈では、プライバシー権、自己情報コントロール権、個人（識別）情報保護のいずれもが、概念自体は相互に異なるものの、それを保護するためには、情報主体の同意を要件とするという一点に帰着するのである。この限りで、自己情報コントロール権もプライバシー権も（本意見書は、前者は後者の一部であるとの立場をとるものであるが、原審のように仮に分離して理解したとしても）内容が不明確であるとはいえないのである。もっとも、この同意要件は住基法には規定されておらず、むしろ同法は法令の定めによりさえすれば本人同意を不要とするように読める規定を設けていることから、その点をどのように評価すべきか（違憲あるいは違法か）という問題は残る。以下では、この点をめぐって、OECD 8原則等の国際的基準を充足しているかどうか（5章）と、憲法上の権利侵害の有無（6章）という観点から検討を加える。

5．OECD 8原則ならびにEU指令と住基法

（1） OECD 8原則と住基法の関係をめぐる原審および堀部意見書の見解

これまでたびたび、住基法や個人情報保護法における個人情報保護のありようについての評価基準の一例として、OECD 8原則やEU指令に言及した。本意見書の執筆者は、住基法の諸規定がこれらの原則や指令の求める基準に合致していないと考えており、すでに別の訴訟でその点に関する意見を述べたことがある（甲68、甲69）。それゆえ、この問題に関する詳細な議論についてはそ

ちらを参照していただきたいが、堀部意見書（乙共第36号）は、住基法が「OECD 8 原則という国際水準を満たすものである」と主張し、原審も同様の見解を述べているので、その検討に必要な限りでOECD 8 原則（およびEU指令）について、改めて検討を加えておきたい。

原審が、OECD 8 原則と住基法の関係について論じているのは、以下の点である。

1) 住基法 1 条は、住民基本台帳およびその事務の目的を規定し、同 30 条の 6 から 30 条の 8 までにおいて、本人確認情報の提供先と利用事務を明示しているので、OECD 8 原則の定める「目的明確化の原則」（第 3 原則）に反しない。

2) 住基法 30 条の 6 から 30 条の 8 は、本人確認情報の提供先と利用事務を限定しており、住基法 30 条の 30 および 30 条の 34 は、本人確認情報の目的外利用を禁止しているので、本人確認情報は収集目的の範囲内で利用・提供されることが担保されている。また、住基法 1 条によれば、住民基本台帳の制度における本人に係わる情報の収集目的には、国および地方公共団体の行政に用いることも含まれるので、住基法に規定された都道府県知事や国の機関が、居住関係の公証等の事務のために、住民基本台帳に記載された本人確認情報を用いることは、明確化された収集目的内の利用に当たるというべきである。市町村長がこのような目的のために、住基法 30 条の 5 に基づき、都道府県知事に対して、本人確認情報を送信することは、明確化された収集目的内の情報の提供に当たるというべきである。

3) 住基法に規定された国の機関等が、住基法に規定された事務のために本人確認情報を利用することや、住基法に規定された国の機関に対して、住基法の規定に従って、本人確認情報を提供することは、いずれも法律に基づく場合ということができる。したがって、住基法 30 条の 5 に基づく市町村長から都道府県知事への本人確認情報の提供も、法律に基づく場合といえる。

以上——2) および 3)——の点から、住基法 30 条の 5 に基づく市町村長から都道府県知事に対する本人確認情報の送信は、OECD 8 原則の利用制限の原則（第 4 原則）に適合する（以上 76 頁-79 頁）。

原審の特徴は、OECD 8 原則の趣旨を極めて形式的に理解している点である。例えば、目的明確化の原則との関係で住基法 1 条をあげるが、1 条は総則規定であり、「住民に関する事務の処理」、「住民の利便の増進」、「国及び地方公共団体の行政の合理化」等の一般的抽象的な目的が併せ掲げられている。こうした

文言には、実際上いかなる内容でも含めることが可能であることは常識に属する。これで「目的明確化の原則」や「利用制限の原則」が充足されているというのであれば、それらの原則は無内容な原則ということになるだろう。実際、原審は1条には「国及び地方公共団体の行政の合理化に資すること」も含むので、「住民基本台帳に記載された事項の全国的・広域的な行政利用も予定していたものというべき」と指摘している。また、「30条の6から30条の8までにおいて本人確認情報の提供先と利用事務を明示し」ているというが、利用事務は別表に委ねられ、提供先も要するに国内の地方公共団体全てに及んでいるのである。ちなみに、堀部意見書も、「目的明確化の原則は、住民基本台帳法第1条の目的規定に加え、第30条の6ないし第30条の8及び別表において本人確認情報の提供先と利用事務を明示し、これに限定していることが挙げられる」「利用制限の原則は、第30条の6ないし第30条の8及び別表において本人確認情報の提供先と利用事務を行政機関等に限定していることのほか、第30条の30の「本人確認情報の利用及び提供の制限」、第30条の34の「受領者の本人確認情報の利用及び提供の制限」などが対応している」（5-6頁）と述べて原審と同様の立場をとっている。しかし、以下に述べるように、単に条文との対応関係を指摘すれば、それでOECD 8原則を充足したことになるわけではない。

（2） 原審および堀部意見書の問題点

このような主張に対しては、次のような反論が可能である。すなわち、OECD 8原則における目的明確化の原則および利用制限の原則の趣旨は、個人情報を利用されている本人が、情報取扱者の使用目的や使用の実態を知ることができるように、遅くとも収集時点で利用目的を明確にし、かつ本人に対して利用目的を知らせるべきことを求める点にある。原審や堀部意見書は、一般的抽象的な文言でも、「目的」を語ってさえいればそれで利用目的を特定したことになると考えるようであるが、それは「目的の明確化」という日本語の日常的な用法といえるであろうか。「行政の合理化」という「目的」に含まれない事柄は、行政と無関係のものだけであろう。加えて、住民基本台帳法は「法律で定められた目的以外のために本人確認情報を利用してはならない」と規定しているだけであるから、法律で定めさえすれば、利用・提供の対象を拡大することができることになる。収集時点での目的明確化は、この点で有名無実化しているのである。実際、前述のように、当初の93であった利用事務は、現在まで

に275事務に拡大されている。そして、いわゆる電子政府構想の下では、1万6千件以上の事務に利用することが予定されているとも伝えられている。これに加えて、条例で定めれば、自治体が独自に他の機関に本人確認情報を提供することも可能である。もちろん市民は、法令上の利用拡大を知ろうと思えば知ることはできるだろう。しかし、一般市民向けの有斐閣版小六法では、利用事務を規定しているはずの別表は、(略)とされていて、その内容を確認できないのである。インターネット経由で別表を入手することはできるが、現に別表をみれば分かるように、一般市民が利用対象を把握することは極めて困難であり、実際上は本人の同意や利用をめぐる異議申立の機会は保障されていないに等しい。これでは、利用目的の明確化や利用制限の原則のみならず、告知は本人が理解できるように行うことを求めるOECD8原則における個人参加の原則も無視されていることになるであろう。

ちなみに、法令上の規定に基づき情報の提供を受けた機関も同様の義務に服するが、これも裏を返せば、情報受領者は法律や条例で定める目的の範囲内であれば、提供を受けた情報をさらに他の機関に提供できるということである。その結果、利用・提供の対象は拡大されうる。これもまた、本人の同意なしに利用・提供を認める点で、前記原則の趣旨に反する。原審ならびに堀部意見書は、単に形式的に住基法とOECD8原則の対応関係を説明するだけで、住基法の規定が目的を明確化できているか、それらが利用・提供の制限というだけの実質的内容を有しているかについては何の検討も加えていないといわざるをえないのである。

以上の点からすると、原則が形骸化されていても、法律の文言にうたわれていればそれで充足されたという立場をとるのでない限り（繰り返しになるが、原審も堀部意見書も、単にOECD8原則と住基法条文の対応関係を述べているだけである）、住基法はOECD8原則の定める目的明確化の原則ならびに利用・提供制限の原則を充足していないと評価せざるを得ない。もっとも、原審はOECD8原則の法的拘束力を否定するので、そもそもこのような対応関係を論じる必要はないのだが、実はこの理解もある意味で誤っている。というのも、OECD8原則は1966年に国連総会で採択され、日本も1979年に批准した「市民及び政治的権利に関する国際規約」（いわゆるB規約）17条を具体化したものと位置づけられているからである。同条は、プライバシー権を一般的に保障した規定であるが、もちろん日本政府はその遵守義務を負っている。では、その具体化

としての意味を持つOECD 8 原則についてはどうか。同原則の特徴は、情報の国際的流通を前提に、それを促進するために必要な個人情報保護の「最低基準」(minimum standards) を示している点にある（これは、Annex to the Recommendation 6 に明記されている）。このことは、OECDが経済の国際的な共存と発展を目的とする国際機関であることを考えれば、容易に理解できるであろう。OECD加盟国である日本がその設立目的に適合的であろうとするならば、政府は 8 原則を充たす法制度を整えなければならないのである。

また、EU個人データ保護指令は、更に一歩進んで、同指令の水準を充たさない第三国に対して、EU市民の個人情報を移転することを認めない。それゆえ、日本がEUとの経済的・社会的関係を継続しようとする限り、政府は同指令に示された個人情報保護の水準を充たす法制度を設ける必要がある。

以上の点から、OECD 8 原則およびEU指令は日本と無関係でありえず、政府はそれらが求める個人情報保護の水準を充足する法制度を設けなければならない立場にあるといえる。もっとも、これは他国との経済的・社会的関係を考慮しての「立場」であり、そこから当然に人権規範を導き出せるわけではない、という反論があるかもしれない。しかしながら、例えばOECD 8 原則は、個人情報を国際的に流通させることを可能にする「最低基準」として、個人に対し保障されるべき権利や措置を具体的に提示している。仮にそれらが「基本的人権」と観念できないとしても、政府が 8 原則に対応する国内的保障策を講じない場合には、その理由を説明する責任を国の内外に対して負うことは当然である。他方、政府が、これらの国際的準則を充たした国内法制度が存在すると主張する場合でも、その内容に合理的な疑問が提起された場合には、同様の説明責任を負っているといわなければならない。しかし、前述のように、原審の判断や堀部意見書は、この説明責任を政府に代わって果たしたものとはいえないのである。ちなみに、EU指令は、OECD 8 原則をさらに精緻化したものであり、住基法がOECD 8 原則を充たしていない以上、さらにEU指令を充足しているかどうかを論じる意味はない。

（3） OECD 8 原則と行政機関個人情報保護法

なお、原審では言及されていないが、行政機関個人情報保護法がOECD 8 原則を充足しているので、住基法の問題点は解消されているという指摘がありうるので、この点についても若干の検討を行っておきたい。目的明確化の原則ならびに利用・提供の制限に関していえば、同法は、利用目的の変更や目的外の

利用・提供を広範に認めており、しかも、その規制内容は、本来であれば、個人情報保護法よりも厳格であるべきであるにもかかわらず緩和されている。より具体的にいえば、行政機関個人情報保護法第3条3項は、利用目的の変更を「変更前の利用目的と相当の関連性を有すると合理的に認められる範囲」で認め、本人の同意を得ることを要件としていない。しかもこの場合、「相当の関連性」の有無を判断するのは当該行政機関であるから、判断が厳格になされる制度的な担保は存在しないのである。これでは、利用目的の明示（4条）は形骸化してしまうだろう。

　4条の利用目的の明示に関しても、1号から4号における「利用目的を明示しない場合」の定めは漠然かつ広範すぎて、以下にみるように、例外規定としての役割を果たしていない。①1号の「財産の保護のため」が具体的にいかなる場合を指すのか不明確である。②2号の「本人又は第三者の生命、身体、財産その他の権利利益を害するおそれ」も広範すぎて、限定の役割を果たしていない。③3号の「事務又は事業の適正な遂行に支障を及ぼすおそれがある」は、そもそも本人に利用目的を示すこと自体が一般的に支障を生じさせる可能性があることを考えると、利用目的を明示しないことが広範囲に正当化される結果を招来しかねない。④4号は「取得の状況からみて利用目的が明らかであると認められるとき」と規定し、あえて目的を明示しないという立場をとる。これはしかし、行政の便宜だけを強調しすぎている。「取得の状況」は様々であり、行政機関内部でも利用目的を限定する（しなければならない）はずであるから、利用目的を本人に明示することには然るべき意味があるはずである。これで目的明確化の原則を充たしているといえるかどうかは疑問の余地があるといわなければならない。

　他方、8条は、利用・提供の制限を定めるが、同2項2号および3号は、職務の遂行上必要があれば、個人情報の目的外利用を認めている。この場合、「必要な限度」「相当な理由」等の要件が課されるが、その有無は行政機関自らが判断するので、実際には、利用制限の歯止めになりえていない。むしろこれでは、行政機関が住基ネット上における個人情報の利用を事実上自由に行いうることにすらなってしまう。本人の知らない間に個人情報が流用されることを防止し正確性を確保（5条）するために、必要な情報は改めて本人から取得することが、制度本来のあり方である。仮に百歩譲って目的外利用を認めるとしても、本人に対し、事前に新たな利用目的と利用する行政機関を通知し、併せ

て利用停止請求権（36条以下）を行使する機会を保障すべきであろう。しかし、こうした制度は同法上存在しない。総務省は、「法律の制定」を「本人の同意」と同視しているようだが、法律で定めれば何でも可能であるわけでないことは、立法裁量論との関係ですでに指摘した通りである。議会制民主主義を通じて行われる決定は、個人の情報をめぐる「本人の同意」に当然に代位できるわけではない。それが可能であるためには、「本人同意」と見なすことができる相応の制度的担保（具体的には拒否権の保障）が法律の中に組み込まれていることが必要なのである（詳しくは3章参照）。

6．憲法上のプライバシー権と住基ネット

（1） 私的領域に関する憲法上のプライバシー権

住基法や行政機関個人情報保護法がOECD 8 原則ならびにEU指令のガイドラインを充足していないのであれば、前述のようにB規約17条違反となる可能性がある。また、国内法的には、OECD 8 原則やEU指令を踏まえて、憲法上のプライバシー権侵害を語る余地が生じるだろう。最後にこの点を検討したい。

本意見書ではすでに、住基ネットとの関係では、本人確認情報の収集・利用について、情報主体の同意を求めるべきことが、個人情報保護の観点から見た最低限度の条件であると論じてきた。これは、制度内在的要請であるにもかかわらず、実際には——少なくとも実質的には——制度化されていない。

憲法上、プライバシー権を保障することに否定的な立場をとる見解の論拠としては、既に指摘したように、①そもそもプライバシー権は私法上の人格権に基づいて認められるもので、憲法上の権利ではないという理解、②憲法に明文規定がなく、一義的に明確な内容を有してもいないので、憲法上の権利としてプライバシー権を観念することはできないという主張、③憲法上保障されるプライバシー権は、私的領域にのみ認められ、公的領域においては原則として認められないとする見解、④憲法上、プライバシー権は公的領域においても認められるが、公共の福祉の制限を受けるとする立場などが存在する。これらの原理的側面については④を除いてすでに検討済みであるので、以下では、私的ならびに公的領域において憲法上のプライバシー権を論じることの意味を判例や学説状況に照らして検討し、最後に公共の福祉との関係を論じたい。

5 資料編〔控訴審鑑定意見書〕

①は、プライバシー権侵害は私人間にしか生じないという立場である。一見すると、①と③は同一の見解であるようにも思えるが、③は私的活動領域におけるプライバシー権侵害が国家によって行われる可能性があることを認める点で、①と異なるプライバシー権の理解を採用している。ただし、私的活動領域における権利侵害しか認めない点では、両者は同一である。なるほど、プライバシー権は、①が説くように、もともと私人間における「私的領域」の保護を念頭において、私法上の人格権の保障という観点から論じられてきたという歴史的経緯がある。もっとも、同じく「私法上の人格権」といっても、アメリカ合衆国とドイツのそれでは法的推論のプロセスが大幅に異なるが、その点を除けば、プライバシー権論の出発点においては、対国家との関係における憲法上の権利が意識されていたわけでないことは事実である。しかし、これはプライバシー権論の歴史的沿革の問題にすぎず、国家が私人のプライバシー権を侵害することはありえないと考えることは事実に反する。

　一例をあげれば、電話盗聴がそれである。アメリカ憲法上の例でいえば、修正4条が禁じる不当な捜査・押収という刑事手続上のプライバシー問題がそれである。アメリカ合衆国連邦最高裁は、1928年の Olmstead v. United States (277 U.S. 524) 判決で、警察によって屋外にある電話線に設置された盗聴器は、物理的な意味での「捜査・押収」に該当せず合憲であると判示した。これに対し、プライバシー権を「ひとりで放っておいてもらう権利」と定義した論文の執筆者の一人として高名なブランダイス判事は、次のような反対意見を述べていた。「ひとりで放っておいてもらう権利という、最も包括的で文明人が大切に思う権利……を保護するためには、いかなる手段によってであれ、政府が不当に個人のプライバシーを侵害することは、修正4条違反と考えるべきである」から、電話盗聴は違憲であるというのである。多数意見が物理的な意味における家屋の内部という点にこだわったのに対し、ブランダイスは、たとえ家屋外の設備であっても、実質的に「私的領域」を侵犯するものは権利侵害を構成すると考えたのであった。この判決から約40年後に後者の考え方が最高裁の法廷意見となり（Katz v. United States, 389 U.S. 347 (1967)）この立場は基本的に今日でも維持されている。この例で明らかなように、アメリカ合衆国においては、国家の私的領域への侵入との関係で、憲法上のプライバシー権が明確に観念されている。

　もっとも、日本では、この種の事案は憲法31条以下の適正手続保障の文脈

5-3　憲法上のプライバシー権に係わる論点について（中島　徹）

で論じられることが一般的である。しかも、裁判所は、捜査の必要性等の「公共の福祉」論に依拠して、稀にしか適正手続違反を認めない。これはしかし、裏を返せば、捜査上必要であればいかなる捜査でも認められるわけでないことを前提にしている。だからこそ、「公共の福祉」による権利制限を論じるわけで、刑事手続に適正さを求めることの背後にプライバシーの観念が存在する以上、前記のようなアメリカ合衆国の判例法理は、日本にも妥当する。今日では、プライバシー権を私法上の人格権に限定して理解し、憲法上のプライバシー権の存在を一般的に否定する理由はないといわなければならない。

　なお、②の明文規定の不存在と一義的明確性の欠如という否定論の論拠については、すでに2章で検討済みである。また、住基ネットという個別具体的な文脈においては、情報主体の同意という観念が制定法以前に導出でき、それが住基ネットという国家の設営したシステムの下でのプライバシー権保障の核心をなすことも論じた。これが、私法上の人格権と性質を異にするプライバシー権であることは、あえて論じるまでもないであろう。これを「人格権」に包摂するかどうか、あるいは「自己情報コントロール権」と呼ぶかどうかは言葉の問題でしかない。問題はしかし、これを憲法上の権利と位置づけることができるかどうかである。その点は、③の指摘に関わる。

（2）　公的領域に関する憲法上のプライバシー権

　③は、憲法上のプライバシー権が保障されるのは私的領域のみであるという。その典型例の1つは、①の刑事手続上のプライバシー権問題である。憲法は、国家が個人の私的領域に踏み込むことを原則として禁じるが、住基ネットのような公的領域においては、プライバシー権を保障していないというのである。この立場は、そのように論じる理由として「私的領域の限界が同時に公的領域の限界でもある以上、独自の線引きを許すならば、社会生活そのものが成り立たなくなるおそれがある」ことをあげる（長谷部恭男『憲法〔第2版〕』、156頁（新世社、2001年））。

　ここでの問題に密接に関わると思われる点に関連して、最高裁は以下のように述べたことがある。すなわち、「前科及び犯罪経歴は人の名誉、信用に直接にかかわる事柄であり、前科等のある者もこれをみだりに公開されないという法律上の保護に値する利益を有する」ので、「市区町村長が漫然と弁護士会の照会に応じ、犯罪の種類、軽重を問わず、前科等のすべてを報告することは、公権力の違法な行使にあたる」（最判1981（昭56）4・14民集35・3・620——前科照

会事件）というのである。ちなみに、この判決の補足意見で伊藤正巳裁判官は、前科は個人のプライバシーの中でももっとも他人に知られたくないもののひとつであるから、たとえ裁判のために公開される場合であっても、公正な裁判の実現のためとか、他に立証手段がないときのように、プライバシーに優越する利益が存在するのでなければならないと論じた。前科は公的情報であり、私的領域の問題ではない。それにも関わらず、最高裁は名誉権、実質的には伊藤裁判官が指摘するようにプライバシー権の成立を認めている。これは、公的領域においても憲法上のプライバシー権が成立し得ることを認めた一例である。

また、「個人情報が当該個人の前科前歴、病歴、信用状態等の極めて重大なる事項に関するものであり、かつ、右情報が明らかに事実に反するものと認められ、しかもこれを放置することによりそれが第三者に提供されることなどを通じて当該個人が社会生活上不利益ないし損害を蒙る高度の蓋然性が認められる場合には、自己に関する重大な事項についての誤った情報を他人が保有することから生じうべき不利益ないし損害を予め回避するため、当該個人から右個人情報保有者に対して、人格権に基づき右個人情報中の事実に反する部分の抹消ないし訂正を請求しうる」（東京地判 1984（昭 59）10・30 判時 1137・29 ——在日台湾元軍属身元調査事件）とした判決もある。後者は、国の保有する身元調査票に記載された事項について、自己情報コントロール権的な判示を行っている点が注目に値する。なお付言すれば、ある種の薬につき処方箋のコピーの提出を義務づけたニューヨーク州法が患者のプライバシー権を侵害するかどうかについて争われた事件（Whalen v. Roe, 429 U. S. 589 （1977））で、スティーブンス判事は、憲法上のプライバシー権には私事に関する自己決定と、個人情報の不開示という 2 つの利益が含まれることを指摘している。ちなみにこれは、全員一致の判決に付された意見であった（なお、ニューヨーク州法自体は合憲と判断されている）。

ちなみに、③の立場からも「具体的にどこまでを私的な生活領域の問題として保護すべきかは、社会の慣習や通念によって定まる部分が大きい」（同 156 頁）と指摘されており、2 章および 3 章で論じたように、住基ネットのようなコンピュータ・ネットワークの場合、そうした観点から生活領域の問題と解する余地も充分にある。また仮に、国の主張するように住基ネット自体は公的領域に属するものだとしても、100％安全とはいえず、OECD 8 原則等の国際的基準を充たしているかどうかも疑わしい制度について、およそプライバシー権

の保障がありえないと論じることが「社会通念」に合致するかどうかは、大いに疑問の余地があるといわなければならない。

　そもそも憲法問題は、多くの場合、公的領域において発生する。ここでいう「公的領域」は、日本国憲法の下では、民主主義の観念に合致するように制度化されていなければならないはずである。もちろん、「民主主義」もまた多義的観念であり、いかなる状態が民主主義に合致するかは必ずしも明らかであるわけではない。しかし、一般論としていえば、政府が個人の情報を自由に収集し利用することができる社会は、管理社会ないし監視社会と呼ばれることはあっても、民主主義社会と呼ばれてはこなかった。③のように、行政目的での住民情報の収集・利用は公的領域に属するものであるから自由であると論じるとすれば、論理的にはこうした社会を許容することになってしまう。公的機関の情報収集能力が飛躍的に高まった今日の社会で、近代的な——かなりの程度に独自性の強い——公私二分論に基づいて、公的領域に関する憲法上のプライバシー権を否定することが憲法論として適切であるかどうかは、慎重に検討する必要がある。もっとも、これに対しては、そのように自由な収集・利用を住基ネットは認めていないという反論がなされるだろうが、4章で検討したように、制度上、目的明確化の原則や目的外利用の禁止が極めて形式的にしか担保されていない点で、説得力に欠ける。この点は、兼子意見書（甲第55号証）13頁以下が指摘する通りである。このように考えてくると、プライバシー権の出自が私的領域にあるからという理由だけで、自分自身は私的領域にとどまっている者に、公的領域におけるプライバシー権を保障しないことの実質的理由は、国家の利益を偏重する「公共の福祉」論くらいしかないことがわかる。それが④である。

(3)　憲法上のプライバシー権と公共の福祉

　④は、住基ネットが公的領域に属することを「公共の利益」と等置する。もちろん、実際には行政の効率性論に代表される具体的な公益を挙げるだろうが、効率性だけで人権制限が正当化できるのであれば、憲法は無用の長物である。行政コストの削減は、それ自体としては重要な公益目的ではあるが、人権保障にはコストがかかる場合があり、憲法はそのことを念頭に置きつつなお、さまざまな権利を保障しているのである（効率性だけを考えるなら、刑事手続の適正保障など必要ない）。加えて、住基ネットがコスト面も含めて効率的であるかどうかについては、自治体の負担や住基ネットの稼動に要している費用、住基

5 資料編〔控訴審鑑定意見書〕

カードの普及率の低さなど、多くの疑問が投げかけられていることは周知のとおりである。

また、現代においては、何が公益であるかを確定することが困難であるからこそ、OECD 8原則や、それに体現される「自己情報コントロール権」のような、それ自体としては手続的性格の強い権利の保障が求められていることも忘れるべきではない。さらにいえば、国家＝公益という図式は現代の民営化論や規制緩和論の下で自明のものといえなくなっており（従来、国家が担ってきた業務は「公務」と理解されてきたが、今日では「民にできることは民に」というスローガンの下で、民間企業に業務の遂行が委ねられることは少なくない）、他の分野では政府自らがそのことを強調してやまない点である。それにもかかわらず、ことが住基ネットに関係すると、とたんに国家的利益を語って怪しまないというのは、一貫性に欠ける態度というべきである。こうした矛盾は、行政機関個人情報保護法と個人情報保護法とで、情報取扱者に課される義務の程度が異なることにも現れていることは、すでに指摘した。

本意見書3章では、住基ネットの文脈においては、プライバシー権保障の核心となる要件として、OECD 8原則やEU指令を引き合いに出すまでもなく、情報主体の同意権の保障が導き出されることを論じた。そこで論じたように、これは住基ネットにおける個人情報という人格的利益を保護するための最低条件であるから、単なる一般的公益性ではなく、やむにやまれぬ国家的利益の存在が証明されない限り制限できない権利ないし利益といえる。しかし、国は住基ネットについて、一般的公益性以上の正当化理由を示してきていない。一般的公益の存在だけで住基ネットの運用を正当化できるのは、およそ憲法上のプライバシー権を論じる余地がない場合であるが、その点に関する国の主張に理由がないことはこれまで論じてきた通りである。

杉並区は、住基ネットへの参加および不参加を希望する住民の要望を踏まえて、参加を希望する者の本人確認情報だけを東京都に送信しようとした。杉並区の措置は、本人確認情報の収集・利用についての住民の同意を尊重する点で、本意見書で明らかにしてきた意味における憲法上のプライバシー権（自己情報コントロール権）保障を意図したものといえるが、東京都は住基法の定めに反することを理由に今日まで受信を拒否してきている。仮に東京都が杉並区の選択的送信を受信するならば、杉並区との関係において住基ネットの運用は合憲といえるが、東京都が受信を拒否するのであれば、憲法上の権利の保障を実現

5-3 憲法上のプライバシー権に係わる論点について（中島 徹）

しようとする自治体の活動を阻む点で、その運用は違憲であるといわざるをえない。

〈編者〉

兼子　仁（かねこ・まさし）
東京都立大学名誉教授

阿部泰隆（あべ・たいりゅう）
神戸大学名誉教授、中央大学教授、弁護士

総合叢書
4

自治体の出訴権と住基ネット
──杉並区訴訟をふまえて──

2009（平成21）年6月25日　第1版第1刷発行　5454-9-012-06-005

編者　兼子　仁
　　　阿部泰隆
発行者　今井　貴
発行所　株式会社信山社

〒113-0033　東京都文京区本郷6-2-9-102
Tel 03-3818-1019　Fax 03-3818-0344
henshu @ shinzansha.co.jp
エクレール後楽園編集部　〒113-0033　東京都文京区本郷1-30-18-101
笠間才木支店編集部　〒309-1611　茨城県笠間市笠間515-3
Tel 0296-71-9081　Fax 0296-71-9082
笠間来栖支店編集部　〒309-1625　茨城県笠間市来栖2345-1
Tel 0296-71-0215　Fax 0296-72-5410
出版契約 2009-5454-01010　Printed in Japan

©兼子仁・阿部泰隆, 2009. 印刷／製本：松澤印刷・渋谷文泉閣
ISBN978-4-7972-5454-9 C3332 ¥6800E 分類323.910-a004
5454-01010 : p 296 012-060-005

◇学術選書◇

1	太田勝造	民事紛争解決手続論(第2刷新装版)	6,800円
2	池田辰夫	債権者代位訴訟の構造(第2刷新装版)	続刊
3	棟居快行	人権論の新構成(第2刷新装版)	8,800円
4	山口浩一郎	労災補償の諸問題(増補版)	8,800円
5	和田仁孝	民事紛争交渉過程論(第2刷新装版)	続刊
6	戸根住夫	訴訟と非訟の交錯	7,600円
7	神橋一彦	行政訴訟と権利論(第2刷新装版)	8,800円
8	赤坂正浩	立憲国家と憲法変遷	12,800円
9	山内敏弘	立憲平和主義と有事法の展開	8,800円
10	井上典之	平等権の保障	続刊
11	岡本詔治	隣地通行権の理論と裁判(第2刷新装版)	9,800円
12	野村美明	アメリカ裁判管轄権の構造	続刊
13	松尾 弘	所有権譲渡法の理論	続刊
14	小畑 郁	ヨーロッパ人権条約の構想と展開〈仮題〉	続刊
15	岩田 太	陪審と死刑	10,000円
16	安藤仁介	国際人権法の構造〈仮題〉	続刊
17	中東正文	企業結合法制の理論	8,800円
18	山田 洋	ドイツ環境行政法と欧州(第2刷新装版)	5,800円
19	深川裕佳	相殺の担保的機能	8,800円
20	徳田和幸	複雑訴訟の基礎理論	11,000円
21	貝瀬幸雄	普遍比較法学の復権	5,800円
22	田村精一	国際私法及び親族法	9,800円
23	鳥谷部茂	非典型担保の法理	8,800円
24	並木 茂	要件事実論概説	9,800円
25	椎橋隆幸	刑事訴訟法の理論的展開	続刊
26	新田秀樹	国民健康保険の保険者	6,800円
28	戸部真澄	不確実性の法的制御	8,800円

◇総合叢書◇

1	甲斐克則・田口守一編	企業活動と刑事規制の国際動向	11,400円
2	栗城壽夫・戸波江二・古野豊秋編	憲法裁判の国際的発展Ⅱ	続刊
3	浦田一郎・只野雅人編	議会の役割と憲法原理	7,800円
4	兼子 仁・阿部泰隆編	自治体の出訴権と住基ネット	6,800円
5	民法改正研究会(代表 加藤雅信)	民法改正と世界の民法典	12,000円

◇法学翻訳叢書◇

1	R.ツィンマーマン 佐々木有司訳	ローマ法・現代法・ヨーロッパ法	6,600円
2	L.デュギー 赤坂幸一・曽我部真裕訳	一般公法講義	続刊
3	D.ライポルド 松本博之編訳	実効的権利保護	12,000円
4	A.ツォイナー 松本博之訳	既判力と判決理由	6,800円
9	C.シュラム 布井要太郎・滝井朋子訳	特許侵害訴訟	6,600円

価格は税別